Ullstein

ÜBER DAS BUCH:

Erfolg beginnt im Kopf! Es ist wissenschaftlich nachgewiesen, daß Ernährungsfaktoren auf unsere Gehirnfunktionen wirken, sie erhalten, regenerieren und optimieren. Antriebslosigkeit, Ängste, nervöse Spannungen und Depressionen lassen sich vermeiden, wenn die Gehirnnahrung stimmt. Deshalb kann körperliches Training allein nicht genügen, um den hohen Anforderungen im Beruf gerecht zu werden, sondern mentale Fitneß muß zum Lebensprinzip erklärt werden. Johannes Holler erläutert kompetent und verständlich, wie dieses Ziel erreicht werden kann, er zeigt u. a., wie Enzyme, Mineralien und Vitamine wirksam in den täglichen Speiseplan einbezogen werden sollten, er klärt über Nährstoffe auf, die die Intelligenz steigern, und zeigt Übungen, die Ihre Kreativität mobilisieren helfen. Dieser Ratgeber zeigt Ihnen, wie Sie Ihre Persönlichkeit zur Top-Form bringen können, ganz nach dem Motto »Mindstyle statt Lifestyle«.

DER AUTOR:

Johannes Holler, geboren 1955 in Würzburg, lernte Physiotherapie, studierte anschließend Medizin und befaßte sich intensiv mit neuen Ernährungsweisen, mentalen Techniken und Körpertraining. Er ist Verfasser regelmäßiger Beiträge in Fachzeitschriften.

Weitere Veröffentlichungen:
Das neue Gehirn (1991); *Power für die grauen Zellen* (1993).

Alle Bildrechte wurden vom Autor eingeholt.

Johannes Holler

Brain Food für Manager

Fit im Kopf
durch richtige Ernährung

Ullstein

Management
Ullstein Buch Nr. 35397
im Verlag Ullstein GmbH,
Frankfurt/M – Berlin

Ungekürzte Ausgabe

Umschlagentwurf:
Theodor Bayer-Eynck
Alle Rechte vorbehalten
Taschenbuchausgabe mit freundlicher
Genehmigung der F. A. Herbig
Verlagsbuchhandlung GmbH, München
© 1992 by Wirtschaftsverlag
Langen Müller/Herbig
in F. A. Herbig Verlagsbuchhandlung
GmbH, München
Printed in Germany 1994
Druck und Verarbeitung:
Ebner Ulm
ISBN 3 548 35397 5

Mai 1994
Gedruckt auf alterungs-
beständigem Papier mit
chlorfrei gebleichtem Zellstoff

Die Deutsche Bibliothek –
CIP-Einheitsaufnahme

Holler, Johannes:
Brain food für Manager: fit im Kopf durch
richtige Ernährung / Johannes Holler. –
Ungekürzte Ausg. – Frankfurt/M; Berlin:
Ullstein, 1994
  (Ullstein-Buch; Nr. 35397:
  Management)
  ISBN 3-548-35397-5
NE: GT

Inhalt

Geleitwort von Dr. med. Hans A. Nieper 9
Einführung: Wege des Gehirns – Wege zu Problemlösung und Ideenfindung? 11

TEIL 1

Gehirn und Ernährung – Brainfood im Prozeß unseres Denkens und Handelns 23

Kapitel 1   Das menschliche Gehirn – ein vielfältiger Biocomputer 25

1.1	Unser Gehirn – das fragende Organ	26
1.2	Das Gehirn – und seine Plastizität	27
1.3	Das Gehirn – mehr als die Summe seiner Neurone	29
1.4	Die Ernährung des Gehirns	31
1.5	Der Einsatz von Nährstoffen als Behandlungsmethode des Gehirns	33
1.6	Modelle – erklärt das neueste Modell nur den letzten Stand des Irrtums?	37

Kapitel 2   Das Gehirn und seine Funktionen 40

2.1	Das Gehirn als Muskel	40
2.2	Das physikalische Gehirn	45
2.3	Die angereicherte/arme Umgebung des Managers	51
2.4	Das chemische Gehirn	54
2.5	Die chemische Ausrüstung des Gehirns	56
2.6	Die chemische Ausrüstung des Managers ...	60
2.7	Neurotransmitter und ihre Wirkung	63
2.8	Das Gehirn als Telefonnetz	66
2.9	Das Gehirn als System	69

Kapitel 3   Welche Nährstoffe für unser Gehirn lebenswichtig sind 73

3.1	Aminosäuren – Bausteine des Körpers, Boten des Geistes ...	73
3.2	Fettsäuren	79

3.3	Kohlenhydrate	82
3.4	Beta-Karotin: Schutzfaktor für Raucher und gegen Krebs	88
3.5	Vitamin-B-Komplex: Nervenwirksam dem Streß entgegen	90
3.6	Vitamin C: Altbekannt und neu bewährt	94
3.7	Vitamin E: Nicht nur ein Fruchtbarkeitsvitamin	96
3.8	Mineralien	97
3.8.1	Calcium: Ihre Laune spricht Bände	97
3.8.2	Magnesium: Gut für Herz und Hirn	98
3.9	Spurenelemente	99
3.9.1	Chrom: Der Glukose-Toleranz-Faktor	99
3.9.2	Selen: Wichtig für das Immunsystem	100
3.9.3	Germanium: Ein Deutscher entdeckte es zuerst	101
3.10	Enzyme: Die hilfreichen Helfer	103
3.11	Nährstoffe versus Pharmaka	105
3.12	Methoden der Prüfung	105
3.13	Funktionale Lebensmittel	106
3.14	Ganzheitliche Ernährung	108
3.15	Auf das Zusammenspiel kommt es an!	111
3.16	Ernährung als Ideologie?	112
Kapitel 4	**Substanzen und ihre Möglichkeiten**	116
4.1	Lebensverlängerung	116
4.2	Sauerstoff – lebensrettend oder zerstörerisch?	120
4.3	Nukleinsäuren	122
4.4	Langes Leben durch ganzheitliche Ernährung	123
4.5	Intelligenzsteigernde Substanzen	125
4.6	Neurotoxine im Speiseplan	133
4.7	Nahrung als Information	136
4.8	Bachblüten – Information für Geist und Seele	140
4.9	Psychodrogen – vom Molekül zum Mystizismus	143
4.10	Ethnopharmakologie	145

4.11	Hirntonika	146
4.12	Sauerstoff und Luftionisation	150
4.13	Die gebräuchlichsten Genußdrogen – Kaffee, Nikotin und Alkohol	151
4.14	Lichtstreß	165
4.15	Spezielle Rezepturen zur Nährstofftherapie	169
4.16	Ihr persönliches Vitaminprofil	172
4.17	Gehirngymnastik – Brainbuilding und Mindgym	173
4.18	Überlebensstrategien für den Manager	176

TEIL 2
Gehirn und Management – mentale Fitneß als Lebensprinzip ... 183

Kapitel 5 Mentale Strategien als Lebensprinzip ... 185

5.1	Der mentale Manager	187
5.2	Mentale Fitneß	188
5.3	Das holographische Gehirn	194
5.4	Der Januskopf des Denkens	196
5.5	Der 99. Affe und das Gedächtnis der Natur	199
5.6	Die Umprogrammierung des menschlichen Biocomputers	201
5.7	Das Yin und das Yang der Gefühle	203
5.8	Suchtforderung oder Präferenzhaltung	206
5.9	Der Manager zwischen Information und Bewußtsein	207
5.10	Paradigma des Mentalismus	209
5.11	Mentalstrategien	209

Kapitel 6 Gehirn und Kreativität ... 216

6.1	Die Neurobiologie der Kreativität	217
6.2	Die vier Stadien der kreativen Problemlösung	221
6.3	Kreative Prozesse des Gehirns im EEG	221
6.4	Modelle des Geistes	224
6.5	Das Bewußtsein des Menschen	227
6.6	Die Verkehrsregeln der Evolution	234
6.7	Systemdenken	236

Kapitel 7 Das Tao des Gehirns 239
7.1   Das zweigeteilte Gehirn 241
7.2   Das Zweikammernbewußtsein der Psyche .. 242
7.3   Das Herrman-Dominanz-Modell 244
7.4   Das Drei-Eine-Gehirn 246
7.5   Der Hirn-Check 248

TEIL 3
Ernährung fürs Gehirn – Die kognitiven und nutritiven Beziehungen – Eine Synthese in Theorie und Praxis 251

Kapitel 8 »Mindstyle statt Lifestyle« 253
8.1   Von vertikalem und lateralem Denken 253
8.2   Die Problematik und Möglichkeit unserer Zeit – die psychosoziale, geistig-seelische und ernährungsbedingte Mangel-/Überflußsituation 254
8.2.1 Problem Nr. 1: Die ernährungsbedingte Mangelsituation 254
8.2.2 Problem Nr. 2: Die psychosoziale Mangelsituation 257
8.2.3 Problem Nr. 3: Die spirituelle (geistig-seelische) Mangelsituation 259
8.3   Auswege und Alternativen – orthomolekulare Substitution 260
8.4   Neue Möglichkeiten in der Diagnose – die Haaranalyse 265
8.5   Gehirn, Ernährung und Psyche 268
8.6   Einsatzmöglichkeiten wichtiger orthomolekularer Substanzen 270
8.7   Vitaminprofil und Nährstoffbedarf – unter besonderen Belastungen 270
8.8   Managerkrankheit Nr. 1: Der Herzinfarkt und seine Verhütung/Behandlung 273
8.9   Homöopathische Mineralien 275

Glossar 277
Anmerkungen zu Gehirn, Geist und Bewußtsein 286
Literaturangaben 290

Geleitwort

von Dr. med. Hans A. Nieper

Die Medizin schlittert zusehends in eine Krise. Während sich die chirurgischen und diagnostischen Möglichkeiten und Fähigkeiten recht gut entwickeln, gerade auch in kleineren Krankenhäusern und in speziellen Arztpraxen, sieht es um die intern-medizinische Therapie zunehmend problematisch aus.
Nachdem durch die statistischen Untersuchungen von Baila und von Abel in Heidelberg weite Bereiche der Krebstherapie, insbesondere der Chemotherapie, als gescheitert angesehen werden müssen, trifft dies jetzt auch für die Behandlung der kardiovaskulären Erkrankungen zu. Auch hier ist die sogenannte »toximolekulare« Therapie mit Lipidsenkern, Antikoagulantien, Diuretika, Calciumantagonisten und Betablokkern gescheitert. Längerfristig haben die so behandelten Herz- und Kreislaufpatienten eine größere Chance, vorzeitig zu sterben, als die nicht behandelte Gruppe.
Verantwortungsbewußte Ärzte müssen daher beschleunigt nach neuen Orientierungen suchen, um den ethischen und fachlichen Ansprüchen an eine moderne Therapie gerecht zu werden.
Ein Ausweg aus diesem Dilemma ist nur über die intensivere Einarbeitung in *eumetabolische* oder *orthomolekulare* Therapieprinzipien zu erlangen. **Wir müssen mehr auf das Zusammenspiel von biochemischer und mikrophysikalischer Funktion achten und mehr auf den dynamischen Ablauf.**
Der Ausstieg aus dem, was man heute weitläufig »Medikament« bezeichnet, ist bereits vorprogrammiert. Die Heilstoffe der Zukunft werden vornehmlich Nutrimente sein, in gesetzlicher Hinsicht Lebensmittel – *die Selbstbehandlung und die nutritiv gelenkte Behandlung durch den Arzt werden die starren medikamentösen Therapien weitgehend ablösen.*
Um diese in der Zukunft erforderliche Wissensbasis für Ärzte und gebildete Laien zu verbreiten, kommt dieses sehr interes-

sante Buch von Johannes Holler gerade zur rechten Zeit. Es erweitert den Wissenshorizont, welchen der Arzt der Zukunft brauchen wird, ungemein. Gerade aus dieser Sicht ist seine Lektüre dringend zu empfehlen.

Hannover im Oktober 1991

Einführung

Wege des Gehirns – Wege zu Problemlösung und Ideenfindung?

Leben ist ein Prozeßgeschehen. Jeder Prozeß benötigt »Brennstoff«, also etwas, das gestaltend umgesetzt werden kann, um das Geschehen zu erhalten und somit weiterhin zu ernähren. Als Prinzip der Existenz bezeichnete schon Buddha die Nahrung mit den Worten: »Alle Wesen entstehen durch Nahrung.« Leben kann ohne Nahrung ebensowenig bestehen wie Feuer ohne Brennmaterial. Nahrung ist also alles, was unsere Person, aber auch unseren soziokulturellen Daseinsprozeß ausmacht. Daher kann man alles als Nahrung betrachten, was für unsere körperliche, geistige und seelische Fortentwicklung notwendig ist. Bei dem Schlagwort »Brainfood-Nahrung fürs Gehirn« fällt einem vielleicht die volkstümliche Redensart ein, Nüsse oder Fisch seien gut für unser Denkorgan. Daran ist sicherlich viel Wahres. Vielleicht erinnert man sich da noch an Mutterns heimlich zugesteckten Traubenzucker, der über die Prüfungen hinweghelfen, oder das Studentenfutter, das einem geistigen Formtief vorbeugen sollte. Soll hier nun eine neue Diät propagiert werden – eine Art Gehirnleistungsdiät – oder gar geistiges Doping für den streßgeplagten und leistungsorientierten Menschen unserer Zeit? Nun, obwohl Sie über Ernährung – im Sinne einer verbesserten Gehirnfunktion – in diesem Buch so einiges erfahren, so bedeuten doch Ernährung und ganzheitliche Lebensweise in Verbindung mit dem Gehirn mehr und sind vor allem persönlicher, umfassender und weitreichender in ihren Implikationen, wie ich Ihnen nachfolgend darlegen möchte:

Ernährung umfaßt in diesem Sinne:

> • die stoffliche Nahrung, die den Körper ernährt, • die Sinnesberührung, die das Gefühl und die Empfindung ernährt, • geistige Nahrung, die unseren Willen, das Denken und Überlegen ernährt, • und die Nahrung für das Bewußtsein, für unsere kosmische Absicht und seelische Qualität

Niemals entscheidet also ein einzelner Faktor darüber, wie wir uns fühlen, was wir denken, wie wir handeln. Ausschlaggebend sind stets »Kofaktoren«, und einer der wichtigen Kofaktoren, der die Aufmerksamkeit der Neurophysiologie und biologischen Psychologie derzeit erregt, ist das menschliche Bewußtsein. Deshalb stelle ich Ihnen eine Sichtweise vor, die die kognitiven (erkenntnismäßigen bzw. -gemäßen) wie metabolischen (den Stoffwechsel betreffenden) Einflüsse auf unser Gehirn erhellt. In bezug auf das Gehirn bedeutet dies im weiteren:

- Wahrnehmung, Emotion und Denkfähigkeit – bisher stets psychologisiert – stehen in unmittelbarem Bezug zur Biochemie unseres Gehirns.
- Die Transmitterforschung zeigt: Bewußtsein erweist sich als ein biochemisches Agens, das fehlende Erklärungspuzzleteile für Naturwissenschaft und Geisteswissenschaft liefern kann.
- Nervensystem und Immunabwehrsystem hängen enger miteinander zusammen und voneinander ab, als von der Medizin – bestenfalls der Psychosomatik – bisher akzeptiert wurde. Die Psychoneuroimmunologie als Wissenschaft widmet sich den Zusammenhängen zwischen Hormonsystem, Neurotransmitter und Abwehrsystem. Schmerz, Suchtverhalten und außerordentliche Leistungen werden den Hirnbotenstoffen, den Endorphinen, zugeordnet.
- Männliches und weibliches Verhalten findet in der Biochemie und der Gehirnentwicklung eine neue Erklärung: Hormone und Neurotransmitter als Modulatoren unseres Denkens und Fühlens?
- Gehirngerechte Nahrung und funktionale Lebensmittel dienen als Rüstzeug gegen Streß und Umweltgifte. Sie geben

dem Gehirn das, was es den Erfordernissen der überreizten Informationsgesellschaft an Tribut zollen muß. Die Zunahme der Umweltgifte, Neurotoxine und eine vitalstoffarme Nahrung wirken sich in erster Linie schädigend auf die Psyche und unser Verhalten aus. Verwundert? Sicherlich nicht, angesichts der Tatsache, daß dieses Drei-Pfund-Universum 20% der dem Körper zugeführten Energie alleine für sich verbraucht. Ebenso braucht es Vitamine, Mineralien, Enzyme, Spurenelemente (orthomolekulare Substanzen), nicht aber braucht es Kadmium, Blei, giftige Anstriche und Konservierungsstoffe (toximolekulare Substanzen). Durch sinnvolle Präventivmaßnahmen (wie Glukosetoleranztests, Haaranalyse und Aufklärung über orthomolekulare Ernährung von seiten der Medizin und der klinischen Ökologie) könnte dem bedrohlichen Anstieg der Psychopharmaka schon bei Kindern, dem Streß intellektueller Mehrarbeit und dem Gedächtnisverlust im Alter wirkungsvoll vorgebeugt werden. Die Medizin wird in Zukunft nicht umhinkönnen, eine sinnvolle Behandlung, die »Umwelttherapie« heißt, miteinzubeziehen.

- Eine Veränderung des Denkens trägt offenkundig dazu bei, das biochemische Gleichgewicht wiederherzustellen. Neue Strategien und Wege des Denkens in Form der Systemtheorie, des neurolinguistischen Programmierens, der evolutionären Erkenntnistheorie und des kybernetischen Denkens verbinden sich sinnvoll mit den Ergebnissen der Neurobiologie.

Was können nun Führungskräfte an Nützlichem und Relevantem aus den Informationen über das Gehirn und dessen Biochemie oder das Bewußtsein gewinnen? Und vor allem, was kann der Manager zu seiner eigenen und seiner Mitarbeiter Problemlösung und Ideenfindung daraus praktisch schöpfen? Eine ganze Menge, möchte ich meinen, erscheint auch auf den ersten Blick die Problematik noch zu eng gefaßt und die Lösung zu einfach. Bei näherer Betrachtung wird allerdings klar, daß sich hinter dem Begriff »Ernährung fürs Gehirn« viel mehr versteckt, als vielleicht angenommen. Hier treffen viele Faktoren eines ganzheitlichen Prozeßgeschehens mit vielen Einflußgrößen aus Außen-, Um- und Innenwelt zusammen. Hier treffen wir auf einen Prozeß, der dem Gehirn »als komplexestem Stück Materie in diesem Universum« in geheimnisvoller Weise dienlich ist und mit diesem in dynamischer Verbindung steht. Bewußtsein, Intuition und innovatives Denken sind dabei für den Manager ebenso wichtig wie die Faktoren Licht, Luft, Farben und Nahrung aus seiner unmittelbaren Umwelt. Wenn nun die neuesten Forschungen aufzeigen, daß das Gehirn chaotischer, vielschichtiger und plastischer ist, als allgemein angenommen, heißt dies auch, daß das Gehirn gezielt trainierbar ist, umfassendere Inhalte, Modellvorstellungen und Programme wahrzunehmen. Ist es möglich, die »Hardware Gehirn« und die »Software Geist« zu einer dynamischen Größe zu ergänzen, um ihre Entwicklung zu beschleunigen? Dieser Fragestellung will sich der praktische Teil dieses Buches widmen. Im kognitiven Sinne bedeutet dies, Theorien als Modelle der Welt zu bilden, die übliche Sinneserfahrung weit überschreiten.

- Neue Modelle vom Gehirn können neues Bewußtsein entfalten – neues Bewußtsein kann umfasssendere Denkmodelle erschaffen.

Dem entspricht die neurophysiologische Erkenntnis: Je mehr neuronale Abbildungs- und Umbildungsprozesse die Signale aus den Sinnesorganen durchlaufen haben, um so höher wird der Grad der Unabhängigkeit des neuronalen Erregungszustandes vom Umweltreiz. Freiheit und Selbstbestimmung ist daher das Ergebnis einer aktiven Informationsverarbeitung. Daher gilt:

- Auf einer integrierten und synchronisierten Gehirnleistung beruht die Freiheit und Fähigkeit des einzelnen.

Spätestens seit Michael Hutchisons Buch »Megabrain« ist offenkundig geworden, daß der Mensch praktische Anleitung im

Umgang mit seinem eigenen Gehirn und Nervensystem finden kann. Moderne Gehirntechnologien, gehirnwirksame Substanzen und Methoden der Ideenfindung zeigen kurzfristige Möglichkeiten ganzheitlichen Seins und machen uns im Kontrast deutlich, daß wir im allgemeinen »im Alltag zwar inmitten der Welt, so doch innerhalb des Gefängnisses unseres eigenen Gehirns« leben. »Aber dieses Gehirn ist in Wirklichkeit ein Palast mit noch ungeahnten Dimensionen«, wie Marilyn Ferguson meint, also ein Organ, in dem unser Bewußtsein als kreative Vorstellungskraft auch zukünftige und vorher gewünschte Wirklichkeiten entfalten und durch unser aktives bewußtes Handeln in echte eigentliche Wirklichkeit umsetzen kann. Kurz: Zukunftsforschung und visionäres Management finden in der Brain-Programmierung eine praktische Anwendung. Denn im Unterschied zu allen anderen Lebewesen verarbeitet der menschliche Biocomputer nicht nur die Input-Informationen der Sinnesrezeptoren, sondern auch deren vorbewußte Weiterverarbeitung im Gehirn. Und das hat Auswirkungen auf unser Weltbild:

> - Denn die eigentliche Realität ist nicht nur das, woran wir angepaßt sind, sondern auch das, was wir aktiv aus ihr machen.

Die Evolution unseres Gehirns zeigt, etwa im Sinne einer »Neuroarchäologie«, daß das, was wir wahrzunehmen vermögen, auch mit der Leistungsfähigkeit unseres Abbildungsapparates, dem Nervensystem, zu tun hat. Daher versuche ich im folgenden, mehr dem Anspruch gerecht zu werden, den Menschen, anstelle ihn nur zu erklären, in seiner Veränderung aufzuzeigen. In vielen Konzepten der Psychologie und Philosophie wird deutlich, daß Modellvorstellungen oft unzulänglich sind hinsichtlich ihres komplexen Forschungsgegenstandes, dem Menschen. »Selbst die allerneueste von den Wissenschaftlern gelieferte Beschreibung der außerordentlich komplexen Abläufe im Gehirn bleibt dennoch nichts weiter als ein bloßes Bild, das nicht den Geist zu erklären vermag, der das Gehirn erschaffen hat« (Gopi Krishna). Hier sind wir an der äußeren Grenze, die der Intellekt erreichen kann. »Es scheint heute als höchstwahrscheinlich«, schreibt Keith Floyd, »daß der Sitz des Bewußtseins von keinem Neurochirurgen je gefunden werden kann. Denn es hat den Anschein, als handle es sich nicht um die Funktion eines oder mehrerer Organe, sondern um das Zusammenwirken der Energiefelder innerhalb des Gehirns. Jeder chirurgische Eingriff würde das Zusammenspiel der Energiefelder stören, und in Toten ist es schon lange zum Erliegen gekommen. Es ist nicht sehr wahrscheinlich, daß die Neurophysiologen außerhalb ihres eigenen Bewußtseins das finden können, wonach sie suchen. Hier wird deutlich, daß in einer dynamischen Theorie des menschlichen Gehirns, in der das Bewußtsein funktionale Realität besitzt, die Frage nach der Lokalisation so nicht mehr zu stellen ist. Deshalb muß ein praktischer Weg beschritten werden. Gopi Krishna weiter: Die menschlichen Sinnesorgane, die nur einen bestimmten Ausschnitt des Seins zu erfassen vermögen, können niemals in eine andere Dimension vordringen, welche Instrumente auch immer benutzt werden, solange nicht eine neue Wahrnehmungsmöglichkeit im Gehirn entwickelt wird.« Die Zielsetzung, unser Gehirn-Geist-System einem »ganzheitlichen Modell« unterzuordnen, muß von vorneherein scheitern – übersteigt dies doch ganz einfach die Möglichkeit, die Vielzahl der Einflüsse und Verknüpfungen rational zu verarbeiten und nachzubilden. Vertreter der künstlichen Intelligenz konstruieren »neuronale Netze« und »virtuelle Realitäten«, um dem «Denken denkend auf die Spur zu kommen«. Doch lassen sich die menschlichen Eigenschaften wie Vorstellung, freier Wille und Reflexion in ein »konstruktivistisches Schema« fassen oder als gemeinsame »Cyperspace-Realität« jenseits von Zeit und Raum erfahren? Hier gehen die Meinungen mittlerweile auseinander, die Visionäre und Protagonisten sind zurückhaltender geworden angesichts der hohen Ansprüche, künstliche und natürliche Intelligenz sinnvoll miteinander zu verbinden. Daher habe mich hier entschieden, Modelle aus anderen Fachgebieten zwar zu streifen, aber nicht zu sehr von der neurophysiologisch orientierten Richtung abzuschweifen.

Landkarten über das Gehirn wurden im Laufe der Jahrhunderte reichlich gezeichnet. Heutzutage bedeuten die Orte nicht mehr statische Einheiten, sondern veränderbare Schauplätze des neurodynamischen Geschehens. Das Funktionsmodell des Bewußtseins läßt sich daher mit der Funktion der Großhirnrinde zur Deckung bringen. Was daraus entsteht, ist sozusagen eine neue Disziplin im interdisziplinären Kontext der modernen Hirnforschung, die man in Analogie zu Neuropsychologie und Neurolinguistik als »Neuroepistemologie« bezeichnen könnte. Dieser Bezug soll auch einer interdisziplinären Verständigung Rechnung tragen, ganz nach dem Ausspruch M. Eschners: »Miteinander plaudern ist besser als gegeneinander dozieren.« Die Experten der jeweiligen Fachdisziplinen mögen daher entschuldigen, wenn ich ihr Gebiet nur streife. Die Vertreter der ganzheitlichen Richtung mögen die Diskussionen und das Arrangement innerhalb der verschiedenen Disziplinen, die sehr befruchtend füreinander sein können, sicherlich begrüßen. Eine ausgiebige Liste am Ende des Buches mag daher den an weiterführender Fachliteratur interessierten Leser versöhnen.

Alles spricht heutzutage vom Wertewandel oder Paradigmenwechsel. Anlaß dazu gibt es zuhauf in Politik, Gesellschaft und Wirtschaft. Wertewandel zwingt zum Umdenken. Umdenken erfordert aber Methode, ja Strategie, um erfolgreich zu sein. Körperbewußtsein, mentale Fitneß und – sozusagen als Synthese daraus – die neuen Gehirntechnologien zeigen uns immer deutlicher, welche bedeutende Stellung unser Gehirn im persönlichen und gesellschaftlichen Bereich sowie im Wirtschaftsleben einnimmt – und in Zukunft einnehmen wird. Erst kürzlich hat der amerikanische Kongreß das Gehirn zum Organ der 90er Jahre erklärt. Zur gleichen Zeit zeigt uns die Neurowissenschaft, daß das Gehirn plastisch und muskelgleich trainierbar ist. Was können wir mit diesem Wissen anfangen, wie können wir es umsetzen?

Unzufrieden mit den Ideologien des New Age, den kirchlichen Religionen und der herkömmlichen Psychologie, hat sich mit der praktischen Neurowissenschaft ein neues Betätigungsfeld aufgetan, sozusagen eine letzte Bastion errichtet. Daraus hat sich nun ein transdisziplinäres Unternehmen entwickelt, das die funktionale Einheit der vielfältigen Geschehnisse, die in individuellem Leben und subjektivem Verhalten zum Ausdruck kommt, zu erforschen und zu erklären unternimmt. Darum kann man sagen:

> • Die Erforschung des menschlichen Gehirns ist nicht bloß Wissenschaft, sondern Weltanschauung mit dem Ziel, die Wirklichkeit nicht aus den Erscheinungen in der Natur, sondern aus ihrer Repräsentation im Gehirn zu verstehen.

Damit versteht sich Gehirnforschung als alternativer Weg zur Erkenntnis, der von der Erforschung des erkennenden Subjekts ausgeht und sich um so mehr anbietet, als wir ja die Naturobjekte auch nur über die Vermittlung durch das Nervensystem erfahren können. Die evolutionäre Erkenntnistheorie trifft folgende Grundaussagen: Jedes erkenntnistheoretische Modell muß eine neurobiologische Referenz besitzen, und diese Beziehungen können nur miteinander akzeptiert oder miteinander verworfen werden. Nach Andeutung des naturphilosophischen Horizonts der Hirnforschung wende ich mich aber ihren konkreten, für die Neurowissenschaft relevanten Disziplinen zu, die ich im folgenden aufzählen und in den nachfolgenden Kapiteln erläutern möchte.

Die Knotenpunkte der Hirnforschung sind:

- Modelle von Gehirn und Bewußtsein – Methoden der Ideenfindung
- Lernvorgänge und Gedächtnisprozesse – neue Lerntechnologien
- Methoden der Hirndiagnostik (Brain Mapping, PET, EEG, Hautwiderstand)
- Methoden der kognitiven Therapie (Biofeedback, Deprivation/Stimulation)

- Neurotransmitter-, Gen- und Hormonforschung: Psychoneuroimmunologie
- Erkenntnisse aus orthomolekularer Medizin, Ernährungsphysiologie, Ethnomedizin und Psychopharmakologie. Verbindungen zur klinischen Ökologie
- Suchtproblematik, Ernährungs- und Elektromedizin
- Interdisziplinäre Wissenschaftsbereiche: Biologie, transpersonale Psychologie, kognitive Wissenschaften und künstliche Intelligenz

Die Gehirnforschung hat in der Gegenwart eine besondere Aktualität erlangt. Dafür gibt es mehrere Gründe. Sie ist eine vergleichsweise junge Wissenschaft, die in ihrem kaum 200jährigen Bestehen wegen der ungemeinen Komplexität ihres Gegenstandes – dem Gehirn – und wegen des Fehlens von geeigneten Forschungsmethoden, die den Bedingungen dieses Organs angemessen waren, nur langsam Fortschritte erzielen konnte. Doch in den letzten Jahren wurden Zugänge gefunden und Werkzeuge bereitgestellt, die eine wesentliche Erweiterung und Beschleunigung der Ergebnisse erbrachten. Der erzielte Wissenszuwachs ist von hoher theoretischer und praktischer Bedeutung für die praktische Medizin, die KI-Forschung, aber auch für Wirtschaft, Wissenschaft und Politik. Vor allem trifft das zu für die gewaltigen Probleme geistig/seelischer Gesundheit, besonders des alten Teils unserer Gesellschaft, und für einen Fragenkomplex, der die Sinnfindung und die Zukunft des Menschen berührt. In bezug auf die Neurowissenschaften bieten sich für unsere persönliche Entwicklung mehrere Wege und Herausforderungen:

- Die subjektive und die objektive Welt, die im normalen Wahrnehmungszustand deutlich voneinander getrennt sind, stellen eine Dualität dar, die von alters her als »der Wissende« und »das Gewußte«, als Subjekt und Objekt bezeichnet werden. Jener Teil des Bewußtseins, der im allgemeinen »der Wissende« genannt wird, beherrscht ein eigenes, außerordentlich komplexes Reich. Aus der Polarität des Nervensystems – Sympathikus/Parasympathikus – erwuchsen dann

auch Forschungsmethoden, die aus Dualitäten aufgebaut waren.
- Die Beziehung zwischen Geist, Gehirn und Realität ist nicht subjektiv oder objektiv, sondern »allumfassend«. Dieses Konzept ist keineswegs neu, lediglich die wissenschaftlichen Umschreibungen dazu. Schon die alten tantrischen Lehren postulieren die Realität als Illusion oder Maya. Der große Irrtum, dem wir erliegen, besteht darin, daß wir uns als getrennt von der Umwelt betrachten. Die alten Lehren sind eindeutig: Beobachter und objektive Realität sind eins.
- Die erstaunlichste Änderung der Weltsicht betrifft die der neuen Physik, die erkannt hat, daß Bewußtsein im sogenannten physikalischen Universum eine Rolle spielt. Werner Heisenberg brachte mit seiner berühmten »Unschärferelation« eine philosophische Debatte unter den Quantenphysikern in Gang, die bis heute noch keine Lösung gefunden hat. Kurz gesagt, stellte er die Theorie auf, daß der Beobachter das beobachtete Objekt durch den reinen Akt der Beobachtung verändert.

> Im Wechselbad der Erkenntnisse von Geistes- und Naturwissenschaft könnte die Neurowissenschaft die Funktion einer »Lebens-Wissenschaft« übernehmen. Im Sinne der Überwindung der Polaritäten Gott und Mensch, Geist und Materie, Innen- und Außenwelt stellt sich die Frage, ob es dem Menschen gelingt, mit seinem Nervensystem gleichberechtigte Komponenten einer anderen und ganzheitlicheren Wirklichkeit zu denken, um umfassender zu erleben und weitsichtiger zu handeln.

Aus der Geschichte kreativer und genialer Menschen kann man ablesen, daß die Anfälligkeit des Geistes für Verwirrungen und Krankheiten größer wird, je begabter und befähigter der einzelne wird. Dissipative Strukturen der Chaostheorie scheinen heute Erklärungsmodelle dazu zu liefern, wie Informations- und Kommunikationswege auch im Gehirn verlaufen können. Zudem scheinen die Möglichkeiten des Informationszeitalters auf der Schwelle zum Bewußtseinszeitalter zu beinhalten, daß eine Abkoppelung des Gehirns von der Funktion einer reinen Überlebensmaschinerie hin zur kreativen Selbstgestaltung erfolgen könnte. Doch ist der Mensch für den Umgang mit dieser ungleich größeren Form der Verantwortung überhaupt moralisch gerüstet? Kann er Jahrmilliarden seiner Evolution einfach überspringen, ohne mit den wachsenden Möglichkeiten der Konstruktion alternativer Welten auch die Möglichkeiten des Irrtums zu steigern? »Die methodische Struktur des Irrtums besteht darin, daß auf der produktiv-heuristischen Seite eine krankhafte Übersteigerung des Erkenntnisvermögens und der Erkenntniskräfte erfolgt, während auf der reproduktiv-stabilisierenden Seite ein Mangel und eine Schwächung auftreten.« (Erhard Oeser)

> • Die Bedingungen der Möglichkeiten der wahren Erkenntnis sind also zugleich auch die Bedingungen der Möglichkeiten des Irrtums!

Aus diesem Grund fordern die grundlegenden Lehren aller Religionen und praktischen Bewußtseinstechniken die Pflege von Charakterzügen und Tugenden, die für eine gesunde Entwicklung des Gehirns die unabdingbare Voraussetzung sind. Dazu Gopi Krishna: »Die einzige Hoffnung liegt darin, Möglichkeiten zu finden, wie man den menschlichen Geist besser verstehen kann, damit man die Ursachen erkennt, die für den richtigen oder fehlerhaften Gang der Evolution verantwortlich sind. Wenn der Geist eine aus sich heraus existierende kosmische Realität ist, die nur ihren eigenen Gesetzen unterworfen ist, dann wäre es der Gipfel der Torheit, anzunehmen, daß jenes Tröpflein menschlichen Bewußtseins, dessen Existenz vom Geist abhängig ist, dem Ozean, dessen Teil es ist, seinen schwächlichen Willen aufzwingen oder seine Bedingungen diktieren könnte.«
Die Polarität von Sympathikus und Parasympathikus läßt Möglichkeiten zu, »affin« oder »ambivalent«, »komplementär« oder »konträr« zu denken, zu fühlen und zu handeln. Ge-

gensätze können daher im Rahmen unserer »Neuroinsuffizienz« schicksalhafte Widersprüchlichkeit bedeuten, im Rahmen einer »Neurokompetenz« die Annahme dieser Herausforderung und das Wachsen daran.

Auch und gerade der Manager als Führungspersönlichkeit kann und sollte die Neuroinsuffizienz überwinden, nicht durch Hinwendung zu esoterischem New-Age-Gedankengut und psychologischen Therapien, sondern durch Anwendung einer persönlichen »Brain-Programmierung« und eigener mentaler Konzepte. Er wird in dem Maße erfolgreich sein, wie er sein »Werk« und sein Bewußtsein, seine Außen- und seine Innenwelt harmonisch in Einklang bringt, kurz, wenn er lernt: »Mind zum Instrument zu machen, um damit Spirit zu formen«. (G. Gerken 1990)

Vielleicht spornen die Herausforderungen der modernen Hirnforschung an, die letzten weißen Flecken der »Terra incognita des Drei-Pfund-Universums« neu zu vermessen und gezielter, als dies bisher der Fall war, zu betreten. In diesem Sinne gilt frei nach Luc Ciompi: »Wanderer, es gibt keinen Pfad, der Pfad entsteht beim Gehen.«

Die Tatsache, daß Kombinationen wie Nährstoffe und kognitive Methoden effektiver helfen können, habe ich im 1. Teil des Buches in Ernährung und Gehirn aufgegriffen und als sogenannten »metabolischen Neurologismus« beschrieben. Im 2. Teil werden kognitive Konzepte vorgestellt, die ich als »mentaler Neurologismus« bezeichne, um die Verbindungen zwischen Geist und Gehirn zu verdeutlichen. Sogenannte synergetische Prozesse und kooperative Prozesse werden in der Wissenschaft immer populärer und zeigen ein grundsätzliches Prinzip der Natur auf, die der ganzheitlichen Arbeitsweise entspricht. Daraus ergibt sich auch für uns eine Konsequenz: Der Mensch muß sich wieder auf seine Ganzheitlichkeit besinnen – sozial, metabolisch, neurologisch und mental. Ein neuer ethischer Imperativ könnte vielleicht so lauten, wie es Heinz von Foerster ausspricht: »Handle stets so, daß du die Anzahl deiner Möglichkeiten erweiterst.« Würzburg im Februar 1991

TEIL 1

GEHIRN UND ERNÄHRUNG – BRAINFOOD IM PROZESS UNSERES DENKENS UND HANDELNS

Kapitel 1

Das menschliche Gehirn – ein vielfältiger Biocomputer

Neueste Erkenntnisse der Gehirnforschung weisen auf ungeahnte Entwicklungen der Intelligenz hin, die dem Menschen von heute neue praktische Anwendungsmöglichkeiten im immer komplexer werdenden Lebens- und Arbeitsbereich an die Hand geben können. Die Tatsache, daß wir mit unserem Gehirn keinen starren Apparat vorfinden, sondern ein Organ, das sich durch seine Vielfältigkeit, Dynamik, Plastizität und Interaktionsfähigkeit auszeichnet, läßt zunächst eher mehr Fragen auftauchen, als Antworten darauf gegeben werden können. Wie kommt es nur, daß das Gehirn, als das komplexeste Gebilde, das uns bekannt ist, nur so unvollständig (5–10%) benutzt wird? Die Natur, die an Effizienz und kooperativen Prozessen interessiert ist, stattet uns mit zwei Gehirnhälften aus, die dann überraschenderweise doch nur unvollständig zusammenarbeiten, wenn es darum geht, menschliche und universale Probleme im Rahmen der »Ganzheitlichkeit« zu erfassen. Einerseits überraschen Berichte über Spontanheilung, ungewöhnliche Schmerzbewältigung, Einsicht in Probleme und kreative Prozesse. Andererseits begründen neue Herangehensweisen in Form von modernen Meßtechniken, deren praktischer Anwendung und den daraus entstehenden erweiterten Interpretationen sowie die schamanistischen Techniken der Bewußtseinserweiterung und die Möglichkeit pharmakologischer und kognitiver Interventionen durchaus den Versuch, eine Rehabilitierung des Gehirns über seine reine biologische Funktion hinaus zu wagen. Darüber hinaus hat eine Informationsflut zum Thema Biochemie und Neurophysiologie des Denkens und Fühlens zu einer Renaissance des Forschungsgegenstandes Gehirn geführt und nun bewirkt, die Techniken unter dem Aspekt einer neuen Fitneßwelle als »Gehirntraining« zu begreifen, und sie in »Brain-Studios« zu lernen und in den Alltag integrieren zu wollen. Doch das ist nicht alles. Durch gezielte Nährstoffe, Bewegungsübungen und kognitive Therapien sind neue Ressourcen des Gehirns auszumachen, die sich wiederum stabilisierend auf die Psyche auswirken. Eines ist sicher: Die Entwicklung der Neuroevolution ist offen, und vielleicht heißt das vorläufige Endprodukt eines trainierten Gehirns »Megabrain«, ganz im Sinne von: »Bewußtsein ist machbar, Herr Nachbar.« Daß der Umgang mit dem Gehirn Tabus verletzen kann, da es sich um etwas sehr Persönliches handelt, ist einsichtig und einzukalkulieren. Vor allem wenn bisher unbewußte und daher unbekannte Bereiche des Bewußtseins sich offenbaren und/oder in selbstverantwortlicheren und umfassenderen Bewußtseinsformen gipfeln, die sich behördlicher Kontrolle entziehen. Es sollte daher nicht zu sehr überraschen, wenn das Studium des menschlichen Geistes in Bereiche des Mystizismus führt, der unter dem Vorzeichen eines neuen wissenschaftlichen Paradigmas hier wie da schon entsteht.

1.1 Unser Gehirn – das fragende Organ

Denken Sie nur an das darin enthaltene Paradox: Das Gehirn, das fragende Organ, ist selbst das Objekt seiner eigenen Nachfrage. Es ist das einzige Organ, das sowohl Überlebensfunktion hat, wie sich den Luxus gönnt, sich selbst verstehen zu wollen/können. Ist nicht das Gehirn Teil desselben physikalischen Universums, das nach Jahren der Erforschung und Mutmaßung weiterhin in seiner wesentlichen Natur rätselhaft bleibt, solange es zwar ansatzweise erklärt, aber nur unzureichend benutzt wird?

- Die Komplexität des Gehirns ist angesichts eines Erklärungsmodells problematisch, da es sich durch das verändert, was es denkt. Angesichts seines Erkenntnisgewinns zeichnet sich die Selbstorganisation des Gehirns durch nichtlineares und dynamisches Denken aus.

Stellen wir die richtige Frage, wenn wir nach den Eigenschaften der wahrgenommenen Objekte fragen, oder sollten wir besser die Frage stellen, wie Sinnesorgane, Nervensystem und Psyche arbeiten, damit wir das, was wir wahrnehmen, wahrnehmen?

- Kognitive Zustände sind Zustände der Selbstbeschreibung durch die operationale Geschlossenheit des neuronalen Systems. Kurz: Das Gehirn kann nur mit sich selbst und über sich selbst reden!

1.2 Das Gehirn – und seine Plastizität

Anders als die Philosophie der Antike, die den Menschen zwar erklärt, vermag vielleicht die Neuro- und Kognitionswissenschaft den Weg zu bereiten, wenn es darum geht, nicht nur Erklärungen zu formulieren, sondern auch Erfahrungen zu vermitteln. Die Neuroforschung versteht Plastizität in der Form, daß diese in direktem Zusammenhang mit der Umwelt steht, die der Mensch wahrnimmt.

- Das Innen und Außen in der erlebten Wirklichkeit und das Innen und Außen im menschlichen Gehirn stehen in direktem Bezug zueinander.

Die formbare Plastizität des Gehirns revolutioniert nicht nur Denkmodelle der Naturwissenschaft, sondern auch die der Geisteswissenschaft und hat Auswirkungen auf Kultur, Wissenschaft und Wirtschaft.

Die wissenschaftliche Aussage

Anhand der heutigen wissenschaftlichen Erkenntnisse wird die Komplexität des menschlichen Gehirns immer deutlicher. Je komplexer die Reize werden, die die Hirnforscher in ihren Versuchen einsetzen, desto komplexer erscheinen auch die Eigenschaften der Nervenzellen.

Die technischen Konsequenzen

Die Wechselwirkung zwischen Außenwelt und Gehirn ist die Problematik, mit der sich die KI-Forschung auseinanderzusetzen hat, wenn es darum geht, neuronale Netzwerke zu knüpfen, sobald Geist und Kreativität ins Spiel kommen. Die neuen Erkenntnisse über die nichtlineare Dynamik können dazu führen, daß höhere Gehirnleistungen, wie die Assoziation, die Abstraktion und das Lernen an Beispielen, durch künstliche neuronale Netze technisch produziert werden können.

Neuroevolution – Gehirn und Evolution

Die Fähigkeit zur Modifikation hat ihre evolutionäre Grundlage: Im menschlichen Gehirn wird die zentrale Erregungsausbreitung und -auswertung von der ungleich größeren Anzahl der Nervenzellen bewerkstelligt, mit Motorik und Sensorik hat dagegen der geringere Anteil der Nervenzellen zu tun. Im Gehirn niederer Wirbeltiere ist das Verhältnis von Sensorik zu zentraler Verarbeitung und Motorik viel ausgeglichener.

	Sensorik		Weiterverarbeitung		Motorik
Tier	1	:	3	:	1
Mensch	1	:	100 000	:	1

Beim Menschen kommen also auf jede Nervenzelle, die primäre Sensorik verarbeitet, rund 100 000 Neuronen, die diese Information weiterverarbeiten, mit anderen vergleichen und zur Konstruktion neuraler Wirklichkeiten benutzen.

- Die Evolution des menschlichen Gehirns beim Menschen führt zu immer größerer Unabhängigkeit des neuralen Systems von Prinzipien der Evolution, denen das Gehirn als Organ unterliegt.

Man kann also sagen, daß das Gehirn ein System ständiger Strukturveränderung ist. Seine Plastizität ist die grundlegende Dimension seiner Teilnahme an lernfördernden Prozessen. »Die Plastizität ist für den Menschen besonders wertvoll, weil sie uns die Funktionsweise des Gehirns als Vermittlungsorgan und auch das Schöpferische in der Tätigkeit der Nervenzellen offenbart.«

Fazit:

> Die mentale Fitneß ist auch davon abhängig, in welchem Maße man es lernt, die Modifikationsfähigkeit der Neurone weiterzuentwickeln und die kreative Plastizität des Gehirns zu nutzen.

1.3 Das Gehirn – mehr als die Summe seiner Neurone ...

Kein Organ unseres Körpers ist also so komplex und vielschichtig wie das menschliche Gehirn, der Sitz unserer seelisch-geistigen und intellektuellen Fähigkeiten. Neurobiologen in aller Welt befassen sich heute in zunehmendem Maße mit dem Aufbau und den Funktionen des Nervensystems, während Psychologen versuchen, den psychischen und geistigen Funktionen näherzukommen. Bei vielen Vorgängen wie etwa Lernen, Gedächtnis, Traum, Sucht und Emotionen sind Verbindungen geschaffen worden, die zeigen, daß geistig-seelische Phänomene auf bestimmte neurobiologische Mechanismen zurückzuführen sind, auf anderen Gebieten ist die Kluft zwischen Hirnforschung und Psychologie noch nicht überwunden. Ob wir jemals die Umwandlung physikalisch-chemischer Prozesse in den Zustand der persönlichen Bewußtwerdung verstehen können, bleibt dahingestellt; was jedoch zum Verständnis sehr beiträgt, sind die interdisziplinären Ansätze und Modellvorstellungen, die sich wechselseitig ergänzen können. Auf kein Organ trifft das Wort: »Das Ganze ist mehr als die Summe seiner Einzelteile« besser zu, als auf das lebende Gehirn und seine kreativen Ausdrucksmöglichkeiten; denn es ist tatsächlich mehr als die Summe seiner einzelnen Bausteine, der Neuronen, wie folgende Eigenschaften andeuten mögen:

- Das menschliche Gehirn beherbergt nach neuesten Schätzungen etwa 50 bis 100 Milliarden Nervenzellen; diese unterscheiden sich in Form und Funktion beträchtlich voneinander.

- Geht man von mindestens zehn Milliarden Nervenzellen im menschlichen Gehirn aus, so ist deren neuronale Verknüpfung und Kommunikation wahrlich astronomisch: Jede Nervenzelle hat Kontakt zu über 1000 Synapsen – Kontaktstellen zwischen den Nervenzellen –, einige Neuronen innerhalb der Hirnrinde zu bis zu 200000. Somit ist die Anzahl an Verbindungsstellen größer als die Zahl von Einzelteilchen im uns bekannten Universum.

- Eines der rätselhaftesten experimentellen Ergebnisse der Hirnforschung ist die Tatsache, daß 80 bis 90% des den Sinnen gelieferten Eingangsmaterials zerstört sein können, ohne daß Wahrnehmungsmuster dadurch wesentlich beeinträchtigt werden. Ein gemeinsames Merkmal von Hologramm und Gedächtnis besteht darin, daß der Zugang zum Gedächtnismechanismus über eine große Zahl von Kanälen führt, die gleichzeitig und parallel in Anspruch genommen werden. Dadurch wird im Gegensatz zum adressengerichteten Computer die jeweilige Position der gespeicherten Information relativ bedeutungslos. Von daher ist es wahrscheinlich, daß das biologische Gedächtnis vorwiegend durch qualitativ unterschiedliche Inhalte bzw. zeitliche Eigenschaften und nicht ausschließlich durch örtliche Anordnungen charakterisiert ist.

Das Gehirn und damit das Individuum lebt keinesfalls in einem luftleeren Raum, sondern in einem Abhängigkeits- und Wechselwirkungsbezug zwischen Anlage (Vererbung), Umwelt/Gesellschaft/Kultur und Persönlichkeit. Nur durch die Sicht einer ganzheitlichen Wechselwirkung werden psychische Erscheinungen einsichtig und durch die Vielzahl der Ansätze, die ich Ihnen sicherlich nur unvollständig aufzeigen kann, voll verständlich.

1.4 Die Ernährung des Gehirns –
Wie wir mit Wirkstoffen unser Denken, Handeln und Fühlen verändern

In der Vergangenheit war man davon ausgegangen, daß die Produktion von den im Körper benötigten Substanzen stets in einem Gleichgewicht gehalten wird und daß eine Erhöhung nicht davon abhängt, was man gegessen hat. Professor Wurtmann vom Medical Institute of Technology meinte dazu: »Es bleibt mir ein Rätsel, daß sich das Gehirn in der Form entwickelt haben sollte, daß seine Funktion und Chemie davon abhängen, ob man zu Mittag gegessen hat oder was man gegessen hat.« Inzwischen hat die Wissenschaft immer mehr Interesse daran gefunden, zu erforschen, inwieweit die Nahrungsauswahl Einfluß auf kognitive Funktionen hat. Als erstes hat man sich auf die wichtigen Aminosäuren, Tryptophan und Phenylalanin, konzentriert, von denen keine im Körper selbst gebildet werden kann und deren Vorhandensein sich nur mit unserer Nahrungsaufnahme erklären läßt, sowie auf die nichtessentiellen Aminosäuren, Tyrosin und Glutamin, die vom Körper erzeugt werden, aber auch in bestimmten Nahrungsmitteln enthalten sind. Aus der Erkenntnis, daß der Bedarf an Nährstoffen, die für die Erhaltung der Gesundheit nötig sind, von Mensch zu Mensch sehr verschieden sein kann – man spricht von biochemischer Individualität –, hat sich ein Medizinzweig entwickelt, der dies berücksichtigt: die »orthomolekulare Medizin«. Sie hat ein klares und einfaches Konzept, nämlich die Krankheiten mit Nährstoffen zu beseitigen. Der zweifache Nobelpreisträger Linus Pauling prägte den Begriff orthomolekulare Medizin und definierte diese folgendermaßen: »Orthomolekulare Medizin ist die Erhaltung guter Gesundheit und die Behandlung von Krankheiten durch Veränderung der Konzentration von Substanzen im Körper, die normalerweise im Körper vorhanden und für die Gesundheit erforderlich sind.« Der Begriff stammt aus dem Griechischen: »Orthos« bedeutet soviel wie »richtig«, und »molekular« betrifft die Moleküle als Bauteile von Substanzen. Die Definition Paulings sagt in wenigen Worten außerordentlich viel: a) Die Erhaltung der Gesundheit ist oberstes Gebot. b) Die Erhaltung der Gesundheit und die Behandlung von Krankheiten hat nach den gleichen Prinzipien zu erfolgen. Was für ein Statement an die Präventivmedizin! Schon Hippokrates sagte: »Eure Nahrungsmittel seien eure Heilmittel.« Der Unterschied zur Schulmedizin liegt also in der Erhaltung der Gesundheit durch Nährstoffe, wohingegen die orthodoxe Medizin die Prävention hauptsächlich in apparativen Untersuchungsmaßnahmen sieht. Und der Erhaltung der Gesundheit wird in der orthomolekularen Medizin gleiche Bedeutung beigemessen wie der Behandlung von Krankheiten. Die Tragweite dieser neuen Medizinrichtung wird offenbar, sobald wir die Erkenntnisse der Forscher auf unser tägliches Leben anwenden. Wer wird bestreiten, daß das, was wir zu uns nehmen, nicht auch Einfluß auf unser Denken hat; jedermann hat schon die Erfahrung gemacht, daß man sich nach Mahlzeiten anders fühlt und anders denkt. Nicht wenige Menschen medikamentieren sich sozusagen selbst mit Essen, andere suchen Trost, wenn sie deprimiert sind, oder belohnen sich selbst, wenn sie unter Streß stehen. In der alten Volksweisheit »Liebe geht durch den Magen« mag man auch die Erklärung finden, daß nach einem guten Essen verstärkt Gehirnchemikalien zur Verfügung stehen, die Voraussetzung bieten, dem anderen mehr Zuneigung und Aufmerksamkeit zuteil werden zu lassen. Süßigkeiten und Gebäck – Bestandteile so mancher regelmäßigen Damenkaffees (man möge mir verzeihen) – führen zu einer Erhöhung von Serotonin im Gehirn und einer zeitlich bedingten Beruhigung und einem Gefühl von Zufriedenheit. Viele Antidepressiva (Medikamente gegen Depression) arbeiten von ihrer Wirkungsweise her ähnlich, sie erhöhen den im Gehirn verfügbaren Serotoninspiegel. Die Ernährungswissenschaftler Adelle Davies und Lelord Kordel haben beide schon vor Jahren in ihren Büchern darauf hingewiesen, inwieweit die meßbaren Veränderungen in der Gehirnchemie damit in Verbindung gebracht werden konnten, was eine Person bei der letzten Mahlzeit gegessen hatte oder wie die erste Mahlzeit, das Frühstück, zusammengesetzt war: Reichlich Protein mit etwas Kohlenhydraten kann bewirken, daß Sie sich den ganzen Tag über an ihrer Leistungsgrenze bewegen, energiegeladen und streßfrei die Arbeit bewältigen, wohingegen ein Kaffee, in aller Eile hinuntergeschüttet, und das süße Stückchen vom Bäcker über kurz oder lang Ihre Leistungsfähigkeit untergraben. Im Essen Ersatz und Trost zu finden ist weit verbreitet. Schon als Kind werden einem bei jeder sich bietenden Gelegenheit Süßigkeiten angeboten, und besonders dann, wenn es darum geht, zu belohnen oder von Schwierigkeiten abzulenken. Fühlt sich jemand dann als Erwachsener gestreßt und in Bedrängnis, so ist er darauf konditioniert, sich mit Süßigkeiten zu belohnen.

- Der sich daraus ergebende Effekt ist sowohl psychologischer als auch körperlicher Natur, da die in unserem Gehirn vorhandenen natürlichen Opiate scheinbar durch Streßwahrnehmungen ausgelöst werden.

Die nachrichtendienstlichen Substanzen des Gehirns sind die Neurotransmitter. Diese wichtigen Boten führen ihre Kommunikationsaufgaben in der Art aus, daß sie wie Schlüssel die Schlösser zahlreicher Türen öffnen. Da einige Botenstoffmoleküle die Aktivitäten anderer Transmitter stimulieren oder auch hemmen, wodurch dann Funktionen beeinflußt werden, die Körper und Geist betreffen, könnte man in diesem Zusammenhang auch von einem Kombinationsschloß sprechen. Die Menge der vorhandenen Neurotransmitter hängt von vielen Kofaktoren ab, inneren wie äußeren Einflüssen, die unser Gehirn erreichen: Ernährung, Alter, Erbanlagen, streßintensive Wahrnehmung, Umweltfaktoren wie Licht, Farben, Gerüche, aber auch Überzeugungen, Glaubenssätze und Hoffnungen.

1.5 Einsatz von Nährstoffen als Behandlungsmethode des Gehirns

Der Einsatz von Nährstoffen, die wie Medikamente und Drogen wirken, gewinnt seit einiger Zeit immer mehr an Popularität. Schon seit Jahren in den USA bekannt sind Nahrungszusätze, die als »Designer Food« angeboten werden. Propagiert und vertrieben werden die – auch als »weiße Drogen« bezeichneten – Zusätze von Durk Pearson und Sandy Shaw, nachdem ihnen ihr Buch »Life Extension« einen großen Erfolg bescherte.

Die Substanzen entsprechen einerseits dem Trend, mehr Leistungsfähigkeit und Klarheit im Denken zu erreichen in einer Umwelt, die hohen mentalen Streß erzeugt. In anderer Hinsicht entspricht das in gewisser Weise dem Suchtpotential des Menschen – doch warum nicht die positive Seite der Droge, die Stimulierung, und die Natürlichkeit der Ingredienz miteinander verbinden? Das mag vom Grundgedanken her sicherlich richtig sein, doch in Wirklichkeit enthalten diese Substanzen häufig sehr viel Zucker und Koffein (womit man sich keinen Gefallen tut, siehe Hypoglykämie, Neurotoxine und Verhalten). Daher schauen Sie sich die Zusammensetzung genau an. Hier nun die wichtigsten Produkte mit ihren einzelnen Bestandteilen:

»Muntermacher«

Die Aminosäure Phenylalanin produziert im Gehirn einen Neuroregulator, 2-Phenyläthylamin, der von seiner Wirkung her dem Amphetamin ähnelt. Ein Lebensmittel, daß Phenyläthylamin enthält, ist Schokolade, die empfohlen wird, um über das Tief und die Niedergeschlagenheit nach einer zerbrochenen Romanze hinwegzukommen. Einige Wissenschaftler vermuten, daß der Depressionen zugrundeliegende Mechanismus vielleicht nicht in einem Mangel an Noradrenalin oder Dopamin, sondern in mangelndem Phenyläthylamin zu sehen ist. Pearsons und Shaws beliebtestes Mittel, »Blast«, eine psychoaktive Ingredienz, wie sie meinen, enthält den Eiweißbaustein Phenylalanin. Sie schreiben: »Wenn Phenylalanin in den Blutkreislauf gerät und der Blutzucker niedrig ist, wandelt die Leber es in Glukose um. Um das zu unterbinden, ist in ›Blast‹ Fruchtzucker enthalten. So wird wird der Glukoseprozeß ausgeschaltet. Das zweite Problem ist, das Phenylalanin aus dem Blutkreislauf in das Gehirn einzubauen. Dafür wird durch die Fruktose ein kleiner Insulinausstoß provoziert. Das schaltet die Bluthirnbarriere aus. Im Gehirn wird das Phenylalanin in Noradrenalin umgewandelt, einem Verwandten des Adrenalin, einem Neurotransmitter, der anregt und stimuliert.« Im Falle des Phenylalanin wurde festgestellt, daß es das Erinnerungs-

und Lernvermögen verbessert und die Motivation steigert. Eine weitere Aminosäure, das Glutamin, scheint für das Erinnerungs- und Konzentrationsvermögen ebenfalls förderlich zu sein. Es wird auch schon Alkoholabhängigen und starken Rauchern als Überbrückungshilfe zur Linderung von Nervosität während der Entzugsphase gegeben.
Cholin ist in Lecithin enthalten und findet sich in Eigelb, Leber, Sojabohnen etc. und wird im Gehirn in den Neurotransmitter Acetylcholin umgewandelt, an dem im Fall der Alzheimerschen Krankheit z. B. ein Defizit vorliegt. Gesunden Personen verabreicht, kann es die spezielle Auffassungsgabe und das Gedächtnis verbessern. Da Acetylcholin für die Funktionstüchtigkeit der Muskeln und die Bewegungen des Körpers von entscheidender Bedeutung ist, wurde lecithinreiches Essen auch bei der Behandlung von motorischen Störungen eingesetzt. Das Produkt »I.Q. Plus« enthält neben Cholin noch Tyrosin und Ribonukleinsäure und soll Denkfähigkeit und Auffassungsgabe erhöhen.

»Ruhigsteller«:

Tryptophan ist eine Aminosäure, die möglicherweise im Rahmen einer sogenannten »Vorläuferbehandlung« nutzbringend eingesetzt werden kann. Tryptophan ist erforderlich für die Herstellung von Serotonin, einem Neurotransmitter, der unsere Schmerzempfindlichkeit senkt, unseren Appetit mindert und beruhigend auf unsere Stimungslage wirkt. Als tryptophanhaltiges Schlaf- und Beruhigungsmittel haben Pearson und Shaw »Serene Tranquility« entwickelt. Nach Aussagen der Hersteller können »Serene Tranquility« und »Blast« auch zusammen eingenommen werden. »Das Ergebnis: völlige Ruhe und höchste Konzentration in einem. Eine ideale Kombination für Streßzustände, in denen es gilt, konzentriert und entspannt zugleich zu sein.«
Sicherlich ist es nicht angebracht, diese »Designernahrung« ständig einzunehmen, noch viel weniger als Ersatz für eine vollwertige Kost, die ja reich an natürlichen Vitaminen und Enzymen sein sollte, möchte man sich fit und gesund fühlen. Bei

genauer Kenntnis der Inhalts- und Nährstoffe, durch Qualitätsvergleich und durch intelligente Nutzung und Zusammenstellung unserer Nahrungsmittel ist sicherlich auch das zu erreichen, was die Hersteller »psychoaktiver Drinks« versprechen: Stimmungsveränderung und Steigerung der mentalen Fitneß. Sowohl Tryptophan wie auch Tyrosin werden mit Veränderung der Stimmung, Konzentrations- und Leistungsfähigkeit in Verbindung gebracht, die sich bei gesunden Menschen einstellen, wenn diese bestimmte Nahrungsmittel gegessen haben.

Manche Menschen berichten von einem Gefühl der Euphorie, die sich bemerkbar macht, sobald sie in ihrem Gehirn eine Zunahme von Tryptophan und Serotonin erzielen. Ebenso können manche Menschen, die mit dem Rauchen aufhören möchten, von kohlehydratreichem Essen und entsprechenden Tryptophandosen profitieren. Mögliche Entzugserscheinungen, die auftreten können, wenn Rauchern das Nikotin entzogen wird, scheinen mit Tryptophan und Serotonin gelindert werden zu können.

In die Wechselwirkung von Stimmung und Essen ist somit auch unsere Schmerzempfindlichkeit, sowohl körperlich als auch psychologisch, mit einbezogen. Genau wie »Junk Food«, also billiges Imbißessen, eine Zunahme von Serotonin bewirken kann, scheinen auch Schlemmermahlzeiten zu einer verstärkten Freisetzung von Endorphinen zu führen. Diese körpereigenen Opiate bewirken, daß im Gehirn Spannungsgefühle gelindert und die Schmerzempfindlichkeit gemindert werden kann.

Im Wechselwirkungsgefüge von Ernährung, Gehirnchemikalien und Kognition ergibt sich: Genau wie die Gehirnchemikalien Gedanken verändern können, so können auch Gedanken eine Veränderung dieser Chemikalien bewirken. Dies zeigt die wirkungsvolle Synthese von: kognitiver Strategie – mental – und Ernährung – metabolisch.

1.6 Modelle –
erklärt das neueste Modell nur den letzten Stand des Irrtums?

So alt wie die Idee, mit Techniken zwischen verschiedenen Ebenen des Bewußtseins wählen zu können, ist auch die Spekulation, über das Gute oder Böse, sprich die Natur im Menschen. Im allgemeinen nahmen die Wissenschaften wie Psychologie, Philosophie oder die Medizin alleine für sich in Anspruch, eine Erklärung oder sogar allumspannende Weltenformel gefunden zu haben. Vor allem die Physik, die Mathematik und die Systembiologie haben in den letzten Jahren dahingehend faszinierende Erklärungsmodelle geschaffen. Doch was nützen »Daten« ohne »Wissen« – Modellvorstellungen ohne Erleben? Einerseits führt die unglaubliche Fülle an Einzeldaten zum immer größer werdenden Gefühl des Nichtwissens, ja zur Verwirrung, andererseits bietet es nicht die Erlebnisqualität einer Erkenntnis oder weist den Weg zu einer solchen. Denn Modelle sind nur Abbilder minderer Qualität – im besten Falle Zerrbilder unserer Realität – und können niemals ein umfassendes Erklärungsschema bilden – und noch viel weniger eine unmittelbare Erfahrung ersetzen. Trotzdem möchte ich auf die wichtigsten Gehirn-, Psycho- und Bewußtseinsmodelle eingehen, um am Schluß anzuregen, sie zu »überwinden«, um neue und komplexere zu erdenken. Denn höhere Intelligenz entzieht sich kausalen Programmen und Zusammenhängen, ihr kann allenfalls der Nährboden bereitet werden, der Kreativität heißt.

Auf der Grundlage des aktuellen Wissensstandes, wonach das Gehirn die Fähigkeit hat, alle Funktionen des Körpers zu steuern, setzt sich zunehmend auch die Erkenntnis durch, daß Fehlsteuerungen des Zentralnervensystems als zusätzliche Krankheitsfaktoren gewertet werden müssen.

> Als zentrales Organ soziokulturellen Selbstverständnisses mit neurolinguistischer Ausprägung und psychoneuroendokrinologischer Vernetzung bietet das Gehirn eine breite Basis der Erforschung und gleichzeitig der persönlichen Erfahrung.

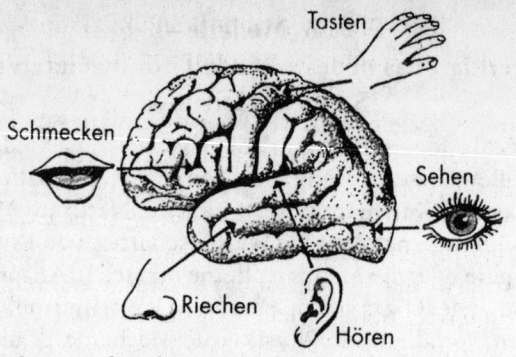

Abb. 1: Gehirnareal und Sinnesfunktion

Erklärungsmodelle sind immer wieder erarbeitet worden; Descartes kann als Begründer einer ersten »Theorie der physiologischen Emotion« gelten, durch seine Verknüpfung von Emotion, Motorik und Nervensystem, die in der Zirbeldrüse ihren Ausdruck findet. Sigmund Freud und der Erfinder des EEG, Hans Berger, hatten beide ursprünglich einen identischen Energiebegriff, der Ausgangspunkt ihrer unterschiedlichen Forschungsarbeiten war. Berger hegte bis zu seinem Tode die Erwartung, daß sich die psychologischen Phänomene auf physikalisch-chemisch Meßbares reduzieren ließen und damit das Psychologische im Biologischen aufginge. »In der Ausgrenzung des jeweils phänomenal Dazugehörigen liegen bei beiden die Defizienzen ihrer Theoreme: Berger überging die Erlebnisqualität, Freud das Biologische. Beide, Berger wie Freud, vermochten das im Begriff der ›Psychischen Energie‹ liegende erkenntnistheoretische Problem nicht zu erkennen und zu lösen.« (Machleidt 1990) Das Problem besteht darin, daß Erleben und seine phänomenale und seine beschreibungsmäßige Ausdrucksweise prinzipiell verschiedene Wahrnehmungseinheiten sind und nebeneinander existieren, aber niemals einander ersetzen können. Der Neurophysiologe John Eccles suchte die Auseinandersetzung mit Popper, um den empirischen Befunden am Gehirn einen erkenntnistheoretischen Rahmen zu geben. Heute nun bietet die Neurowissenschaft als Gehirn- und Kognitionsforschung eine Alternative, Ganzheitlichkeit nicht nur als Utopie, sondern als »psychophysiologische Realität« zu begreifen. Die amerikanische Publizistin Marilyn Ferguson spricht in diesem Zusammenhang von einer Transformation des Gehirns und des Bewußtseins, so daß die erwiesene Flexibilität des menschlichen Gehirns und der menschlichen Bewußtheit neue Möglichkeiten eröffnen kann – damit individuelle Evolution vielleicht zur kollektiven Evolution führt. Die Evolution des Bewußtseins ist im wesentlichen ein Lern- und Erkenntnisprozeß. Evolution ist außerdem selbst der Evolution unterworfen. Evolution ist nicht nur in ihren vergänglichen Produkten, sondern auch in den von ihr entwickelten Spielregeln offen. Der passive Darwinismus wandelt sich zu einem aktiven Darwinismus, sobald neben Zufall und Notwendigkeit Kreativität entsteht, und die kann entstehen, wenn wir den Umgang mit dem komplexen Drei-Pfund-Universum lernen, indem wir »vom Gehirnbesitzer zum Gehirnbenutzer« werden (V. Birkenbihl).

Kapitel 2

Das Gehirn und seine Funktionen

In dem nun folgenden Text werde ich Ihnen die verschiedenen Gehirnfunktionen vorstellen, um Ihnen einen Eindruck von der Vielfältigkeit des menschlichen Gehirns zu vermitteln.

Das Gehirn als:
1. Muskelfunktion
2. chemische Fabrik
3. Elektrizitätswerk
4. Telefonleitung
5. System

und im 2. Teil des Buches als:

6. holographischer Apparat
7. morphogenetisches Feld

2.1 Das Gehirn als Muskel

»Wähle den Teil deines Körpers, der deinem Wunsch nach größer und stärker werden soll, und benutze ihn. Und was sehr wichtig ist: Benutze ihn, auch wenn es dich noch so sehr anstrengt, denn je schwieriger es wird, ob es nun immer schwerere Gewichte sind, die du stemmst, oder längere Strecken, die du immer schneller läufst, desto mehr wird der Muskel wachsen, auf den alles abzielt.«

(Michael Hutchison)

These 1: Unser Gehirn ist trainierbar wie ein Muskel!

Sicherlich kann sich jedermann durch entsprechendes Training stärken. Die Übungen können sich auf bestimmte Körperteile und Systeme ausrichten. Langläufer konzentrieren sich darauf, ihr kardiovaskuläres System zu entwickeln, mit dem Resultat, daß die Ausdauer steigt; Herz, Kreislauf und Lunge werden trainiert. Mittels Bodybuilding können Sie den Muskel Ihres Körpers modellieren, den Sie wünschen; würde ein Gewichtheber nur seinen Oberarm trainieren, würde er kaum etwas anderes bekommen als einen großen Bizeps. Man stelle sich nun vor, daß das über den Körper Gesagte auch auf unser Gehirn zutrifft. Im Prinzip ist das sicherlich richtig, nur daß das Gehirn eben doch kein Muskel ist. Das liegt einmal daran, daß die Anzahl der Gehirnzellen von Kindheit an festgelegt und nicht zahlenmäßig vergrößerbar ist, egal welche Reize auf das Gehirn einströmen. Darin unterscheiden sich die Gehirnzellen von den anderen Körperzellen: Sie können sich nicht durch andere ersetzen lassen, bestenfalls erholen sie sich (was bei einer Gehirnerschütterung oder einem Vollrausch bestimmt vorteilhaft ist). Wenn eine Muskelzelle beispielsweise beschädigt oder zerstört wurde, so kann sie durch eine neue ersetzt werden. Da es sich mit den Reparaturmechanismen bei Gehirnzellen anders verhält als bei den übrigen Zellen, konnte man sich bisher nicht vorstellen , wie sich Struktur und Funktion des Gehirns durch äußere Einflüsse oder die Ernährung verändern könnten. Nun ist das Gehirn auch nicht dazu bestimmt, Arbeit zu leisten, wie etwa das Herz, vielmehr sind seine Hauptaufgaben die der Informationsverarbeitung, auf chemischem und physikalischem Weg – auch wenn die Vielzahl der anderen Funktionen noch nicht andeutungsweise bekannt, geschweige denn ausgeschöpft wird. Doch davon später mehr. Ein wichtiger Faktor ist allerdings nicht zu übersehen: die Umgebung mit ihrer Vielfalt an Reizen hat ihre entsprechende Auswirkung auf die Gehirnfunktion und den anatomischen Aufbau. Das Gehirn findet in der Wechselwirkung mit anderen Ideen und Zielen ganz neue Anregung und Möglichkeiten, die dem isoliert Lebenden verschlossen bleiben. Ein historisches Beispiel dafür ist »Kaspar Hauser«, ein Mensch, der völlig ohne Kontakt aufwuchs und viele Funktionen, die dem Menschen ganz normal erscheinen, daher nicht ausbildete. Nun hat aber die Wissenschaft schon häufig die Vermutung geäußert, daß die absolute Größe des Gehirns nicht gleichzusetzen ist mit Intelligenz. Um etwas Licht in dieses Dickicht von Meinungen und Vorurteilen zu bringen, schauen wir uns doch ganz einfach mal an, was die Wissenschaft dazu zu sagen hat: Das Experiment von Berkeley:

»Wie man neunmalkluge Gehirne bekam ...«

An der Universität von Berkeley, Kalifornien, wurden von dem Team um Mark Rosenzweig einige Rattenversuche durchgeführt, die recht überraschende Ergebnisse erbrachten. Der Psychologe und Biologe Rosenzweig hatte nämlich etwas herausgefunden, das die Wissenschaft schnell in Aufruhr versetzen sollte, aber bald einer allgemeinen Akzeptanz Platz machte (was den revolutionären Charakter dieser Studie nicht schmälern sollte): Nachdem schon in den 20er Jahren ein Psychologe an der Universität von Berkeley festgestellt hatte, daß sich manche Ratten in einem Labyrinth besser zurechtfanden als andere, wurde von den fähigsten Ratten eine Generation nach der anderen gezüchtet. Auf diese Weise entstanden Generationen mit spezifisch guten bzw. schlechten Fähigkeiten, sich in Labyrinthen zurechtzufinden. Und 40 Jahre danach vermehrten sich die Nachfolgegenerationen der ursprünglichen Ratten von Berkeley immer noch. Mark Rosenzweig und seine Kollegen wollten nun wissen, wie geistige Aufgaben sich auf die chemischen Aktivitäten im Gehirn auswirken. Sie gingen von der Hypothese aus, daß geistige Aktivitäten, insbesondere das Lernen und das Gedächtnis, zu einem höheren Funktionsniveau eines bestimmten Gehirnenzyms (Acetylcholinesterase = AChE) führen würden. Um das herauszufinden, nahmen sie Laborratten mit unterschiedlichen Enzymniveaus und verglichen, wie diese mit Problemen fertig wurden, die eine geistige Aktivität erforderten. Tatsächlich lernten die Ratten mit einem höheren Enzymniveau besser als die mit einem niedrigen Niveau. Anschließend machten sie den Umkehrversuch. Sie wollten sehen, ob die Ratten, die mit Problemen fertig werden sollten, mit unterschiedlicher Leistung unterschiedliche AChE-Niveaus produzierten. Oder anders ausgedrückt: Konnte man diese chemischen Prozesse ändern, wenn man die Umgebung der Ratten anders gestaltete? Das hieße also, daß eine Veränderung der Umgebung die chemischen Prozesse und die Struktur des Gehirns verändert.

Von der »armen« und der »reichen« Umgebung ...

Zur Durchführung des nächsten Versuchs nahmen die Forscher eine Gruppe von Ratten, die im Laufe vieler Jahre durch kontrollierte Aufzucht einander angeglichen waren, und teilten sie willkürlich in drei Gruppen auf. Jede Gruppe bekam eine andere Umgebung. Die erste Gruppe wurde in gewöhnliche Laborkäfige gesperrt, es handelte sich um die sogenannte »normale Umgebung«. Die zweite Gruppe wurde völlig isoliert, wobei jede Ratte allein in einem Käfig mit drei undurchsichtigen Wänden, schwachem Licht, wenig Geräuschen, minimalen Reizeinflüssen und ohne Verbindung zu anderen Ratten untergebracht war. Dies war die sogenannte »arme Umgebung«. Die Ratten der dritten Gruppe wuchsen in »Spielgruppen« mit zehn bis zwölf Ratten auf, in einem großen Käfig mit viel Licht, vielen Ebenen, Laufrädern, Leitern, Brücken und Spielsachen, waren also wechselnden Reizeinflüssen und abwechslungsreichen Herausforderungen ausgesetzt. Dies war die sogenannte »reiche Umgebung«. Nach bestimmten Tagen oder Monaten wurden die Gehirne der Ratten untersucht. Dabei entdeckten die Forscher, daß die Ratten, die in der reichen Umgebung aufgewachsen waren, höhere AChE-Aktivitäten in ihrem Gehirnkortex aufwiesen als die Ratten aus der normalen und der armen Umgebung. Rosenzweig kam zu dem Schluß:

- Chemie und Größe des Gehirns sind nicht unveränderbar, sondern kann durch äußere Erlebnisse beeinflußt werden.

Die Forscher überprüften neben dem Enzymniveau aber auch noch das allgemeine Gehirngewicht und kamen dabei ebenfalls zu einem überraschenden Ergebnis: Das Gehirngewicht der Ratten aus der reichen Umgebung war viel höher als das der anderen Ratten. Irgendwie waren die Gehirne durch die stimulierende Erfahrung zum Wachstum angeregt worden. Diese Entdeckung führte dazu, daß sich nun viele Kollegen für diese Untersuchungen interessierten, teils auch aus Skepsis und Zweifel an den Methoden Rosenzweigs. Im Rahmen der Vielzahl neuerer Studien traten Ergebnisse zutage, die das, was Rosenzweig gesagt hatte, bestätigten; überdies wurde noch festgestellt:

- eine Vermehrung der neuronalen Verästelung (eine Vermehrung der Verästelung bedeutet, daß mehr Nachrichten eingehen und weitergeleitet werden können);
- eine Zunahme des Eiweißgehalts im Gehirn (das bedeutet, daß eine wirkliche Gewebszunahme erfolgte und nicht nur der Flüssigkeitsgehalt anstieg);
- eine Vermehrung der Synapsen (die Kontaktstellen, mit denen die verschiedenen Nervenzellen verbunden sind und mittels deren eine Kommunikation zwischen den Nervenzellen stattfindet);
- eine Zunahme von Gliazellen. (Bisher wurden ihnen nur Stütz- und Nährfunktionen zugebilligt, doch zeigte sich, daß das Verhältnis von Glia und Neuronen zueinander etwas mit den intellektuellen Fähigkeiten zu tun hat. Beim Menschen ist dieses Verhältnis 10:1. Das menschliche Gehirn ist etwa fünfmal so groß wie das eines Schimpansen, wobei es jedoch nur etwa 30–50% mehr Neuronen hat. Die intellektuelle Kluft, die den Menschen vom Schimpansen trennt, scheint also von der größeren Zahl von Gliazellen im menschlichen Gehirn zu kommen.)

Da man zwischenzeitlich in zahlreichen wissenschaftlichen Studien die Problematik von allen Seiten her beleuchtete, kam man vor allem zu diesem Schluß:

> Eine reich ausgestattete Umgebung mit einer höheren Stimulationsrate führt zu einer Größen- und Funktionszunahme des Gehirns und des biochemischem Zustandes. Die verbesserte biochemische Lage hat Auswirkungen auf unsere Persönlichkeit und das Bewußtsein.

2.2 Das physikalische Gehirn

These 2: Unser Gehirn arbeitet wie ein Elektrizitätswerk!

Die meisten Menschen in der westlichen Gesellschaft verwenden ihr Gehirn im wachen Zustand in einer Weise, die durch Beta-Wellen gekennzeichnet ist. Diese Wellenform ist einerseits typisch für analytisches Problemlösungsdenken, sicherlich ein Vorgang, der in unserer arbeitsteiligen, hochspezialisierten und mechanisierten Gesellschaft sehr wichtig ist, andererseits aber auch Gefühle von Insuffizienz (= ungenügende Funktion, hier erweitert auf: ungenügende geistige und körperliche Ernährung), Anspannung, Sorgen und Ängste erzeugt. Die Neigung unserer Gesellschaft zum Verharren im Beta-Bereich nennt Fritz Pearls, Begründer der Gestalttherapie, ein Verharren in einem Zustand chronischer Alarmstufe Rot – »chronic great emergency«. Die Gehirnwellen korrelieren mit den biochemischen Substanzen in unserem Gehirn, physikalische und chemische Phänomene können sich gegenseitig beeinflussen und modifizieren. Das von Beta-Wellen dominierte Gehirn überproduziert Chemikalien wie Adrenalin, Adrenalutin und Adrenachrom – Stoffe, die lebensnotwendig zur schnellen Reaktion auf einen Vorgang in unserer Außenwelt sind; über längere Zeit verursachen sie jedoch ernste gesundheitliche Probleme wie chronische Kopfschmerzen, Magengeschwüre, Schlaganfall und Herzinfarkt. Es ist daher keineswegs überraschend, daß die Fähigkeit, den Beta-Zustand zu verändern und sich etwa mehr in den Alpha-Zustand zu bewegen, ein breites Spektrum psychologischer und medizinischer Vorteile bildet. Traumatische und emotionale Probleme wurden in einer von Freud geprägten Psychologie durch Analyse, Gespräche und Rückführungen therapiert; Ziel einer biologischen und sich am Nervensystem orientierenden Richtung ist die Fähigkeit, sich mittels Entspannungstechniken des Nervensystems zu bemächtigen. Traditionelle (Yoga, autogenes Training, Biofeedback) und moderne Entspannungstechniken (Alpha-Training, Mind-Machines etc.) gehören zu den Werkzeugen, um diese Fähigkeiten zu trainieren. Ein großer Nachteil der alten Entspannungstechniken war der, daß sie allesamt einen großen Zeitaufwand erforderten, oft mußte jahrelang studiert und geübt werden, um einen entsprechenden Erfolg zu haben, und oft war es sehr schwer, sie in den Alltag zu integrieren. Gerade für Führungskräfte liegt dieses Dilemma offen: Jemand, der unter Streßsymptomen leidet, zeichnet sich auch dadurch aus, daß er keine Zeit hat bzw. sich keine Zeit nimmt, langwierige Trainingsprogramme durchzuführen.

Die Informationsverarbeitung des Gehirns findet auf physikalischem und chemischem Wege statt. Elektrische Impulse werden hin und her geschickt und können im EEG als Gehirnwellen sichtbar gemacht werden. Bereits im Jahre 1924 hat der deutsche Arzt Hans Berger in Jena entdeckt, daß das Gehirn elektrische Wellen aussendet, die im EEG aufgezeichnet werden können. Berger stieß erstmals auf eine Kategorie von Gehirnwellen, die Alpha-Wellen, die mit einer Frequenz von 8 bis 13 Hz auftraten. Im Jahre 1935 wurden dann die Delta-Wellen (1–4 Hz) entdeckt; 1934 identifizierte der Engländer William Grey Walter die Theta-Wellen, die zwischen 4 und 7 Hz schwingen.

Die einzelnen Frequenzen im Gehirn:

> Beta-Wellen (14–30 Hz):
> Eine Person befindet sich vorwiegend im Beta-Zustand, wenn sie sich in einem wachen, gespannten und alarmbereiten Zustand befindet. Dies geht einher mit einem nach außen gerichteten Bewußtsein, der logischen Verarbeitung von Daten, aber auch der üblichen Betriebsamkeit des Alltags.
>
> Alpha-Wellen (8–13 Hz):
> Alpha-Wellen tauchen generell im entspannten Zustand auf, besonders im entspannten Wachzustand mit geschlossenen Augen. Sie gehen einher mit wohliger Entspannung, ruhigem und gelassenem Denken und einer guten Integration von Körper und Geist.
>
> Theta-Wellen (4–7 Hz):
> Die Theta-Wellen entstehen normalerweise im Schlaf und während tiefer Meditation. Sie gehen häufig einher mit gesteigertem und plastischem Erinnerungsvermögen, Phantasie, bildhafter Vorstellung, Intuition und Traum.
>
> Delta-Wellen (0–3 Hz):
> Die Delta-Wellen sind extrem langsam und treten hauptsächlich im Tiefschlaf auf. Die damit einhergehenden psychischen Zustände sind: tiefer und traumloser Schlaf, Trance und Hypnose.

Die Messung der Gehirnwellen durch das EEG

Seit Ende der 20er Jahre ist die Wissenschaft in der Lage, die elektrische Aktivität des Gehirns aufzuzeichnen. Dazu werden Elektroden an der Kopfhaut angebracht, um die elektrischen Wellen aufzufangen, die als zackige Linien auf dem Papier des EEG aufgezeichnet werden. Um ein einigermaßen umfassendes Bild der elektrischen Tätigkeit des gesamten Gehirns zu erhalten, muß man sehr viele Elektroden verwenden, von denen jede wieder ihre eigene »Hieroglyphe« auf dem Papier

hinterläßt. Die Aussagen sind gemäß der Komplexität des zu untersuchenden Organs ebenso komplex und äußerst schwer zu interpretieren: »Manchmal erschienen bestimmte Hirnwellenmuster in verschiedenen Gehirnbereichen einander zu ähneln, oder ein Rhythmus schien von einem Ort zum anderen hin- und herzuschwingen. Manche Muster erschienen spiegelverkehrt, andere ergaben wiederum sehr ähnliche und konstante Ergebnisse.« Manche Muster schienen Störungen unterworfen zu sein oder zufälligen elektrischen Wellen, die durch Bewegungen der Probanden erzeugt wurden, so daß manch einer sich zu dem Schluß hinreißen ließ: »Das Gehirn erzeugt als Abfallprodukt eine Art Hirnlärm«, der dann im EEG sichtbar wird. Die vielen Unsicherheiten und Variablen offenbaren eines ganz sicher: daß es bis heute kein eindeutiges Interpretationsmodell zur Deutung der Gehirnwellen gibt. So wertvoll das EEG bei der Diagnose bestimmter pathologischer Gehirnvorgänge ist, so weitgehend unverstanden blieb es in anderen Bereichen, und so soll es nicht wundern, wenn manche Aufzeichnungen aussehen, als hätten wir die »Hieroglyphen der Majas« zu entziffern. Doch das sollte sich ändern, nachdem neue Computerverfahren entwickelt wurden, die – wie das Brain Mapping – die verschiedenen Hirnwellen farbig darstellen konnten. Was aber noch wichtiger war, war die Zuhilfenahme neuer Interpretationsmodelle wie etwa der Chaosforschung: Die elektrische Hirntätigkeit gehört zu der Klasse »kooperativer Prozesse«, die der Physiker Herrmann Haken als Synergetik bezeichnet. Es sind sich selbst organisierende Prozesse, die immer dann zustande kommen, wenn gewisse Bedingungen für ein Zusammenwirken in einem System von gleichförmigen Elementen geschaffen werden. Die Synergetik als Prozeß des Zusammenwirkens begegnet uns überall in kooperativen Systemen, wie etwa bei der Wolkenformation, die dann zustande kommt, wenn die an sich chaotische Verteilung von Wassertröpfchen in der Atmosphäre unter bestimmte Temperatur- und Luftdruckbedingungen gelangt, wodurch bestimmte Luftströmungen entstehen.
Die alte Vorstellung in der Neurowissenschaft, das menschliche Gehirn sei ein ungeheuer komplexes Netzwerk von Schal-

tungen, das aus Milliarden einzelner Neurone besteht, die untereinander durch elektrische Impulse kommunizieren, muß neu überdacht werden. Die neue computergestützte Forschung läßt vermuten, daß das EEG nicht die Summe individueller Nervenimpulse ist, nicht die Summe individueller Entladungen, die nach bestimmtem Muster an- oder ausgeschaltet werden, sondern daß es durch langsame, abgestufte elektrische Potentiale entsteht, die von den Kernkörperchen der Nervenzellen produziert werden. Dazu Michael Hutchison: »Diese langsamwelligen Potentiale scheinen oft Tausende von Neuronen zu durchqueren – wie jener Wind, der durch das Weizenfeld bläst –, um dabei diese riesigen Gebiete zur Synchronisation ihrer langsamwelligen Potentiale zu bringen. Aus diesen wechselnden Mustern von elektromagnetischen Feldern, nicht aus den Impulsen der einzelnen Neuronen, setzen sich die Wellen des EEG zusammen. Gruppen von Neuronen, die zusammenarbeiten bzw. zusammenschwingen oder resonieren – wie das Zupfen einer Violinsaite, die auf eine bestimmte Frequenz gestimmt ist, eine andere zum Mitschwingen bewegt –, bilden zusammen Muster, die quer durchs gesamte Gehirn schwingen, an manchen Punkten einander verstärken, an manchen Stellen einander beeinträchtigen. Hier drängen sich förmlich Vergleiche aus der Natur auf: das Wellenspiel am Meer, bei dem sich gegenläufige Wellen manchmal verstärken, manchmal niederdrücken, oder der Vergleich mit dem Wind, der über das Weizenfeld streicht, manchmal sich zu einem Wirbel vereinend und die Ähren auf der einen Seite niederdrückend, manchmal aber auch gegeneinander arbeitend und das Weizenfeld mit merkwürdigen Mustern und Wirbeln überziehend, die in verschiedene Richtungen weisen. Die Gaia-Hypothese von James Lovelock bietet interessante Parallelen.
Der Schweizer Wissenschaftler Diertrich Lehmann hat zusammen mit den Forschern Brown und March (University of California) die EEGs von Versuchspersonen bei Wörtern aufgezeichnet, die zwar ähnlich klangen, aber unterschiedliche linguistische Funktionen aufwiesen. Die Computerauswertungen besagten folgendes: Die Gehirnwellen der Probanden, die durch Worte in unterschiedlichen Funktionen ausgelöst wurden, un-

terschieden sich deutlich und regelmäßig voneinander, je nachdem welche Bedeutung man dem Wort beimaß. Ähnliches leistet auch das Hubbard-Elektrometer, ein Gerät, das den Hautwiderstand mißt und Hervorragendes in der Therapie leistet, indem die emotionale Belastung eines Wortes herausgefunden und so lange mit dem Probanden durchlaufen wird, bis er keine »Ladung« (schädliche Energie) darauf hat. Die Wissenschaftler Chapman et al. (University of Rochester) zeigten Versuchspersonen Worte, die nach sechs Untergruppen mit unterschiedlichen Konnotationen unterteilt waren (gute Worte wie schön, edel und seriös und schlechte Worte wie Verbrechen, Mord, Krankheit). Mit diesen Worten wurden die Versuchspersonen dann konfrontiert, und ihre EEG-Muster wurden aufgezeichnet. Das Ergebnis erbrachte, daß jeder Worttyp ein deutlich unterscheidbares EEG-Muster hervorrief und diese Muster bei verschiedenen Versuchspersonen durchaus ähnlich waren. Daraus ließe sich nun vermuten, daß sich im EEG sozusagen eine Geheimsprache verbirgt, die als universelle Sprache das Gehirnwellenmuster ausmacht. Die Forschung, die zeigt, daß Worte mit ähnlichen Konnotationen (sogenannte gute Worte) bemerkenswert ähnliche Gehirnmuster verursachen, kann in ihren phantastischen Möglichkeiten zu Therapie- und Diagnosezwecken nicht hoch genug eingeschätzt werden:

- Die Auslösung oder Erzeugung eines solchen übergreifenden Musters fließender elektromagnetischer Felder im Gehirn könnte mit Hilfe der Resonanz eng verwandte Gehirnwellenkonfigurationen wachrufen.
- Der Therapieeffekt: Wenn wir lernen, ein gutes Gehirnwellenmuster zu produzieren, dann könnte der Resonanzeffekt gespeicherte ähnliche Muster wachrufen, assoziativ würden weitere Resonanzen ausgelöst und mit der Idee des guten Musters sozusagen resonieren.
- Die Diagnose: Mittels Ableitungen (wie etwa im Brain Mapping) könnten die verschiedenen Wellenmuster aufgezeichnet werden und dem gegenwärtigen Status quo der Wellenmuster ein Bild vermitteln, um zu sehen, wo und wie therapiert werden könnte.

»Laßt die Biologen so weit gehen, wie sie können«, schrieb Freud, »und laßt uns so weit gehen, wie wir können. Eines Tages werden wir uns beide treffen.« Das, was Freud zu seiner Zeit mehrmals betonte, war seine Zuversicht, daß die Neurobiologie an Stellenwert gewinnen würde und das »Psychische« im Menschen im »Neurobiologischen« aufgehen würde. Wäre nun das Gehirn nur elektrisch, wäre seine einzige Sprache der Binärcode des Aktionspotentials, könnten wir wirklich deterministische, computerähnliche Maschinen sein. Nun kommt aber noch der chemische Anteil des Gehirns hinzu, das macht es unvorhersagbar und variabel.

Candace Pert, die Vorträge mit den Themen »Gott an der Synapsis« oder »Vom Molekül zum Mystizismus« hält, ist alles andere als eine schwärmerische Person, sondern eine ernst zu nehmende Wissenschaftlerin. »Woran wir gerade arbeiten«, sagt sie, »ist die Herstellung von Verbindungen zwischen der Neurochemie, den Säften des Gehirns, und den Schaltplänen. Schaltpläne sind das, womit die Neuroanatomen sich seit Jahren befaßt haben: die Verknüpfung der Zellen, die Verschaltungen. Ich zweifle nicht daran, daß wir eines Tages einen farbigen Schaltplan des Gehirns entwerfen können. Eine farbige Karte mit Blau für den einen chemischen Stoff, Rot für einen anderen usw. Wir werden in der Lage sein, das Gehirn in mathematischen, physikalischen, neurochemischen und elektrischen Begriffen zu beschreiben, mit all der Exaktheit einer Differentialgleichung.« (Hooper/Teresi)

2.3 Die angereicherte/arme Umgebung des Managers

Folgende Fragen werden nun wichtig:
a) Welche chemischen Botenstoffe beeinflussen unser Gehirn?
b) Wie kann jemand von einer armen zu einer reichen Umgebung im Büro wechseln?
c) Was braucht man an Bausteinen und Wirkstoffen, um sein Gehirn leistungsfähig zu erhalten?

Um folgende Wirkfaktoren geht es dabei hauptsächlich:

- Ernährung/Entspannung/Durchblutung des Gehirns
- Kommunikative Umgebung und mentale Konzepte zur Gehirnprogrammierung
- Ionisation und Luftverhältnisse
- Licht und Farben

Dazu einige Vorbemerkungen zum Gehirn:

Das Gehirn ist ein offenes System. Energie und Materie dringen ständig in Form von Licht, Geräuschen, Empfindungen, Informationen sowie Sauerstoff und anderen Nährstoffen in unser Gehirn. Was es zum größten Energieverbraucher und -umwandler des Körpers macht. Die zuströmende Energie wird im Gehirn umgewandelt und fließt in Form von Kohlendioxid oder anderen Abbauprodukten als Wärme, als wirkende Kraft, in den Blutkreislauf zurück. Anders als gleichgewichtige oder gleichgewichtsnahe Systeme mit ihren klar definierten Bestandteilen, ihrer Tendenz zur Gleichförmigkeit, ihrer Berechenbarkeit, dem Nichtvorhandensein von etwas Neuem oder Unbeständigem, das ins System eindringt oder es verläßt, ist das Gehirn fern vom Gleichgewicht. Das Gehirn ist, wie Wissenschaftler nun entdeckten, unglaublich flexibel, fließend, formbar, ständig in Veränderung, sein Nervennetzwerk bewegt und verändert sich mit der Nahrung und den Energien entsprechend, durch das System fließend. Das heißt, daß das Gehirn nicht, wie bisher angenommen, wie eine Maschine aufgebaut ist, die aufgrund von Ein-/Aus-Impulsen, die von einzelnen Neuronen erzeugt werden, funktioniert, sondern durch nichtlinear zusammenarbeitende Wechselwirkungen, die durch Millionen von Neuronen schwingen und sie miteinander verbinden. Das Gehirn, so stellte man fest, antwortet auf die fließende Energie nicht mit linearer, mechanistischer und vorhersehbarer Vorgehensweise, sondern verwandelt diesen Zustrom in Gefühle, Ideen und Motivationen. Gerade bei Emotionen wird der Prozeß der Selbstverstärkung deutlich. Findet ein zartes Gefühl Eingang in das Netzwerk, kann es stärker und stärker werden, um sich, zuletzt übermächtig stark geworden, auszubreiten. Die zugeführte Energie löst Effekte aus, die spontan, unvorhersehbar und kreativ werden können. Diese Effekte können ganz plötzlich stattfinden, so daß sich durch entsprechende Zugabe von Energie die Struktur spontan verändert und sich automatisch in einem höheren Zustand wiederfindet. Die Theorien Ilja Prigogines von den dissipativen Strukturen lassen sich auf das Gehirn vortrefflich anwenden: »Sie zeigen, daß dissipative Strukturen ihren Aufbau nur durch einen kontinuierlichen Energiezufluß von außen beibehalten können.« Sie zeigen aber auch: Je komplexer eine Struktur ist – und das Gehirn ist das komplexeste Stück Materie – desto mehr Entropie muß sie erzeugen, da komplexe Strukturen eher zum entropischen Verfall neigen (Vergleich: ein komplizierter Hochleistungsmotor ist auch anfälliger für ein Versagen als eine einfache Maschine).

- Sie können nur dann Entropie abgeben, wenn von außen immer wieder neue Energie nachkommt.
- Dissipative Strukturen werden weitgehend durch die Stoffe geformt, die durch sie hindurchgehen.

> Das Gehirn des Menschen ist nicht einfach eine von vorneherein vorhandene Struktur, durch die Energie und Materie in Form von Strahlenpartikeln, Nahrung, Wasser, Sauerstoff hindurchgehen – es ist als Struktur buchstäblich diese Energie und Materie, die durch es hindurchgeht.

Die Richtung der Entwicklung dissipativer Strukturen liegt in dem begründet, was man »Gabelungspunkt« nennt. Hier kann sich die Struktur in verschiedene Richtungen entwickeln. I. Prigogine macht deutlich, daß Perioden von Aufruhr, Instabilität, Chaos und Verwirrung nicht als absolut unheilvoll anzusehen sind, sondern nur unabdingbare Phasen darstellen, die jede Struktur durchmachen muß, um zu höherer Komplexität zu gelangen. Der Schlüssel zum Gabelungspunkt läßt mehrere Möglichkeiten der Entwicklung zu: Transformation, also Wandlung, oder Zerstörung der alten Struktur. Welche Bedeutung hat das nun für uns und unser Gehirn?

2.4 Das chemische Gehirn

These 3: Unser Gehirn ist eine chemische Fabrik!

Das, worüber ich einleitend gesprochen habe, ist ganz einfach das Zusammenwirken eines biochemisch/physikalischen Prozesses, der verstärkt in unseren Gehirnen stattfindet, wenn sich plötzlich inhaltliche Verbindungen einstellen und neue Ideen gefühlt werden. Es ist der Prozeß, der Verbesserungen der Zusammenhänge im Gehirn organisiert und sich ereignet, wenn wir jemanden sympathisch finden oder wenn wir uns an einem Kunstwerk oder an einem Geschenk erfreuen. Es ist das, was Archimedes »Heureka« rufen ließ, als er in der Badewanne das Problem gelöst hatte. Dieser Prozeß wird zwar unterschiedlich beschrieben, letztlich ist es aber immer dasselbe:

- Das Erleben von plötzlicher Einsicht und einem Aha-Erlebnis. Der Psychologe A. Maslow bezeichnet das als »Gipfelerfahrung«.
- Das Erschaudern, das uns beim Hören eines gefühlvollen Musikstückes über den Rücken streicht. Der Pharmakologe Goldstein führt dies auf die Endorphine (sogenannte Glückshormone) zurück und benutzt den »Gänsehaut-Quotienten«.
- Die Freisetzung der biochemischen Substanzen wie Endorphine und anderer Gehirnbotenstoffe. Helmut Kohl kommentierte erfolgreiche Gespräche oft so: »Bei uns stimmte einfach die Chemie.«

> Jede gefühlsmäßige Feinabstimmung hat ihr chemisches Korrelat. Intelligenzwachstum und Lernen wird belohnt durch chemische Transmitterausschüttung. Überleben erfordert heutzutage zunehmend mehr geistige Kompetenz. Mit anderen Worten: Die Evolution wird intelligenter, indem sie geistige Entwicklung und mentales Wachstum mit biochemischen Gefühlen belohnt.

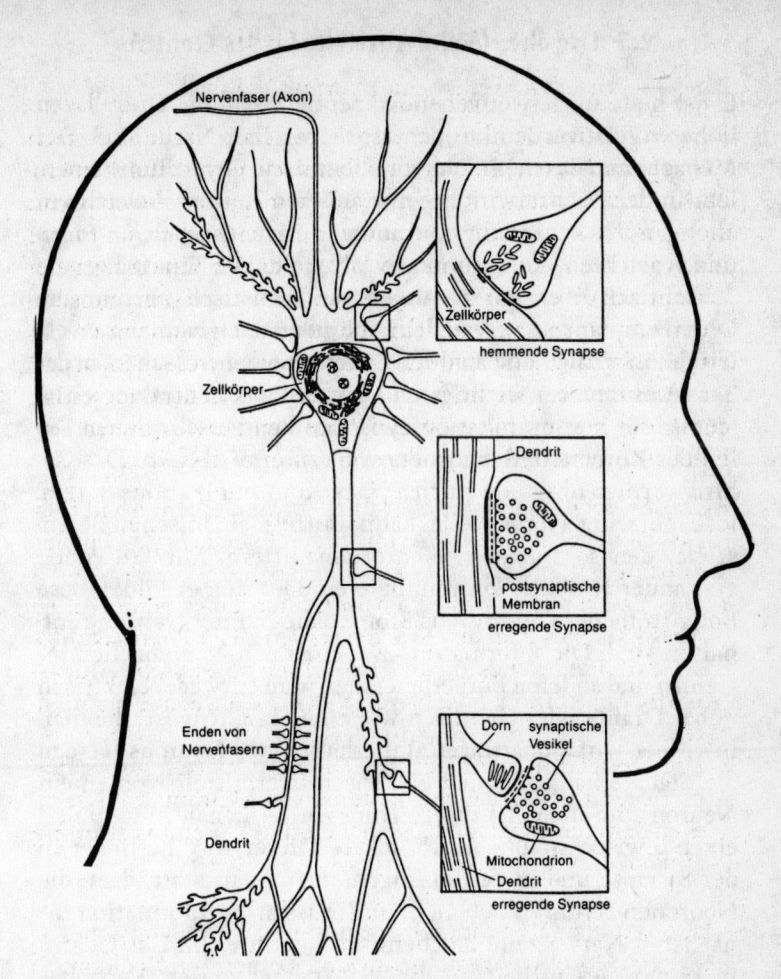

Abb. 2: Neurotransmitter und biochemischer Weg

2.5 Die chemische Ausrüstung des Gehirns

Es ist heutzutage weitgehend akzeptiert, daß die Grundlagen höherer geistiger Funktionen biochemischer Natur sind. Der Mensch, und das heißt hier vor allem seine Gehirnfunktionen, lebt in der Wechselwirkung mit äußeren Reizen, die sich vor allem in der Begegnung mit anderen Menschen, deren Ideen und Ansichten, kommunikativ abspielt. Die Eindrücke, die wir optisch über unsere Augen und akustisch über unsere Ohren empfangen, verwandeln sich an unseren Nerven zu elektrischen Signalen und an ihren Enden zu biochemischen. In der Tat ist es eine der wichtigsten Aufgaben des Zentralnervensystems, die Kommunikation zwischen den verschiedenen Teilen des Körpers und der Außenwelt zu ermöglichen. Das Gehirn verfügt über ein einzigartiges Kommunikationssystem. Jede einzelne Nervenzelle kann mittels chemischer Botenstoffe, den sogenannten Neurotransmittern, mit Tausenden von anderen Zellen kommunizieren. Der Körper bildet diese Botenstoffe des Gehirns aus Stoffen, die in Ihrer Nahrung enthalten sind. Die Information zwischen den Nervenzellen im Gehirn und anderen Körperbereichen wird entweder elektrisch »über Draht« oder chemisch wie eine Flaschenpost, die man ins Meer wirft, übertragen. Innerhalb eines Neurons werden die Signale hauptsächlich elektrisch übermittelt, von einem Neuron zum anderen hingegen müssen die Signale blitzschnell einen Zwischenraum überbrücken. Dieser Vorgang findet in der Synapse und in dem dazugehörigen Spalt statt, denn die Neuronen berühren sich nicht und müssen die Information zur nächsten Nervenzelle biochemisch übermitteln. Das Gehirn in seiner Gesamtheit macht 90 % des gesamten Nervensystems aus und ist, hierarchisch und mengenmäßig gesehen, der »Chef« der gesamten Organisation Nervensystem. Damit Ihr Körper funktionieren kann, muß Ihr Gehirn entsprechend ernährt werden. Dazu ist in erster Linie Sauerstoff notwendig, schon Sekunden reichen aus, um die Funktion entscheidend zu vermindern, überdies konsumiert das Gehirn die unglaubliche Menge von bis zu 50 % des Körperbrennstoffs Glukose, der aus der Nahrung kommt. Des weiteren sind Aminosäuren und Proteine als Bausubstanz und die Enzyme, die Katalysatoren und Arbeitspferde des Körpers, notwendig, damit bestimmte Neurotransmitter überhaupt erst gebildet werden können. Nicht zuletzt erfüllen Vitamine, Mineralstoffe und Spurenelemente eine wichtige Rolle bei der Produktion dieser hochwirksamen Gehirnchemikalien, damit die ihre diffizilen Steuerungsprozesse ordnungsgemäß ausführen können.

Daß zwischen Gehirn und Ernährung eine Beziehung besteht, ist nicht neu, daß aber durch gezielte Nährstoffe eine verbesserte Nervenfunktion erreicht werden kann, ist vielleicht der neue Aspekt. Aus dem Mittelalter sind Schriften überliefert, wie die Hexen- und Volksmedizin Nahrungsmittel und Kräuter zur Beruhigung oder zur Anregung des Nervensystems verwendete. Bestimmte Nahrungsmittel im Rahmen einer Leistungsverbesserung und Stimmungshebung wurden schon seit einigen tausend Jahren verwendet. Heute wissen wir, warum Milch mit Honig ein probates Schlafmittel ist und warum man schon seit alters her Austern, Kardamom oder Safran für aphrodisierende Zwecke eingesetzt hat.

Dem Manager und dem geistig Arbeitenden unserer heutigen Zeit wird es ebenfalls keine neue Erkenntnis sein, daß bestimmte Nahrungsmittel unser Denken und unsere Stimmung beeinflussen können. Kaffee und Nikotin sind die am weitesten verbeiteten psychoaktiven Drogen der Welt. Alkohol wird gerne zur Entspannung getrunken. Bonbons und Eiskrem werden gerne als Belohnung und »Trostpflaster zur Beruhigung der Kinderseele« eingesetzt. Schlankheitsbewußte Frauen setzen ihren Körper unzähligen Diäten aus, und körperorientierte Bodybuilder stärken sich und ihr Selbstwertgefühl mit Steaks und Kartoffeln. Essen hat auch kulturelle und gesellige Eigenschaften, daher verbinden wir die Mahlzeit auch mit sozialer Ordnung, Kommunikationsaustausch und Liebe. Hier liegen auch die Probleme der Mager- und Eßsucht begründet. Und noch eines sollten wir bedenken: Während manche Menschen jahrelang ihrem Körper Alkohol, Narkotika oder Opium zugeführt haben, haben unsere Gehirne die ganze Zeit schon diese Drogen routinemäßig hergestellt. Wir neigen dazu, zu denken, der Rauschgiftsüchtige lebe in einem künstlichen Land der

Hirngespinste, während der Rest von uns eine »reale Welt«, ungetrübt von chemischen Stoffen, erlebe. Die Wahrheit ist:

- Es gibt für uns, das heißt für unser Gehirn und das Bewußtsein, nicht so etwas wie eine chemiefreie Realität.
- Der größte Hersteller und Verbraucher von Drogen ist das menschliche Gehirn.
- Wir alle verändern die ganze Zeit unsere Gehirnchemie – und unsere Wirklichkeit. Neu daran ist vielleicht, daß wir unsere Gehirnchemie gezielter und natürlicher verändern können, wenn wir die Stoffe aus der Nahrung kennen, die die Voraussetzung dafür bilden.

Nervenzelle und Neurotransmitter

Die ersten Chemikalien, die die Gehirnforscher genauer untersuchten, waren die am offensichtlichsten und häufigsten vorkommenden: die Neurotransmitter. Diese Substanzen befinden sich in Hunderten von kleinen Bläschen an der Spitze der Nerven herumgruppiert. Wenn das Neuron eine elektrische Ladung entlang des Axons aussendet, werden die Botenstoffe aus den Bläschen freigesetzt, überqueren den Synapsenspalt und interagieren mit den Rezeptoren an den angrenzenden Nervenzellen, wobei Neurotransmitter und Rezeptor wie Schlüssel und Schloß zueinander passen. Dort verändern die Botenstoffe die Zellmembran derart, daß ein elektrisches Potential entsteht, welches dann zum Kern der Zelle transportiert wird. Die übermittelte Botschaft kann sich in zwei Arten auswirken:

- stimulierend – der elektrische Strom in der benachbarten Zelle wird angeregt,
- inhibierend – der elektrische Strom wird gehemmt und herabgesetzt.

Als die heutigen großen alten Männer noch zur Schule gingen, nannten die Lehrbücher einen einzigen Neurotransmitter, Acetylcholin. In den 50er Jahren waren es zwei. Sogar vor einem Jahrzehnt noch schienen es nicht mehr als sechs zu sein. Acetylcholin, Norepinephrin, Dopamin, Serotonin, GABA und

Glyzin. Heute wissen wir, das Gehirn ist ein »Turm von Babel« mit gut 50 bekannten Sprachen und Hunderten von bekannten Mundarten. Es gibt leicht 100, wahrscheinlich 200 Neurotransmitter, von denen jeder einzelne so interessant ist wie die alten, sagt der Chefpharmakologe Solomon Snyder von der John-Hopkins-Universität. Und doch wirken alle Psychopharmaka, die wir heute gebrauchen, durch die drei oder vier Transmittersysteme, die wir schon seit etwa 20 Jahren kennen.

Die Wissenschaft hat relativ früh erkannt, daß der häufigste Neurotransmitter im Gehirn Acetylcholin ist. Man stellte fest, daß diese Substanz für höhere geistige Leistungen wie das Lernen und das Gedächtnis wesentlich ist. Wie wichtig die Substanz ist, können wir an dem unterschiedlichen Vorkommen in den Gehirnen von Tieren aus unterschiedlichen Stadien der Evolution ablesen. Wie auch Rosenzweig schon festgestellt hatte, nimmt die Substanz nicht nur in evolutionären Zeitspannen zu, sondern auch infolge von Trainingsmaßnahmen innerhalb des individuellen Tier- und Menschenlebens. Verschiedene Studien zeigen, daß eine Unterversorgung mit Acetylcholin zu Gedächtnisverlust führt und Lernfähigkeit und Intelligenz mindert. Bei der Alzheimerschen Krankheit, die mit Verwirrung und Gedächtnisverlust einhergeht, nimmt man an, daß sie auf der Verminderung und den Mangel von Acetylcholin zurückzuführen ist. Aber auch gesunde Menschen mit einem durchschnittlichen Actylcholinspiegel profitieren von einer Vermehrung dieses Neurotransmitters. Normale Personen schneiden bei der Einnahme acetylcholinstimulierender Drogen signifikant besser in Gedächtnis- und anderen Intelligenztests ab. Am National Institute of Mental Health lernten zum Beispiel Menschen, denen man solche Substanzen gegeben hatte, Serien von Namen oder Zahlen schneller auswendig als die Kontrollgruppe. Auch das Langzeitgedächtnis verbesserte sich deutlich unter Acetylcholin, wie ein Forscherteam am Veterans Administration Hospital in Palo Alto herausfand. Ein weiterer wichtiger Neurotransmitter ist das Norepinephrin (auch Noradrenalin), das eine Vorstufe des Adrenalins darstellt und eine anregende Wirkung auf das Gehirn hat. Jeder Mensch hat schon einmal beobachten können, daß er sich an die Erfahrungen, die er in Augenblicken erhöhter Erregung macht, besonders lebhaft und intensiv erinnern kann. Momente intensiver Freude, plötzliches Erschrecken, Gefahrensituationen oder auch die intensive Zeit des Verliebtseins sind quasi unmöglich zu vergessen. Wecksubstanzen wie die Droge »Amphetamin« besitzen eine strukturelle Ähnlichkeit mit Norepinephrin und wirken somit auf den Wachheitsgrad ein. Im Zweiten Weltkrieg nahmen Soldaten diese Aufputschmittel zu sich, um 24 Stunden ununterbrochen wach und frisch zu sein. Studenten, die unter Zeitdruck fürs Examen büffeln müssen, behaupten oft, daß sie unter Amphetaminen einen höheren Wachheitsgrad bis hin zur Euphorie verspüren. Die Frage ist allerdings, ob es hierbei zu einem wirklichen Anstieg der Lernleistung kommt oder ob die Wachheit nur eine Folge der allgemeinen Stimulation des Nervensystems ist. Einige Untersuchungen haben nun ergeben, daß die gedächtnisverbessernde Wirkung tatsächlich real ist und die Norepinephrin-Zufuhr die Lernleistung beeinflußt.

2.6 Die chemische Ausrüstung des Managers

Nach der alten Vier-Säfte-Lehre wird der Mensch durch seine »Säfte« oder besser Hormone beeinflußt; darauf beruht dann die Ausbildung der Persönlichkeitsmerkmale, wie die von Melancholiker, Sanguiniker, Choleriker und Phlegmatiker. Auch die Körpertypen nach Kretschmer, wie der Athlet, der Leptosome und der Pygniker, lassen bestimmte Rückschlüsse auf die Persönlichkeit zu. Ein Psychiater aus St. Louis hat nun ein Modell über die drei Hauptdimensionen der Persönlichkeit vorgelegt, das auf den drei »genetisch unabhängigen« Neurotransmittersystemen im menschlichen Gehirn beruht. Der Schlüssel zu diesem Modell beinhaltet folgendes: charakteristische Reaktionen auf neue Stimulation (1), Gefahr (2) und Belohnung (3). Robert Clonniger von der Washington University sieht sein neues Modell als einfacher und wirkungsvoller an als die traditionelle Auflistung von Persönlichkeitsmerkmalen – wie theatralisch, passiv-abhängig, aufbrausend, besitzergreifend usw. Zur Diskussion stellt er, daß die relative Wirkungskraft dieser

Systeme – Suche nach Neuem, Aufrechterhaltung von Belohnung und Vermeidung von Leid – die große Vielfalt von Persönlichkeitstypen schafft, die in der psychologischen Literatur beschrieben werden. Obwohl diese drei Systeme miteinander interagieren, scheinen sie sich in der Evolutionsgeschichte separat entwickelt zu haben. Die Suche nach Neuem, vermittelt durch das Dopaminsystem, ist der vererbten Tendenz zum Erforschen zuzuschreiben und der intensiveren Erregung als Reaktion auf einen neuen Stimulus. Die Suche nach Neuem vermeidet Monotonie.

Die Vermeidung von Leid, vermittelt durch das Serotoninsystem, schließt eine intensivere Reaktion auf negative Erfahrungen ein. Der Vermeider von Leid lernt, passiv Situationen zu vermeiden, die zur Bestrafung oder zu Neuem führen könnten. Er lernt auch, Verhaltensweisen zurückzuweisen, die zur Bestrafung, zu Neuem oder zu einem Ausbleiben von Belohnung führen könnten.

Die Abhängigkeit von Belohnung, charakterisiert durch eine geringe Aktivität des norepephrinen Systems (Noradrenalin), ist assoziiert mit dem Bedürfnis nach Hilfe und Freundlichkeit und der Fähigkeit, Freude zurückzustellen.

»Abhängigkeit von Belohnung« bedeutet in diesem Fall, daß eine Verhaltensweise nicht leicht auszulöschen ist, nachdem sie einmal erworben wurde.

Die Tatsache, daß diese Aspekte sowohl in der normalen Persönlichkeit als auch bei traditionellen Persönlichkeitsstörungen auftreten, läßt vermuten, daß die zugrundeliegende biogenetische Struktur dieselbe ist. Mit anderen Worten, gestörte Personen unterliegen nur extremeren Verhältnissen innerhalb dieser drei Systeme. Das Zusammenspiel der drei Neurotransmittersysteme könnte für alle möglichen Facetten der Persönlichkeit verantwortlich sein, so wie das Mischen der Primärfarben alle Tönungen hervorbringt.

Das entspricht dem Gedanken der Homöostase, nach dem unsere Gehirne am besten funktionieren, wenn die verschiedenen Neurotransmitter sich innerhalb ihrer optimalen Bandbreite bewegen, ganz wie ein Orchester dann am besten klingt, wenn kein Instrument so laut spielt, daß sich sein Klang verzerrt oder die anderen Instrumente übertönt. Michael Hutchison erklärt das so: »Zusammen erzeugen sie das Lied, das wir als Bewußtsein hören, die volltönende, feinabgestimmte, unendlich ausdrucksvolle Symphonie, die erklingt, wenn das ganze Gehirn arbeitet. Man kann zum Dirigenten des Orchesters werden und z. B. die Trompeten des Norepinephrin dazu bringen, mit ihrem blechernen Fortissimo alles zu übertönen, oder auch die Streicher des Acetylcholins in den Vordergrund heben.«

Arnold Mandell, ein Biopsychiater an der Universität von Kalifornien in San Diego, hat, wenn er vom biochemischen Zusammenwirken der Neurotransmitter spricht, ein Bild von Chaos und Selbstorganisation vor Augen: Seine »Suppenmetapher« hebt einen bedeutenden Wesenszug des Gehirns hervor: Unbestimmtheit! Sein Vergleich ist folgender: »Stellen Sie sich das Gehirn als brodelnden chemischen Tümpel von fortgesetzt wechselnden Farben vor. Nehmen Sie an, die Farben seien Empfindungen; Weiß steht für Euphorie und Hoffnung, Schwarz für Depression und Verzweiflung, Rot für Wachsamkeit und Angriff. Gelb fürchtet sich vor Rot, und Blau beruhigt das Ganze. Eine Droge kann auf Befehl jede dieser Farben bringen. Der Geschmack der Suppe ist der Durchschnitt aller Zutaten, die andere Zutaten beeinflussen.« Nach Mandells Vorstellung ist das Gehirn veränderlich, unbestimmt der Wahrscheinlichkeit unterworfen, ein Ort, wo eine Million Dinge gleichzeitig geschehen. Deshalb kann keine Droge funktionieren wie ein einfaches Ersatzrad in einer Maschine oder eine präzise Farbkodierung in einem Schaltplan. »Es ist eher wie das Abschmecken einer Suppe, Drogen verändern den Geschmack der Suppe«, sagt er. »Es ist aber kompliziert; es ist so, wie wenn Ihre Schwiegermutter bei Ihnen einzieht. Sie arrangieren Änderungen, die zu weiteren Änderungen führen. Es gibt keinen einfachen Schwiegermuttereffekt.«

2.7 Neurotransmitter und ihre Wirkung

Neurotransmitter	Funktionen
Acetylcholin	stärkt die Gedächtnisleistung, übermittelt Signale
Adrenalin	stimuliert, bereitet den Körper auf Streß vor
Noradrenalin	stimuliert, fördert den Appetit
GABA	beendet Nervensignale
Glutaminsäure	Katalysator
Dopamin	initiiert Bewegungen
Serotonin	beruhigt, beeinflußt den Appetit
Endorphine und Enkephaline	wirken schmerzstillend
Neuropeptid Y	beeinflußt das Eßverhalten
Vasopressin	beeinflußt Durst und Blutdruck
Oxytocin	beeinflußt Hunger und Glukosespiegel
Angiotensin	beeinflußt den Blutdruck
Nerve-Growth-Factor	beeinflußt die Erhaltung der Nervenzellen

Endorphine

»Endorphine sind Teil unseres inneren Belohnungssystems im Gehirn«, erklärt Larry Stein, Pharmakologe an der University of California. Was haben Süchtige und Laborratten gemeinsam? Sie verabreichen sich selbst, wenn sie die Möglichkeit erhalten, Endorphine bis zur Entkräftung. Doch sind wir nicht

nur auf die äußere Zufuhr dieser Gehirnchemikalie angewiesen, der Körper produziert sie selbst. Das Gehirn ist laut Candace Pert »ein Kästchen, in dem die Emotionen verpackt sind, und langsam beginnen wir zu begreifen, daß diese Emotionen biochemische Korrelate haben«. Der Grundgedanke bei der Ausschüttung der »Glückshormone« ist der, daß, sagen wir einmal, stundenlanges Beten, Wiederholen eines Mantras, Yogaübungen, Dauerlauf, das Betrachten eines Sonnenuntergangs oder das Hören von Beethovens Fünfter die Belohnungs-Neurochemikalien freisetzen kann und das allgemeine Gefühl des Wohlbehagens verstärkt. Wenn Menschen sich in unterschiedlichen Aktivitäten engagieren, so scheint es, daß, sobald Schmerz oder Freude im Übermaß dazukommt, Neurosäfte freigesetzt werden. Endorphine sind ein Teil einer Familie von Gehirnchemikalien, Neuropeptide genannt. Diese steuern alles, von Hunger bis Sexualität, von Emotionen bis Schlaf und Schmerz. Sie sind im Grunde kurze Ketten von Aminosäuren und sind Fragmente anderer größerer Moleküle. An der Bowling Green State University in Ohio hören junge Meerschweinchen, Welpen und Küken, die von ihren Müttern getrennt wurden, zu trauern auf, wenn ihnen geringe Dosen von Endorphinen verabreicht werden. »Es war fast so, als wären die Opiate ein neurochemisches Äquivalent der Mutter«, berichtet der Forscher Jaak Panksepp. Es gibt auch Hinweise darauf, daß Endorphine mit größerer Lernfähigkeit in Beziehung stehen. Avram Goldstein, der Leiter des Addiction Research Center, einem Suchtforschungsinstitut in Palo Alto, Kalifornien, gilt als Pionier auf dem Gebiet der Endorphinforschung.
Goldstein interessierte sich für den Effekt, der sich bei uns einstellt, wenn wir Musik hören, die uns emotional ergreift. Goldstein war fasziniert von dem »musikalischen Schauer«, dem Kribbeln, das einem über den Rücken läuft bei sehr ergreifenden Momenten oder einfühlsamer Musik. Er vermutete, daß diese Sinneseindrücke durch die Freisetzung von Endorphinen verursacht würden. In Versuchen ließ er Personen Musikstücke auswählen, die bei ihnen diesen Schauer auslösten. Sie sollten ihm mitteilen, wann und wie intensiv sie die erwähnten Phänomene verspürten. Er teilte sie in zwei Gruppen und ließ der

einen Gruppe das Mittel Naloxon (Endorphinantagonist = Mittel, das die Endorphine blockiert), der anderen Gruppe ein Placebo injizieren. Er stellte fest, daß die Droge die Erregungserscheinungen bei vielen Personen blockierte oder unterbrach. Damit war bewiesen, daß emotionale Reaktionen Endorphinausschüttungen bewirkten, die wiederum biochemisch blockiert oder unterbrochen werden konnten. Im Blut starker Alkoholiker hat man einen ungewöhnlich hohen Endorphinspiegel nachgewiesen, dagegen in der Hirnflüssigkeit einen unnormal niedrigen Spiegel, was den Pharmakologen Kenneth Blum zu der Theorie veranlaßte, manche Alkoholiker verfielen der Flasche, um einen angeborenen Mangel an Endorphinen zu kompensieren. Bei der Erforschung der Gehirnopiate kam man letztendlich auch zu diesem Schluß: »Vielleicht können Neurotransmitter Empfindungen von Zugehörigkeit schaffen, so daß Menschen, die zuwenig davon haben und einsam und isoliert sind, Stimulantien als Ersatz für zwischenmenschliche Bindungen gebrauchen.« Abschließend sagt der Endorphinpionier John Liebeskind, UCLA, folgendes: »Es ist eine Tatsache, die den dualistischen Philosophen zu denken geben muß, wenn der Placeboeffekt – nach der Definition »nur im Geiste wirkend« – von Naloxon, einer Endorphinblockerdroge, unwirksam gemacht werden kann, dann wird die Grenze zwischen Körper und Geist etwas verschwommen, nicht wahr?«

Lernen, Emotion und Neuroevolution

Wichtig ist, aus dem bereits Gesagten ein Fazit zu ziehen. Die emotionale Begleiterscheinung, wie Freude und Kribbeln entlang der Wirbelsäule, kann als grober Indikator für eine erfolgte Art des Lernens und Begreifens verwendet werden. Hautwiderstandsmessungen zeigen in diesem Fall an, daß der Hautwiderstand zunimmt, was einen Parameter für den Grad der Entspannung darstellt. Das EEG zeigt in diesem Zusammenhang eine Abnahme der Beta-Wellen und eine Zunahme des Alpha-Rhythmus bis hin zu noch langsameren Potentialen. Selbstverständlich wird kein Parameter, wie etwa nur die Gehirnchemie oder die elektrischen Wellen, für sich allein verändert sein, sondern physikalische und chemische Indikatoren gehen Hand in Hand mit muskulären, sprich dem Grad der Muskelentspannung einher. Viele Forscher verwenden auch ein Atem-Feedback, um den Grad der Entspannung zu messen. Wichtig nun bei diesen Erkenntnissen ist: Je größer die gefühlsmäßige Beteiligung (nach Goldstein »Gänsehaut-Quotient«), desto größer ist auch die Menge der in unserem Körper freigesetzten Endorphine. Die Reaktion auf diese Art des Lernens und Erlebens ist eine Situation, die uns »real« ist, weil sie Kognition (Erkenntnis, Aha-Erlebnis) und Emotion (Gefühl) miteinander verbindet. Affektlogik, die Verbindung von beidem, ist eine Art des Lernens und Erlebens mit bleibendem Wert und scheint als ästhetische Erfahrung einen hohen Überlebenswert zu haben. Indem Endorphine diese Art des emotionalen Lernens fördern und unterstützen, scheinen Biochemie und Psychosystem des Menschen zusammenzuarbeiten, indem sie das Gehirn synchronisieren (elektrisch gleichschalten), entspannen (muskulär), aber wach und fordernd machen.

2.8 Das Gehirn als Telefonnetz

Die Neuronen stehen untereinander durch Leitungsbahnen in Verbindung, ähnlich wie die Büros in einem großen Gebäude durch das Telefonnetz. Die Information findet in den Schaltstellen statt, den sogenannten Synapsen, die wie die Sekretärin im Vorzimmer Gespräche annehmen und an die zuständige Stelle weiterleiten. Die Sekretärin nimmt jedoch nur die Gespräche an, für die ihr Büro zuständig ist. Da jede Zelle mindestens 1000 solcher Verbindungsleitungen zu anderen Zellen hat, die sich weiter verzweigen und mit anderen in direkter Verbindung stehen, gibt es unendlich viele Möglichkeiten, Sinneseindrücke weiterzuleiten oder selbst anzunehmen. Stellen wir uns nun das Gehirn als einen großen Zeitungsverlag vor, der gemäß unserer fünf Sinne Sehen, Hören, Tasten, Riechen und Schmecken ebenso über fünf Abteilungen verfügt. Am größten ist die Abteilung Sehen, gefolgt von Hören, Tasten, Riechen und Schmecken. Jede Abteilung ist wiederum in viele Büros unterteilt und mit einer speziellen Aufgabe betraut. Die Nachrichten erhalten die Abteilungen über spezialisierte Sinnesreporter, die ihnen die Nachrichten über die Ereignisse in der Außenwelt zuspielen; die Riechreporter liefern die Geruchsberichte ab, die Sehreporter berichten über ihre visuellen Eindrücke; ihre telefonischen Berichte laufen über die Telefonzentrale Formatio reticularis, die dann die eintreffenden Nachrichten verteilt. Die Leitungen zwischen den Büros gehen durch das Sekretariat, wo der rhythmische Charakter der Nachricht überprüft und festgestellt wird, ob sie den richtigen Weg genommen hat. Ist das der Fall, so gibt die Sekretärszelle die Nachricht weiter, informiert die Senderzelle, daß alles in Ordnung ist und nimmt sie in ihre Akten auf. Wenn wieder eine ähnliche Nachricht kommt, weiß diese Zelle bereits, welche ihrer vielen Leitungen dafür geeignet ist. Obwohl jedes Büro sein Spezialgebiet hat, führt es doch Akten über fast alles, was in den anderen Büros vorgeht. Jedes Büro könnte auch kurzfristig für jedes andere einspringen. Durch weitere Querverbindungen hat es auch Anteil daran, was in der ganzen Abteilung stattfindet. Die Redaktion muß nun, möchte sie einen authentischen Bericht abliefern, die von den verschiedenen Abteilungen herausgegebenen Einzelheiten zu einem Gesamtbericht verarbeiten. Betrachten wir uns nun einmal die Arbeit eines Sehreporters: Die Nachricht kommt also über das zentrale Aufnahmebüro herein und wird an die zuständige Abteilung weitergeleitet. Sie geht in ihrer rhythmischen Struktur durch viele Millionen Leitungen und wird von allen Büros aufgenommen, in deren Arbeitsbereich dieser besondere Rhythmus fällt. Das Vorzimmer von Büro A reicht die Nachricht herein und teilt zugleich dem Sender mit, daß die Nachricht den richtigen Weg gegangen ist. Das Büro gibt nun die einzelnen Aspekte der Information an all jene Büros weiter, die sich durch ihre Akten als zuständig ausweisen. Auch die Teile der Information, mit denen Büro A nichts anfangen kann, weil sie nicht in sein Arbeitsgebiet fallen, übermittelt es an zuständige andere Büros. Für alles, was sich so nicht klären läßt, weil nichts Vergleichbares bekannt ist oder niemand weiß, wer zuständig ist, schickt Büro A einen Rundruf über alle seine Leitungen aus. Von überall her erhält es jetzt Tips, wohin es seine Probleme zur Klärung noch leiten kann.

Beim nächsten Mal weiß es dann gleich, an wen es sich wenden kann, wenn etwas völlig Neues auftaucht. Wenn solch ein Rundruf erfolgt, werden sich einige Büros finden, für die die betreffende Nachricht nur in einigen Punkten geeignet ist, aber das genügt schon, um sie anzunehmen. Was ungeklärt bleibt, muß wieder über sämtliche Leitungen aufgerufen werden, bis schließlich alle Aspekte der Nachricht untergebracht sind. Dazu mag am Anfang nötig sein, daß neue Leitungen gelegt und alte auf neue Arte benutzt werden. Informationen, die sich nicht ohne weiteres einsortieren lassen, sind für die Aktivität und die Erweiterung des Systems sehr viel stimulierender als Routinesachen, aber keine Nachricht kann angenommen und weitergegeben werden, wenn nicht wenigstens ein Aspekt davon bekannt ist.

- Keine Erfahrung kann angenommen und interpretiert werden, wenn sie nicht ein Mindestmaß an Übereinstimmungen mit früheren Erfahrungen aufweist.

In all diesem rhythmischen Hin und Her wird die Struktur eines bestimmten visuellen Eindrucks erarbeitet. Je öfter eine betreffende Erfahrung gemacht wird, um so schneller und reibungsloser wird der Vorgang in den Büros erledigt. Die Sekretärinnen in den Vorzimmern lernen, die ihnen vorgelegten Nachrichteneinheiten selbständig zu bearbeiten und weiterzuleiten, ohne jedesmal wieder erst umständlich prüfen zu müssen, wer zuständig ist.

- So führt ständige Praxis dazu, die Information fest zu verankern.

Was eine Abteilung schließlich als Endprodukt erkennt, besteht aus der gesamten Kommunikationsaktivität aller beteiligten Büros. Das Ergebnis ist ein Muster der übergreifenden Tätigkeit, und die wird durch Wiederholung zu einem akzeptierten Verfahren, zu einem Begriff. Je mehr solcher Begriffe eine Abteilung hat, desto eher ist sie in der Lage, Nachrichten, für die es noch keinen Präzedenzfall gibt, zu bearbeiten.

2.9 Das Gehirn als System

Alles, was wir über unsere Umwelt zu wissen glauben, erfahren wir durch unsere Sinne, durch Sehen, Hören, Fühlen, Riechen und Schmecken. Unsere Sinne vermitteln uns das Bild einer bunten und geräuschvollen Welt, in der es Farben und Düfte gibt und in der die Nahrungsmittel einen bestimmten Geschmack haben.

These 5: Die Außenwelt ist eine andere, als unser Gehirn uns vermittelt.

In der Neurophysiologie kennen wir folgende Aussage: Die tatsächliche Umwelt des Menschen, die ontologische Wirklichkeit, enthält weder Farbe noch Geruch, weder Wälder und Wiesen noch Berge und Seen – denn dies sind Bedeutungen, welche wir (unser Gehirn) errechnen. Selbst, wenn die ontologische Wirklichkeit diese Qualität enthielte, könnten wir sie nicht wahrnehmen, da unsere Sinne sie nicht übermitteln können. All unsere Sinne funktionieren nach dem Prinzip der undifferenzierten Codierung: »Die Erregungszustände einer Nervenzelle codieren nur die Intensität, aber nicht die Natur der Erregungsursache (codiert wird nur: so und so viel an dieser Stelle meines Körpers, aber nicht was)« (Foerster 1987), d. h., unsere Sinne empfangen immer nur (»Klick, Klick«). Dieses »Klick, Klick« kann unterschiedlich schnell sein, aber nicht unterschiedlich stark (Frequenzmodulation, die Amplitude bleibt gleich). Es können einmal zehn und ein anderes Mal 50 Klicks in der Sekunde sein, aber jedes Klick hat die gleiche Qualität. Egal wovon dieses Klicken ausgelöst wird, ob von einem Apfel, ob von einem Stein oder der/dem Geliebten, es ist immer derselbe Klick. Häufigeres Klicken bedeutet höhere Intensität, also für die Augen heller, für die Ohren lauter usw. Den Apfel oder den Stein, den Geruch und die Farbe errechnet unser Gehirn. All diese Qualitäten können wir nicht durch unsere Sinne aus der Umwelt empfangen. Doch es kommt noch schlimmer: Nicht einmal dieses »Klick, Klick« empfangen wir unverfälscht. Unsere Verbindungen zur Außenwelt sind Effektoren (bewirken etwas, die Handlungsorgane, wie Hände, Füße, kurz jeder Muskel) und Sensoren (Sinnesorgane wie Augen, Ohren, Haut). Effektoren und Sensoren arbeiten so zusammen, daß sie eine konstante Außenwelt erzeugen. Sie bilden zusammen einen Regelkreis. Dazu ein kurzes Beispiel: Ein Thermostat ist ein Regelkreis, welcher Temperatur mißt und, abhängig von der Abweichung von einem Sollwert, einen Temperaturregulatur (Heizung, Kühlung) an- oder ausschaltet. Stellen Sie sich zu diesem Zweck eine Klimaanlage vor, welche konstant auf 20 Grad Celsius eingestellt ist. Der Raum, in welchem sich das Thermometer (die Sensoren) und Heizung und Kühlung (Effektoren) der Klimaanlage befinden, hat immer eine Temperatur zwischen 19 und 21 Grad, obwohl die Temperaturen in der Außenwelt beträchtlich schwanken können. Welche Rückschlüsse kann ich nun aus der Raumtemperatur auf die Temperatur in der Außenwelt ziehen? Absolut keine, wie Sie wohl richtig bemerkt haben. Auf diese Art arbeiten auch Sensoren und Effektoren des Menschen zusammen. Sinnesorgane (Rezeptoren und Muskeln, Effektoren) des menschlichen Nervensystems sind untrennbar miteinander verbunden, sie beeinflussen sich gegenseitig. Das heißt:

- Erkennen (Rezeptoren) kann vom Handeln (Effektoren) nicht getrennt werden; Erkennen ist Handeln, und Handeln ist Erkennen. Sensoren melden Änderungen der Klicks an die Effektoren, welche sich so verändern, daß die Sensoren wieder konstante Daten empfangen. Ein typisches Beispiel ist die Pupille des Auges. Sie regelt durch Öffnen und Zusammenziehen den Lichteinfall (Intensität) und versucht, ihn auf einem bestimmten Referenzwert zu halten. Die wirklichen Helligkeitsunterschiede in der Außenwelt sind sehr viel drastischer als die von uns wahrgenommenen. Daß wir unsere Außenwelt nur begrenzt wahrnehmen können, liegt an folgenden Einschränkungen:
  - Physikalische Einschränkung: bedeutet, daß wir mit unseren Sinnen nur einen kleinen Ausschnitt der Außenwelt wahrnehmen können, da unsere Sinnesorgane gewissen Beschränkungen unterliegen. Unsere Ohren sind so gebaut, daß wir nur auf einen bestimmten Frequenz-

bereich der Schallwellen ansprechen, Hunde z. B. nehmen für uns unhörbare Frequenzbereiche wahr, Vögel können Ziele über Hunderte und Tausende Kilometer wiederfinden etc. Unsere Augen können nur einen kleinen Ausschnitt des Spektrums der elektromagnetischen Wellen wahrnehmen. Ebenso verhält es sich mit unserem Geruchssinn, der bestimmten Insekten weit unterlegen ist.

- Kulturelle und soziale Einschränkung: bedeutet, daß unsere Wahrnehmung durch die Kultur und die Gesellschaft, in der wir leben, in der wir aufgewachsen sind und wahrnehmen gelernt haben, eingeschränkt wird. Es gibt Kulturen, die nur drei Farbbezeichnungen haben. Menschen, die in solch einer Kultur aufwachsen, nehmen auch nur drei Farben wahr, alle anderen sind für sie nicht existent. Andersherum haben Eskimos etwa 20 verschiedene Bezeichnungen (Differenzierungen) für Schnee, d. h., sie nehmen bezüglich Schnee viel mehr wahr als ein durchschnittlicher Mitteleuropäer.
- Individuelle Einschränkungen: beziehen sich auf jene Wahrnehmungen, welche der Mensch ausblendet, weil er sie aus irgendeinem psychologischen Grund nicht wahrnehmen will oder kann.

> Außenwelt ist für uns das, was sich zwischen Sensoren und Effektoren abspielt. Die sensorische Wirklichkeit ist ein modifiziertes Abbild der Umwelt: Was wir erfahren, sind Berechnungen von Berechnungen von Berechnungen, dies wird von uns als Welt bezeichnet. Unsere Welt ist im wahrsten Sinne des Wortes eine Simulation des Gehirns. Dennoch gibt es unsere Erfahrungswirklichkeit, das einzige, was wir kennen. Die Erfahrungswirklichkeit können wir untersuchen, wir können sie verändern und strukturieren. Die Erfahrungswirklichkeit kann nur durch Erfahren, also durch Handeln, verändert werden. Deshalb ist Handeln Erkennen.

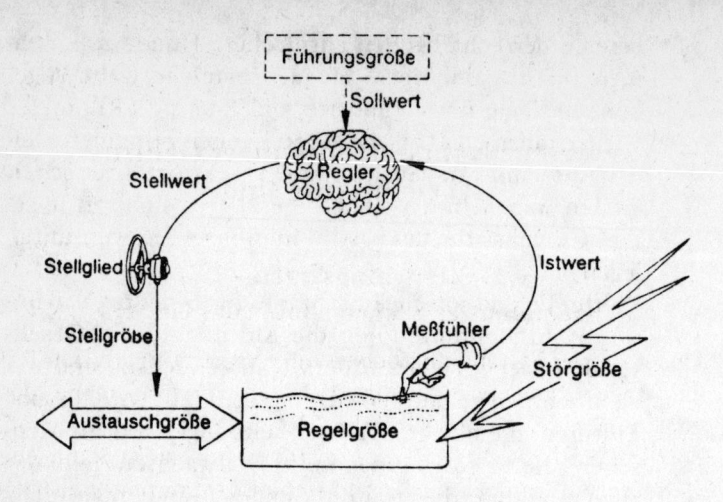

Abb. 3: Das Gehirn im System

Der Informationsaustausch zwischen den Nervenzellen bildet die Grundlage unseres Denkens, Handelns und Fühlens. Das Neuron empfängt Impulse von einem anderen Neuron über dessen Endigungen am Dendritenbaum oder am Zellkörper und gibt seinerseits Impulse ab. Diese folgen dem »Alles oder nichts«-Gesetz, d. h., ein einzelnes Neuron kann nur ruhen oder feuern, dies aber gleichzeitig an Tausenden von Schnittstellen mit anderen Neuronen. Die Schnittstellen heißen Synapsen. Angesichts von etwa 25 Milliarden Neuronen im menschlichen Gehirn (manche sprechen von zehn bis 50 Milliarden) kann man sich leicht ausrechnen, daß ein Neuron von einem beliebigen zweiten Neuron im Gehirn meist nur wenige Synapsen entfernt sein kann. Nehmen wir beispielsweise an, daß ein durchschnittliches Neuron 5000 nächste Nachbarn hat, dann besitzt es 25 Millionen übernächste Nachbarn, und schon nach drei Synapsen ergibt sich eine Zahl, die mehr als zehnmal über der der Milliarden Nervenzellen des menschlichen Gehirns läge.

- Das bedeutet, daß viele Neuronen spätestens nach drei Synapsen wieder mit sich selbst verschaltet sein müssen.

Kapitel 3

Welche Nährstoffe für unser Gehirn lebenswichtig sind

3.1 Aminosäuren – Bausteine des Körpers, Boten des Geistes

Unser Körper besteht, abgesehen von Wasser, zum größten Teil aus Eiweiß: unsere Haut, die Muskeln, innere Organe, das Haar, unser Gehirn und sogar die Grundsubstanz der Knochen. Nur wenn hochwertiges Protein zur Verfügung steht, kann jede Zelle normal funktionieren und sich selbst immer wieder erneuern. Die Aminosäuren sind die Grundstoffe, aus denen der Körper Proteine herstellt. Aus Protein entstehen nicht nur die Körpergewebe, sondern Proteine transportieren auch den Sauerstoff und befördern den genetischen Code des Lebens in alle Zellen unseres Körpers. Doch ist dies nicht alles: Der Körper benutzt die Proteine auch dazu, Antikörper (zur Bekämpfung von Krankheiten), Hormone (Drüsenbotschafter) und Neurotransmittter (Nervenzellbotschafter) herzustellen. Insgesamt kennen wir heute 20 Aminosäuren. Die essentiellen Aminosäuren Phenylalanin, Tryptophan, Lysin, Treonin, Valin, Methionin, Leuzin und Isoleuzin müssen über die Nahrung aufgenommen werden, weil der Organismus sie nicht selbst herstellen kann. Die übrigen zwölf Aminosäuren können aus den acht essentiellen Aminosäuren im Körper gebildet werden oder direkt aus der Nahrung aufgenommen werden. Das Gehirn wird auf eine sehr komplexe Weise fast vollständig von Aminosäuren gesteuert, und welche Aminosäuren die Reise von Ihrem Teller in Ihren Kopf antreten, hängt von den Inhaltsstoffen Ihrer Mahlzeiten, dem Zeitpunkt der Mahlzeiten, Ihrer Verdauung und Ihrer Aktivität ab. Wenn wir nun proteinhaltige Nahrungsmittel zu uns nehmen, spalten Verdauungsenzyme in Magen und Dünndarm die Proteinmoleküle in freie Aminosäuren auf. Die Leber steuert die Verteilung der Aminosäuren im

Körper. Während die Aminosäuren durch die Blutbahn reisen, wählt der Körper jeweils diejenigen aus, die er für bestimmte Organe und ihre Funktionen braucht. So wird die Milch, die Sie getrunken haben, schließlich zu einem Bestandteil Ihrer Nägel oder Muskeln, oder das Steak, das Sie gegessen haben, hilft Ihnen, die Informationen, die Sie soeben lesen, in die entsprechenden Gehirnzellen zu übermitteln. Einen guten Vergleich gibt Dr. Arthur Winter: »Wenn man einen Neurotransmitter mit einem Satz vergleicht, so sind die Aminosäuren die Worte, die auf bestimmte Weise angeordnet sind und so den Satz bilden. Jeder Satz bzw. Neurotransmitter transportiert eine bestimmte Botschaft zwischen den Nervenzellen Ihres Gehirns.« Der Aminosäurespiegel im Blut unterliegt einer natürlichen Schwankung; aufgrund der jeweils unterschiedlichen Zusammensetzung Ihrer Nahrung und des Zeitpunkts der Nahrungsaufnahme – besonders wichtig ist hierbei das Frühstück – kann es zu erheblichen Schwankungen der Menge dieser hochwirksamen Stoffe in Blutkreislauf und Gehirn kommen, wodurch Ihr Denken, Ihre Gefühlslage und Ihr Verhalten entschieden beeinflußt werden. Ich möchte nun einige Aminosäuren herausgreifen, die sich besonders auf unser Denken und unsere Gesundheit auswirken:

1. Phenylalanin:

Phenylalanin spielt eine große Rolle beim sogenannten »Fight, Fright and Flight«-Prinzip, d. h., wie Sie in der Lage sind, den Körper auf Reize von außen reagieren zu lassen. Außerdem hat Phenylalanin eine stark antidepressive Wirkung. Die Auswirkungen auf unser Verhalten werden klar, wenn man die Biochemie von Phenylalanin betrachtet. Phenylalanin wird direkt zu Neurotransmittern wie Adrenalin, Noradrenalin und Dopamin synthetisiert, den sogenannten Katecholaminen, die für die eben genannten Funktionen verantwortlich sind. Als Vorläufer der Katecholamine erzeugt die Verabreichung von Phenylalanin eine Steigerung der Konzentration von Katecholaminen, und dies wiederum erklärt die antidepressive und antriebsteigernde Wirkung. Da aus Phenylalanin unter anderem auch das Hormon Noradrenalin wird, hat eine Zufuhr Auswirkungen auf unser Erinnerungsvermögen und die Sexualität. Eine angeborene Stoffwechselkrankheit, die mit der Unfähigkeit, das in der Nahrung enthaltene Phenylalanin zu verarbeiten, einhergeht, kann zu geistiger Degeneration und schließlich zum Tod führen. Phenylalanin hat auch eine die Eßlust mindernde Wirkung, einerseits deshalb, weil Phenylalanin die Produktion des Neurotransmitters Noradrenalin im Gehirn anregt, und andererseits deshalb, weil es die Freisetzung eines Hormons fördert, daß die Eßlust verringert. Alles in allem hat Phenylalanin also ein recht breites Spektrum an Wirkungsfähigkeit: antidepressiv, gewichtsreduzierend, Vorstufe der Katecholamine (eine Übersicht der wichtigsten Aminosäuren siehe Graphik).

2. Tryptophan:

Eine der ersten Aminosäuren, deren deutlich heilende Wirkung festgestellt wurde, war das Tryptophan. Das Interesse hat bis heute nicht nachgelassen, immer mehr günstige Eigenschaften, vor allem für das Gehirn, werden bekannt. Der Körper produziert aus Tryptophan den beruhigend wirkenden Neurotransmitter Serotonin. Im Körper wird aus dem Tryptophan auch das Vitamin B_3, das sogenannte Niacin, gebildet. Es ist wichtig, diese beiden Reaktionen zu verstehen, um die Wirkungsweise von Tryptophan begreifen zu können. Tryptophan kennt eine Reihe von Anwendungsgebieten. Dies sind Schlaflosigkeit, Depressionen, Ängste, Migräne und Herzanfälle. Daneben hat es seinen therapeutischen Wert bei der Absetzung von Schlafmitteln und Tranquilizern unter Beweis gestellt, indem man die Dosis dieser Mittel langsam verringerte und gleichzeitig zwei Gramm Tryptophan pro Tag verabreichte (Dr. G. E. Schuitemaker, Orthomolekulare Ernährungsstoffe, Freiburg 1986). Natürlich können Sie auch auf das gute alte und bewährte Hausmittel warme Milch mit Honig zurückgreifen (hier zeigt schon die Erfahrungsmedizin, was nun im nachhinein bewiesen wurde). Tryptophan und Glukose haben einen therapeutischen Effekt bei Schlaflosigkeit. Auch Depressionen und Ängste können mit Tryptophan behandelt werden. Durch die häufigen Streßsituationen, denen Führungskräfte ausgesetzt sind, ist der Katecholaminspiegel (z. B. Noradrenalin) sehr erhöht sowie der Serotoninspiegel gesenkt. Diese biochemischen Veränderungen gehen einher mit mentalen Störungen. Tryptophan senkt den Katecholaminspiegel und bildet Serotonin – als Folge tritt eine wesentliche Besserung des Zustandes ein. Es hat sich gezeigt, daß man die Dosis von Tryptophan verringern kann, wenn man gleichzeitig Niacin verabreicht. Eine Kombination von Tryptophan und Niacin hat sich bei Depressionen sehr bewährt. Ebenso hat sich eine Kombination von Tryptophan mit Inositol bei Ängsten als hilfreich herausgestellt; hier ist Lezithin sehr gut geeignet, da es Inositol liefert. Tryptophan wirkt auch blutverdünnend und entkrampfend. Nimmt man all diese Faktoren zusammen, so ergibt sich daraus, daß Tryptophan eine beschützende Wirkung hinsichtlich des Herzens hat und vor Herzanfällen schützt. »Weil es auch den Serotoningehalt erhöht, wird Tryptophan bei Migräneanfällen verabreicht. Kein Wunder also, daß Tryptophan noch immer im Mittelpunkt der orthomolekularen Forschung steht.« (Schuitemaker 1986)

3. Serin:

Diese nichtessentielle Aminosäure wird im Körper in Cholin umgewandelt, das wiederum für die körpereigene Herstellung des Neurotransmitters Acetylcholin erforderlich ist. Dieser Neurotransmitter ist notwendig, um Botschaften zwischen den Zellen zu übermitteln, und ist daher unentbehrlich für das Erinnerungsvermögen. In Fällen von Gedächtnisschwäche und der Alzheimerschen Krankheit sind die Neuronen, die den für die Gedächtnisleistung so wichtigen Transmitter Acetylcholin produzieren oder empfangen, geschädigt. Vermutlich sind Verlust oder Fehlfunktion dieser Rezeptoren häufig Gründe für die Vergeßlichkeit. Zur Zeit wird das Enzym Acetylcholinesterase erforscht, das Acetylcholin zerstört; man hofft auf diese Weise eine Möglichkeit zu finden, um die Zerstörung des Neurotransmitters zu verhindern. In diesem Zusammenhang wird unter anderem die Substanz Cholin erforscht, die, wie wir ja wissen, aus der eingangs genannten Aminosäure Serin hergestellt wird. Cholin ist in konzentrierter Form in Eidotter, Fleisch und in einigen Getreidearten enthalten.

4. Gluthation:

Gluthation ist eine der neueren Entdeckungen der orthomolekularen Heilkunde. Es ist ein sogenanntes Tripeptid, ein kleines Eiweißmolekül, bestehend aus den drei Aminosäuren Glutaminsäure, Cystein und Glyzin. Gluthation kommt normal im Körper vor. Gluthation wird benutzt, um Schwermetalle wie Blei, Cadmium und Quecksilber zu binden. Die Hauptaufgabe von Gluthation ist aber, freie Radikale einzufangen und unschädlich zu machen. Deshalb wird Gluthation gerne verabreicht, um den Alterungsprozeß zu verlangsamen. Gluthation wirkt sich auch auf die Funktion des Sauerstoffhaushalts im Körper aus, indem es auf die Vitamine A und E einwirkt, damit diese ihren Aufgaben nachgehen können. Die entgiftenden Aktivitäten von Gluthation richten sich vor allem auf Leber und Lunge. Für den Raucher ist es wichtig, da es die Lungen zu reinigen scheint, indem es die schädlichen Stoffe aus der Luft, aus dem Rauch, aber auch Bakterien unschädlich macht. Es unterstützt auch die Leber dabei mit Arzneimitteln und anderen fremden, schädlichen Stoffen fertig zu werden, und kann daher bei Fällen von Alkoholismus angewandt werden. Außerdem hat sich Gluthation bei vielen Degenerationserscheinungen bewährt und kann vor allem bei grauem Star eingesetzt werden. Aufgrund der vorgenannten Eigenschaften (Fänger von freien Radikalen, Antioxidans, zur allgemeinen Entgiftung) ist ein Stoff wie Gluthation außerordentlich gut geeignet bei der Behandlung von Degenerationserkrankungen und Alterungsprozessen.

DIE WICHTIGSTEN GEHIRNWIRKSAMEN AMINOSÄUREN IM ÜBERBLICK:

Aminosäure	Funktion	Vorkommen
Phenylalanin: essentiell	• zusammen mit Tyrosin Grundstoff für Noradrenalin und Adrenalin • eßlustvermindernd • antidepressiv • krampflösend • »Fight, Fright and Flight«-Prinzip	Milch ganze Eier Kartoffeln Reis Sojamehl Nudeln
Tryptophan: essentiell	• Baustein für Serotonin • depressionsmindernd • Schlaflosigkeit verringernd • schmerzmindernd • streßmindernd • Umwandlung zu Niacin • Herzschutzfaktor	Milch Erdnüsse Eidotter Bananen Mandeln Käse grüne Bohnen Nudeln
Serin: nichtessentiell	• wandelt sich in Cholin um, das zu Acetylcholin wird • Erinnerungsstoff	Rind Gelatine
Gluthation:	Aminosäurekombination; sog. Tripeptid (Eiweißmolekül) aus Glutaminsäure, Cystein, Glyzin	

Der Vorzug reichhaltiger Eiweißernährung ist der, daß unser Gehirn Energie schnell produzieren und lange aufrechterhalten kann. Müdigkeit, Streß und Erschöpfung entstehen vor allem bei niedrigem Blutzuckerspiegel, der wiederum seine Ursachen in einem Zuwenig an Protein und Aminosäuren hat. Der niedrige Blutzuckerspiegel wird häufig mit Süßigkeiten behandelt, doch das ist fatal. Konzentrierte Kohlenhydrate verstärken die Symptome der Hypoglykämie auf lange Sicht nur, obwohl kurzfristig der Mangel behoben scheint. Ich werde auf diese Problematik im Kapitel über Kohlehydrate zurückkommen. In bezug auf eiweißreiche Nahrung sollte auch die Tageszeit mitberücksichtigt werden. Aminosäuren werden am besten früh morgens ausgenutzt, und wenn Sie von der Energie profitieren möchten, sollten Sie vor Arbeitsbeginn die Mahlzeit mit dem höchsten Eiweißgehalt zu sich nehmen. Ein ausgedehntes »Smörrebröd«-Frühstück, wie es in Skandinavien üblich ist und in ländlichen Gebieten noch praktiziert wird, sollte die Alternative zum hastig eingenommenen Kaffee im Stehen und der opulenten Mahlzeit am Abend sein. Adelle Davis empfiehlt ca. 60 Gramm Protein zum Frühstück, um den Blutzuckerspiegel ca. sechs Stunden auf der Höhe zu halten. Die allgemeine Regel hat nach wie vor Gültigkeit: Frühstücken wie ein König, zu Mittag essen wie ein Bürger, zu Abend essen wie ein Bettler.

3.2 Fettsäuren

Um optimal zu funktionieren, müssen unsere Nerven und das Gehirn große Mengen bestimmter Fette und fetthaltiger Substanzen erhalten. Die Hormone der Nebennierenrinde und der Keimdrüsen bestehen aus ganz bestimmten Fetten. Ferner müssen Fette für die Darmbakterien zur Verfügung stehen, damit diese ein ordnungsgemäßes Milieu vorfinden. Fette können Kalorien liefern, jedoch für ganz bestimmte Zwecke der Gesundheit und der Leistungsfähigkeit dienen nur bestimmte Fettsorten. Fette werden während der Verdauung in Fettsäuren zerlegt. Selbst wenn man kein Fett ißt, kann der Körper die meisten dieser Fettsäuren aus Zucker aufbauen, drei davon allerdings nicht. Hier begegnet uns wieder – wie bei den Aminosäuren – der Begriff »essentiell«; die essentiellen Fettsäuren sind für uns lebensnotwendig. Es sind: die Arachidonsäure, die Linolsäure und die Linolensäure. Vorkommen: Distelöl, Leinöl und Sonnenblumenöl. Der Bedarf an mehrfach ungesättigten Fettsäuren in unserer westlichen Zivilisation ist anscheinend höher als die tatsächliche Zufuhr, und so schreibt Adelle Davis ganz treffend: »Man kann keine Zementsäcke aus einem Lagerhaus tragen, wenn man den Zement zum Bau des Gebäudes benutzt hat. Es ist offensichtlich so, daß wir entweder Linolsäure oder einen ihrer Vertreter brauchen, um Sexual- und Nebennierenhormone, wertvolle Darmbakterien und die fetthaltigen Strukturanteile jeder Zelle bilden und erhalten zu können.«

Leben wie ein Eskimo

Schon längere Zeit hat man beobachtet, daß Herz- und Gefäßkrankheiten bei den Eskimos kaum vorkommen. Daß die Eskimos eine sehr fettreiche Nahrung zu sich nehmen, ist allseits bekannt. Ihre Mahlzeiten bestehen zu einem großen Teil aus Meerestieren, vor allem Fisch. Durch Untersuchungen der Eßgewohnheiten dieser Bevölkerungsgruppe war man darauf gestoßen, daß deren Nahrung sehr viel Eicosapentaensäure (EPA) enthält (griechisch »eicosa« heißt 20, »penta« heißt fünf). Diese Zahlen deuten an, daß die Eicosapentaensäure 20 C-Atome hat (Linolsäure hat 18) und fünf ungesättigte Bindungen (Linolsäure hat zwei). Eicosapentaensäure heißt abgekürzt EPA und ist auch unter dem Begriff Omega-3-Fettsäure bekannt. Das Manko unserer zivilisierten Ernährung ist nun, daß wir relativ große Mengen Linolsäuren zu uns nehmen, jedoch nur sehr wenig EPA, und die kann eben aus Linolsäure kaum hergestellt werden. Eskimos dagegen nehmen durchschnittlich 13 Gramm EPA täglich über ihre Nahrung auf, wohingegen die Menschen der westlichen Hemisphäre nur auf 20 mg täglich kommen. Größere Mengen des Öls von Kaltwasserfischen, täglich eingenommen, bewirken folgendes beim Menschen: Regulierung des Cholesteringehalts durch Senkung des Triglyzeridgehalts und Erhöhung des HDL-Gehalts. Verkürzung der Blutungszeit, was die Chance, eine Thrombose zu bekommen, reduziert.

Fette und der Cholesterin-Mythos

»Die medizinische Behandlung der Arteriosklerose ist gleichsam eine Tonleiter von Diäten geworden, beginnend mit dem Verbot von Eiern, Leber, Fett und Cholesterin, über solche, bei denen nur pflanzliche Öle als Kalorienspender gestattet sind, bis zu Diäten mit reichlich Leber, Eiweiß und sogar Cholesterin.« (Adelle Davis)

In der Tat hat ein hoher Cholesterinspiegel sehr viel mit einem Nährstoffmangel zu tun. Fehlen bestimmte Nährstoffe, klumpt das Cholesterin zu groben Partikeln, die nicht durch die Wände der Arterien passen, zusammen, und der Cholesteringehalt im Blut steigt an. Kommt es zu Ablagerungen in den Wänden der Arterien, spricht man von Arteriosklerose. Diese Gefäßkrankheit erfaßt nicht den Eskimo, der sich extrem fettreich ernährt, jedoch den Durchschnittsamerikaner – da muß doch etwas nicht stimmen. Vom orthomolekularen Standpunkt kann man sagen: Der Cholesterinspiegel im Blut hängt nicht ab von der Menge durch die Nahrung aufgenommenen Cholesterins, sondern von den durch die Nahrung aufgenommenen Nährstoffen, wie Cholin, Inositol, Lezithin und hochungesättigte Fettsäuren. Adelle Davis nennt mehrere Beispiele:

»Dr. Lester Morrison vom Landesspital Los Angeles untersuchte 600 Patienten, die Herzanfälle überstanden hatten. Jeder zweite von ihnen wurde ohne sonstige Medikamente nur mit Cholin behandelt. Sie aßen so viel Sahne, Eier, Butter, Leber und andere cholesterinhaltige Nahrungsmittel, wie sie wollten. Dennoch erklärten die Leute nach kurzer Zeit, daß sie sich besser und viel gesünder fühlten, und viele von ihnen fingen wieder an zu arbeiten. Das Cholesterin in ihrem Blut verminderte sich. Sie hatten seltener Herzanfälle, und weniger von ihnen starben als bei Kontrollgruppen, die mit den üblichen Medikamenten wie Phenobarbital, Digitalis und Nitroglyzerin behandelt wurden. Nach Zugabe von Cholin, Inositol und Lezithin waren die Resultate sogar noch besser.« (Adelle Davis)

»Dr. Laurence Kinnsell gab verschiedenen Gruppen von Leuten mit hohem Cholesterinspiegel täglich zehn Eier und 16 Eidotter oder das Fett von 32 Eidottern oder sogar 60 Gramm, etwa vier Eßlöffel, reines Cholesterin. Kein einziges Mal vermehrte sich dabei das Blutcholesterin, vorausgesetzt daß alle Nährstoffe, die für die Lezithinproduktion notwendig sind, in der Diät enthalten waren.« (Adelle Davis)

Unraffinierte Pflanzenöle sind wichtig auch als Vitaminlieferant; während tierische Fette wie Butter, Sahne und Eidotter Träger von Vitamin A sind, liefert Fischlebertran die Vitamine A und D. Ein anderer Verwandter der Familie der Fette, das Lecithin, bietet eine ausgezeichnete Quelle für die beiden B-Vitamine Cholin und Inositol. Lecithin scheint imstande zu sein, Fett und wahrscheinlich auch Cholesterin in kleine Teile zu zerlegen, die dann ohne Mühe durch die Gewebe schlüpfen können. Es gibt also Beweise dafür, daß ein Koronarverschluß mit einem Mangel an essentiellen Fettsäuren, den B-Vitaminen Cholin und Inositol und auch dem Lecithin selbst zusammenhängt. Öle können auch sehr hilfreich sein bei Ekzemen, bei nachlassender sexueller Potenz und bei prämenstruellen Beschwerden. Menstruationsbeschwerden sind oft die Folge einer ungenügenden Umsetzung der Linolsäure in Gamma-Linolensäure. Nachtkerzenöl hat Hervorragendes geleistet und wird in vielen Fällen erfolgreich bei Allergien, Ekzemen und Neurodermitis eingesetzt.

3.3 Kohlenhydrate

Natürliche Kohlenhydrate sind ein wichtiger Energielieferant und Glukose sogar der wichtigste Nährstoff für unser Gehirn, doch: »Unsere heutige Ernährung basiert größtenteils auf Zukker. Deshalb glaube ich, daß das Leben eines jeden, der nichts von Ernährungslehre weiß, in Gefahr ist. In diesem Strom gefangen, wird das unschuldige Opfer ständig von Zuckerfluten überschwemmt, sei es bei gesellschaftlichen Anlässen, sei es beim Essen im Restaurant oder bei den Mahlzeiten und Zwischenmahlzeiten zu Hause. Zucker ist, genau wie Wasser, ein lebensnotwendiger Stoff, doch ›ein Ozean‹ davon ist zuviel.

Man erkennt diese Situation häufig nicht ganz klar, da viel Zucker versteckt ist. Es gibt Leute, die ein oder zwei Tassen Zucker pro Tag verzehren und immer noch glauben, daß sie überhaupt keinen Zucker gegessen haben.« (Adelle Davis)
Immer häufiger bekommt der Arzt in seiner Praxis Symptome wie Ermüdung, Streß, depressive Gefühle und Schwindelanfälle zu hören. Der Arzt untersucht und kann oft nichts Körperliches feststellen. Die Symptome werden dann meist unter dem Allgemeinbegriff »vegetative Dystonie«, »Nervosität« oder »psychosomatisches Symptom« zusammengefaßt. Der Patient bekommt Beruhigungsmittel verordnet oder wird, falls er darauf besteht, an einen Spezialisten weiterverwiesen. Daß konzentrierte Kohlenhydrate, sprich Zucker, schlecht für die Zähne sind, hat sich heutzutage in der Öffentlichkeit herumgesprochen. Weniger bekannt aber ist, daß der unmäßige Zuckerverbrauch – vor allem der versteckte – beim Entstehen von »psychovegetativen Störungen« eine große Rolle spielt. Der übermäßige Zuckerverbrauch, der schon in jugendlichem Alter beginnt, bringt nach und nach den Hormonhaushalt aus dem Gleichgewicht. Der Körper ist auf die Dauer nicht mehr in der Lage, den Zuckergehalt im Blut auf einem gleichmäßigen Niveau zu halten; im Gegenteil, es kommt zur Unterzuckerung und den damit verbundenen Ermüdungserscheinungen, Streß, depressiven Gefühlen und Schwindelanfällen. Den niedrigen Blutzuckerspiegel nennt man in der Fachsprache »Hypoglykämie« (hypo = niedrig, glyk = Zucker, Ämie = Blut). Viele Menschen, die an dieser Erschöpfung leiden, nehmen nun noch mehr Zucker zu sich, trinken noch mehr Kaffee oder rauchen noch mehr Zigaretten, um die Beschwerden zu kompensieren. All diese Methoden verschlimmern allerdings den Teufelskreislauf.

Managerkrankheit – Streß durch Unterzuckerung?

Allgemeines zu »Manager und Streß«:
60 % der Manager in der BRD klagen nach einer Untersuchung des Karlsruher Instituts für Arbeits- und Sozialhygiene (IAS) über Unwohlsein. Sie leiden unter Magen- oder Darmbeschwerden, Herzstichen oder Herzklopfen. Nach Angaben der gemeinnützigen Stiftung sind in den vergangenen Jahren im Rahmen eines individuellen »Manager-Check-up« über 500 meist leitende Angestellte des oberen und mittleren Managements sowie Freiberufler aus dem gesamten Bundesgebiet im Alter zwischen 45 und 55 Jahren untersucht worden. Auch wenn man bei 90 % der Untersuchungen keine Krankheiten festgestellt habe, hätten doch 60 % über Störungen ihres Wohlbefindens geklagt, teilte das Institut mit. Überraschend wenige Manager gaben laut IAS an, unter Streß zu leiden. Die meisten hätten zwar eingeräumt, beruflich unter starker Anspannung zu stehen, empfänden dies jedoch nicht als Belastung. Bei 70 % der Untersuchten stellten die Ärzte des Instituts mindestens einen Risikofaktor für Herz-Kreislauf-Krankheiten fest. Am häufigsten seien Bluthochdruck, erhöhte Blutfette oder Übergewicht gewesen. Diese dpa-Meldung stand am 11.2.1988 im »Handelsblatt«. Daß diese Symptomatik sehr viel mit unserem Gehirn, unserem Nervensystem und dem Blutzuckerspiegel, von dem sich beide ernähren, zu tun hat, möchte ich gleich im Hinblick auf das Hypoglykämie-Syndrom aufzeigen. Doch was hat das alles mit Streß zu tun?

- Der klassische Streßbegriff:
  Dieser längst zum Schlagwort gewordene Begriff meint die Belastungen und Anstrengungen, denen ein Lebewesen täglich ausgesetzt ist. Kurz: die Anspannungs- und Anpassungszwänge, bei denen man seelisch und körperlich unter Druck steht. Allerdings kommt dem Begriff »Streß« zunächst etwas eindeutig Negatives zu. Streß bedroht die Gesundheit, das Wohlbefinden, man scheut und fürchtet ihn als Überanstrengung, als Überlastung. Gleichzeitig scheint er ein unvermeidbares Problem zu sein, mit dem wir in unserer modernen Zivilisation ununterbrochen konfrontiert werden, ja

in dosierter Form scheinen wir ihn sogar zu brauchen. Diese Zweideutigkeit seiner positiven und seiner negativen Wirkung ließ dann auch bald Begriffe wie Distreß (schädlicher Streß) und Eustreß (guter Streß) entstehen, um den unterschiedlichen Reaktionen eines Lebewesens gerecht zu werden. Hier liegt bereits die Herausforderung: nämlich mit dem Streß fertig zu werden oder mit ihm leben zu lernen.

- Das »General Adaptation Syndrome«:
Sehr interessant ist auch die Theorie von Hans Selye, der den Begriff Streß geprägt hat, wenn man sie im Zusammenhang mit der Hypoglykämie-Problematik sieht. Er hat in Experimenten bewiesen, welches Anpassungsvermögen ein Körper hat, um bestimmte Streßsituationen zu meistern. Um die Verbindung zu begreifen, die zwischen niedrigem Blutzuckerspiegel und dem, wie Selye schreibt, »General Adaptation Syndrome« besteht, werden wir zunächst einmal näher darauf eingehen. Das »General Adaptation Syndrome« (allgemeines Adaptionssyndrom) wird von Selye definiert als die Summe der Reaktionen des Körpers, die aus einer andauernden Konfrontation desselben mit Streßsituationen resultieren. Dieser Streß kann vielerlei Gründe haben wie Hitze, Umweltgifte, falsche Ernährung, Frustrationen oder Schmerzen. Die Betonung liegt auf den nichtspezifischen Reaktionen des Körpers; spezifische Reaktionen wären in etwa die Entwicklung der Muskulatur durch körperliches Training oder eine immunologische Reaktion auf körperfremdes Eiweiß, doch das ist hier nicht gemeint. Dauert nun die Streßperiode über eine längere Zeit hinweg an, sind drei Stadien zu unterscheiden: die Alarmreaktion, die Widerstandsphase und die Erschöpfungsphase. Die Alarmreaktion kann man wiederum unterteilen in eine Schockphase und in eine Counter-Schockphase. In ernsten, wohl aber reversiblen Fällen ist der Schockzustand meist sehr deutlich wahrzunehmen. In leichteren Fällen jedoch wird diese Phase meistens übergangen oder einfach nicht wahrgenommen. Diese Counter-Schockphase tritt aber trotzdem auf. Die Widerstandsphase wird hervorgerufen durch eine Ausliefe-

rung an die Streßreize über einen längeren Zeitraum, wofür sich der Organismus eine Anpassung verschafft. Charakterisiert wird diese Phase durch einen höheren Widerstand gegen den spezifischen Streß, dem der Körper ausgesetzt ist, und einen verringerten Widerstand gegen andere Streßformen. Das heißt, daß diese erworbene Resistenz auf Kosten anderer Formen des Stresses geht. Des weiteren verschwinden meistens die biochemischen Erscheinungen wieder, die während der Alarmreaktion aufgetreten sind. Die Erschöpfungsphase ist die Summe der Reaktionen, die sich auf die lang andauernde Streßsituation des Körpers eingestellt haben, die er jetzt aber nicht länger handhaben kann. Der Körper ist im wahrsten Sinn des Wortes erschöpft. Die biochemisch herausragendste Veränderung ist die, daß der Widerstand gegenüber schädlichen Substanzen stark verringert ist. Nach Hans Selye treten neben den veränderten Widerstandsformen und den morphologischen Veränderungen während des »General Adaptation Syndromes« auch biochemische Veränderungen auf. In bezug auf die Veränderungen des Kohlenhydratstoffwechsels beschreibt er folgendes:

- Nach einer Alarmstimulanz steigt der Blutglukosespiegel sofort an.
- Nach diesem Höhepunkt sinkt der Blutzuckerspiegel wieder erheblich ab.

Während der Schockphase steigt der Glukosespiegel wieder, selbst wenn man keine Nahrung zu sich nimmt. Eine Glukoseintoleranz kann also als Teil des »General Adaptation Syndrome«, eine nichtspezifische Reaktion des Körpers auf vielfältige schädliche Einflüsse von außen bedeuten oder aber die direkte Folge eines zu hohen Zuckerkonsums sein. Wie sieht nun die Therapie eines niedrigen Blutzuckerspiegels aus? Wird der Blutzuckerspiegel hoch gehalten, vergeht der Drang nach Süßigkeiten. Doch: »Es ist ein Kunstfehler, Hypoglykämie mit Zucker behandeln zu wollen. Wohl schafft ein Zuckerstück zeitweise Erleichterung, auf die Dauer aber wird sich der Zustand des Patienten nur verschlimmern.« (Dr. G. E. Schuitemaker) Die Therapie muß darauf ausgerichtet sein, den aus dem

Gleichgewicht geratenen Stoffwechsel wieder ins richtige Lot zu bringen. Dabei sollte man sein Augenmerk speziell auf Organe wie Nebenniere, Pankreas und Leber richten und den erschöpften Organismus durch Anreicherung der Nahrung mit Nahrungszusätzen wieder regenerieren. Ernährungswissenschaftler stimmen darin überein, daß ein an Unterzuckerung leidender Mensch absolut keine zusammengesetzten raffinierten wie auch keine einfachen raffinierten Kohlenhydrate zu sich nehmen sollte (Sparte 3 und 4 in der Graphik). Kaffee, ein weiteres Tabu in der Hypoglykämiediät, ist für einen Kaliumverlust des Körpers verantwortlich. Es soll hier nun keine strikte Diät propagiert werden, sondern ich möchte Ihnen ein paar Vorschläge und Tips geben, wie Sie der Unterzuckerung beikommen können:

- Achten Sie vor allem beim Frühstück auf proteinreiche und vollwertige Nahrung (Kaffee und Brötchen mit Honig ist kontraindiziert).
- Nehmen Sie mehrere kleine Mahlzeiten und Zwischenmahlzeiten am Tag zu sich (für Zwischenmahlzeiten eignen sich Nüsse, Gemüse oder Obst).
- Reduzieren Sie, wenn möglich vermeiden Sie Kaffee, schwarzen Tee, Alkohol und Zigaretten. Um dem erschöpften Organismus wieder auf die Beine zu helfen, sind orthomolekulare Substanzen, wie in diesem Buch vorgestellt, von großer Hilfe.
- Achten Sie darauf, nur komplexe Kohlenhydrate und keine raffinierten Zucker zu sich zu nehmen. Nachfolgende Tabelle zeigt auf, welche Kohlenhydrate beim Hypoglykämie-Syndrom erlaubt bzw. verboten sind:

I Empfehlenswert Komplexe, nicht raffinierte Kohlenhydrate	II Bedingt geeignet Einfache, nicht raffinierte Kohlenhydrate
Alle Gemüsearten Alle Getreidearten Getreideprodukte Nüsse Samen Hülsenfrüchte Blattgemüse	Alle Früchte Milch Joghurt Sauermilch Natürlicher Honig Zuckerrohr Sirup
III Ungeeignet Zusammengesetzte raffinierte Kohlenhydrate	IV Verboten Einfache raffinierte Kohlenhydrate
Mehl Maizena Weißer Reis Kartoffelmehl Brot Kräcker	Zucker Honig Dextrose (Traubenzucker) Fruktose (Fruchtzucker) Laktose (Milchzucker) Glukose Malzzucker

Einteilung der vier Basis-Untergruppen der Kohlenhydrate (Quelle: Ernährungs-Wende, Atkins).

Nachdem wir wichtige Baustoffe für unseren Körper kennengelernt haben, möchte ich nun auch wichtige Wirkstoffe, Vitalstoffe, die sich auf unsere Gesundheit auswirken, vorstellen.

3.4 Beta-Karotin: Schutzfaktor für Raucher und gegen Krebs

Karotten enthalten sehr viel Vitamin A, so heißt es. Nicht ganz richtig, denn Karotten enthalten den Farbstoff Beta-Karotin. Dieser wird aus der Nahrung aufgenommen, vom Körper in Vitamin A umgewandelt oder im Fettgewebe abgelagert. Beta-Karotin ist ein natürlicher Wirkstoff, der das Krebsgeschehen verhindern, hemmen und vielleicht rückgängig machen kann. Ein Beweis dafür wurde in der sogenannten »Basler Studie« Anfang der 70er Jahre begonnen, als knapp 3000 jungen Männern Blutproben entnommen wurden, deren Gehalt an Vitaminen bestimmt werden sollte. Zwölf Jahre später waren 553 der Männer gestorben, 204 von ihnen hatten Krebs. Als die Blutwerte verglichen wurden, stellte sich heraus: Alle Krebsopfer – insbesondere jene mit Lungen- und Magenkrebs – hatten einen eindeutig niedrigeren Karotinspiegel gehabt als die überlebenden Männer (Dr. med. Karl Pflugbeil, Herbig 1990). Beta-Karotin ist eine Vorstufe von Vitamin A, der Farbstoff, der z. B. die Mohrrüben orange färbt. Aber auch in anderen gelben bis tiefgrünen Obst-, Gemüse- und Früchtesorten ist Beta-Karotin enthalten. Der amerikanische Arzt Dr. Richard Shekelle veröffentlichte in der Zeitschrift »Lancet« die berühmt gewordene »Western Electric Studie«. Seine Schlußfolgerung daraus lautet: »Die Resultate der Untersuchung stützen die Hypothese, daß Beta-Karotin das Risiko, Lungenkrebs zu bekommen, vermindert.« Er hatte untersucht, welchen Einfluß das Beta-Karotin auf das Entstehen von Lungenkrebs hat; die Forschungen begannen 1957 und beinhalteten Fragen nach den Eßgewohnheiten der Arbeiter. Auf diese Weise konnte er die Menge an Beta-Karotin, die durch die verschiedenen Personen aufgenommen wurde, messen. Aufgrund dieser Fakten wurden die Personen in vier Gruppen eingeteilt. Jede Gruppe bestand aus Personen, die etwa die gleiche Menge Beta-Karotin zu sich nahmen. Es zeigte sich, daß das Risiko, Lungenkrebs zu bekommen, in der ersten Gruppe – mit niedrigster Einnahme von Beta-Karotin – in etwa siebenmal so groß wie in der vierten Gruppe war.

Darüber hinaus hatten Zigarettenraucher der vierten Gruppe in etwa die gleiche Chance, Lungenkrebs zu bekommen, wie ein Nichtraucher aus der ersten Gruppe. Oder: Das Beta-Karotin schützt Raucher vor der Entstehung eines Lungenkrebses. Raucher, die nur wenig Beta-Karotin zu sich nehmen, sind Menschen mit dem höchsten Risiko, an Lungenkrebs zu erkranken.

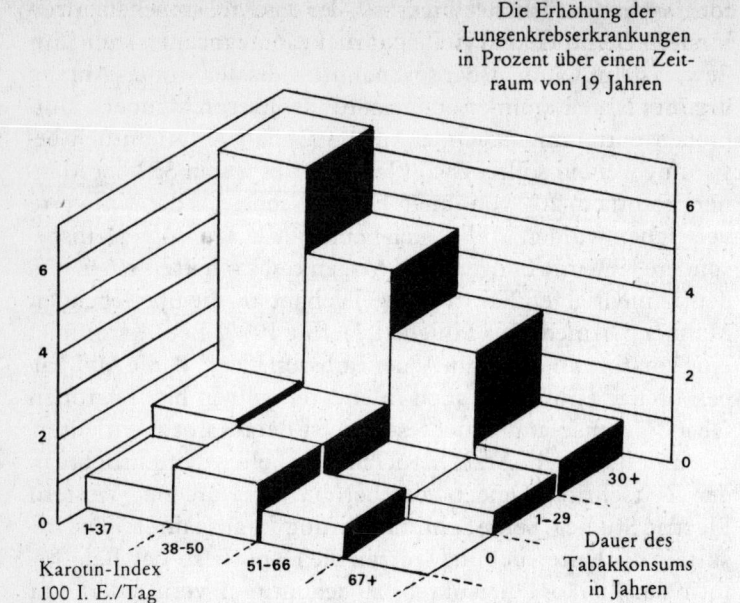

Die Erhöhung der Lungenkrebserkrankungen in Prozent über einen Zeitraum von 19 Jahren

Abb. 4: Wenig Beta-Karotin und viel Rauchen erhöht die Chance, an Lungenkrebs zu erkranken, sehr.

3.5 Vitamin-B-Komplex: Nervenwirksam dem Streß entgegen

Gemeinsam ist den Vitaminen des B-Komplexes die Eigenschaft, daß sie unentbehrlich für Stoffwechsel und Funktion des Nervensystems sind. Mangelerscheinungen der neurotropen (= auf die Nerven wirkenden) B-Vitamine sind recht häufig geworden, da wir im allgemeinen nicht mehr das volle Korn, etwa in Form eines Vollkornmüslis, zu uns nehmen, sondern das Getreide ausgemahlen und denaturiert wird. Auch liegt die richtige Menge an Nährstoffen in der heutigen Zeit um ein Mehrfaches höher als früher, da Streß, Lärm, Hektik und Umweltverschmutzung an den Nerven zehren. Die »Erkrankung der Nerven«, so die Übersetzung des Begriffs, ist eine Volkskrankheit. Mindestens eine Million Bundesbürger ist mehr oder weniger davon betroffen; dies auch infolge eines übermäßigen Zuckerkonsums und Alkoholmißbrauchs.

Vitamin B$_1$ (Thiamin): Nicht nur für den Wermutbruder

Der Körper benötigt Thiamin ganz besonders deshalb, weil dieser Stoff zur Verarbeitung der Glukose für unser Gehirn notwendig ist. Thiamin spielt also bei der Verwertung der Kohlenhydratzufuhr im Gehirn eine große Rolle. Ein Vitamin-B$_1$-Mangel entsteht primär durch eine unzureichende Aufnahme des Stoffes, sekundär kann aber auch ein Mangel durch erhöhten Bedarf infolge chronischen Durchfalls oder einer Lebererkrankung vorhanden sein. Vitamin-B$_1$-Mangel kommt sehr häufig bei Alkoholikern vor. Um Gehirnschäden durch Thiaminmangel vorzubeugen, befürworten australische Psychiater den Zusatz von Thiamin zu alkoholischen Getränken, insbesondere zu Bier. Sie haben errechnet, daß die Kosten, die entstehen würden, wenn man der gesamten australischen Bierproduktion Thiamin zusetzen würde, nicht höher lägen, als dafür, acht Alkoholiker, die an einer Wernicke-Psychose (geistige Verwirrung und Vergeßlichkeit) leiden, ein Jahr lang zu pflegen. Vitamin-B$_1$-Mangel kann auch dafür verantwortlich sein, daß Kinder mit einer Hasenscharte oder einem Wolfsrachen auf die Welt kommen oder daß Kinder in der Schule sehr reizbar und aggressiv reagieren. Das, was so häufig als »hyperkinetisches Syndrom« bezeichnet wird, kann in Wirklichkeit auch ein Art Neurasthenie infolge eines Vitamin-B$_1$-Mangels sein. Um den Mangel auszugleichen, ist eine ausgewogene Ernährung – vor allem ein gutes Frühstück – mit mehr Vollkornbrot, Getreideprodukten und Hülsenfrüchten anzustreben, und die Süßigkeiten sind zu reduzieren.

Vitamin B$_3$ (Niacin, Nicotinamid): Läßt so manchen erröten

Dem Niacin möchte ich bei der Nennung der B-Vitamine eine herausragende Rolle zuordnen; daß es dieser Favoritenrolle gerecht wird, weist auf seine universelle Anwendbarkeit bei Störungen von Körper und geistiger Funktion hin. Folgende Anwendungsgebiete sprechen für dieses Vitamin:

- Bei Störungen im Fettstoffwechsel senkt Nicotinamid den erhöhten Cholesterinspiegel im Blut, schützt dadurch vor Arteriosklerose und deren Folgen: Herzinfarkt, Schlaganfall und Nierenversagen. Aus dem Fettgewebe werden weniger Triglyzeride beigesetzt, so daß deren Werte im Blut absinken und auch die Leber weniger Cholesterin aufbaut.
- Durchblutungsstörungen werden durch Niacin sehr erfolgreich bekämpft, indem es augenblicklich (nach ca. 15 bis 30 Minuten) die Blutgefäße erweitert. Dieser Effekt wird durch eine stark sichtbare Rötung der Haut an Gesicht, Armen und Beinen deutlich. Dafür gibt es verschiedene Erklärungsmodelle. Manche sprechen von einer verstärkten Histaminausschüttung oder Gefäßerweiterung, was letztendlich die stärkere Durchblutung der Haut bewirkt. Manche sprechen der Weitstellung der Gefäße und der Rötung der Haut auch ganz andere Ursachen zu: Bei übermäßiger Sonnenbestrahlung kommt es zu einem Sonnenbrand, der dem gleicht, der sich dadurch ergibt, wenn man Niacin einnimmt. Nach dem Prinzip »similar similibus curantur« (Gleiches wird mit Gleichem geheilt) erklärt man sich die Wirkungsweise wie folgt: Die Substanz Niacin, die gegen Sonnenbrand hilft, bringt einen Sonnenbrand hervor. Wenn man die Substanz öfter nimmt und dabei die Dosis erhöht, stellen sich die Symptome jeweils immer bei der nächsthöheren Dosierung ein, so daß die Strahlung aus dem Körper allmählich ausgewaschen wird (Hubbard). Wie dem auch immer sei, ob nach ganzheitlicher oder rein metabolischer Sichtweise beurteilt wird, die Substanz ist sehr hilfreich, was die oben genannten Beschwerden angeht. Sie hilft allemal, um geistig klarer zu denken, und es bleibt zu überlegen, ob sie bei radioaktivem Niederschlag als Heilmittel mit an erster Stelle rangieren könnte oder zumindest präventivmedizinisch in der heutigen Zeit einzusetzen wäre.

Vitamin B$_6$: Gut gegen Frauenleiden

Vitamin B$_6$ (Pyritoxin) spielt eine große Rolle beim Stoffwechsel von Eiweiß und den Aminosäuren. Zudem hat es einen sehr großen Nutzen bei seiner Wirkung auf sogenannte Frauenleiden. Das prämenstruelle Syndrom (PMS), dessen genaue Ursache noch nicht geklärt ist, liefert ein Paradebeispiel dafür. Jede zweite Frau leidet darunter; es äußert sich in Depressionen, Reizbarkeit, Schlaflosigkeit und Kopfschmerzen sowie Schwindelgefühl, tritt periodisch in der zweiten Hälfte des Menstruationszyklus auf und vergeht nach Einsetzen der Regelblutung wieder. Man nimmt an, daß die Beschwerden auf einer Störung der Neurotransmitter beruhen. Britische Mediziner behandelten PMS-Patientinnen hochdosiert mit diesem Vitamin und konnten damit 60% der Frauen heilen und weiteren 20% das Leiden erträglicher machen. Auch gegen Migräne ist Vitamin B_6 sehr hilfreich eingesetzt worden, was damit erklärt wird, daß es einen normalisierenden Einfluß auf den Neurotransmitter Serotonin ausübt.

Vitamin B_{12}: Haben Vegetarier zuwenig davon?

Vitamin B_{12} ist für ein gesundes Nervensystem und ein normales Blutbild unabdingbar. Fehlt es uns, so kommt es zu der klassischen Vitaminmangelkrankheit »perniziöse Anämie«. Doch lange bevor Abweichungen im Blutbild erscheinen, treten schon neurologische Störungen auf, die psychische Symptome nach sich ziehen. Bereits ein geringer Mangel führt zu Stimmungsschwankungen, Vergeßlichkeit, Veränderungen der Persönlichkeit. Auch Erschlaffung der Muskulatur und Bewegungsstörungen der Gliedmaßen gehören dazu. Ein Mangel bedroht vor allem Menschen mit Magenstörungen, weil dann von der Schleimhaut weniger »intrinsic factor« abgesondert wird, ohne den das Vitamin B_{12} aus der Nahrung nicht durch die Darmwand ins Blut aufgenommen werden kann. Der Mangel an dem »intrinsic factor« aus dem Magen ist die eigentliche Ursache für die perniziöse Anämie, die früher stets tödlich endete. Heute kann sehr viel schon alleine damit erreicht werden, daß das fehlende Vitamin B_{12} substituiert wird. Viele Mediziner und Ernährungswissenschaftler behaupten, daß Vegetarier zuwenig Vitamin B_{12} bekommen würden. Daß dem nicht so sein kann, zeigt die Gesundheit und Leistungsfähigkeit vieler

Vollvegetarier – selbst solcher, die sich vegan ernähren (ohne Milchprodukte, Eier etc.). Andererseits ist es gerade da wichtig, eine optimal zusammengestellte Nahrung zu sich zu nehmen, um alle essentiellen Aminosäuren und in diesem Falle natürlich das Vitamin B_{12} zu bekommen.

3.6 Vitamin C: Altbekannt und neu bewährt

Vitamin C ist seit über 200 Jahren bekannt, vor allem als Heilmittel gegen die Mangelkrankheit Skorbut, die in der Seefahrergeschichte eine große Rolle gespielt hat. Obwohl man sich über den therapeutischen Nutzen zur Verhütung von Mangelkrankheiten einig ist, so gibt es doch, was die therapeutische Breite und vor allem die Dosierung anbelangt, große Uneinigkeiten. Nach wie vor hält die Deutsche Gesellschaft für Ernährung 75 mg pro Tag für ausreichend, ein Wert, der eben noch aus der Zeit stammt, in der als Maßstab Verhütung von Skorbut galt. 100 bis 200 mg halten heutzutage Experten für erforderlich, um den täglichen Bedarf zu decken. Vielfach hört man auch den Ausspruch: »Wenn das Vitamin C eh ausgeschieden wird, warum soll ich dann noch extra welches zu mir nehmen?« In der Tat scheidet der Körper überschüssiges Vitamin C wieder aus, doch – und das macht den großen Unterschied – Giftstoffe lagern sich daran an. Damit ist auch gleich eine seiner Hauptaufgaben angesprochen: Gegen Umweltgifte hilft Vitamin C in mehrfacher Hinsicht. Einmal, indem es mit dem Blei aus dem Körper ausgeschieden wird, und andererseits, indem es die Aufnahme von Eisen vermehrt, wodurch im Gegenzug das Ablagern von Blei und auch von Cadmium verringert wird. Überdies verstärkt es die Tätigkeit bestimmter Enzyme in der Leber, die Giftstoffe abbauen, auch krebserregende Substanzen. Es hilft mit, zu verhindern, daß im Körper krebserregende Stoffe entstehen. Dies ist sehr gut belegt am Beispiel der sogenannten Nitrosamine. Ein Ausgangsstoff für sie ist ein Substrat, das über gepökeltes Fleisch und den Kunstdünger der Pflanzen ins Essen gelangt und von Bakterien im Speichel in Nitrit umgewandelt wird. Der andere Ausgangsstoff sind die Amine, die als Bestandteil von Eiweiß in sehr vielen Lebensmitteln enthalten sind. Sowohl Nitrat als auch Amine sind für sich alleine harmlos, treffen sie jedoch im Magen zusammen, entstehen aus ihnen die hochgiftigen Nitrosamine – falls nicht genügend Vitamin C vorhanden ist! Es werden auch immer mehr Fälle bekannt, bei denen sich Vitamin C zur Stimulierung des Immunsystems bewährt hat. Immer populärer wird es zur Zeit, Patienten mit Viruserkrankungen (Herpes, Aids etc.) mit extrem hohen Dosierungen von Vitamin C zu helfen. Besonders Patienten mit dem »erworbenen Immunschwächesyndrom« bietet diese Substituierung Anlaß zur Hoffnung, nicht Opfer einer frühzeitigen Lungenentzündung oder schweren Pilzerkrankung zu werden. Vitamin C ist auch unersetzlich für den Aufbau von Kollagen, das mit Knochen, Knorpeln und Bindegewebe gewissermaßen das Gerüst des menschlichen Körpers bildet. Mangel an Vitamin C läßt die Wände der Blutgefäße brüchig werden; Zahnfleischbluten und blaue Flecken sind sichtbare Zeichen. Die Liste der Vorzüge von Vitamin C hört aber dabei nicht auf, sondern wird immer länger. Um Sie nicht zu langweilen, möchte ich nur die wichtigsten Anwendungsgebiete wiedergeben: Vitamin C verbessert die Blutfettwerte. Dr. med. Karl Pflugpfeil berichtet: »Männer, die dreimal täglich jeweils ein Gramm Vitamin C einnahmen, hatten nach drei Wochen weniger von dem schädlichen LDL-Cholesterin, das sich in den Arterien ablagert, dafür mehr von dem nützlichen HDL-Cholesterin im Blut, das einer Arteriosklerose entgegenwirkt.« Des weiteren berichtet er: »Vitamin C wirkt auch Allergien entgegen. So kann in leichten Fällen von Heuschnupfen das regelmäßige Einnehmen von Vitamin C genügen, um ohne verstopfte Nase und Jucken der Augen durch die Pollensaison zu kommen. Und nicht zuletzt: Vitamin C entgiftet den Zigarettenrauch. Es macht darin enthaltene Substanzen wie Zyanide, Formaldehyd, Acetaldehyd und Nitrosamine teilweise unschädlich und hilft dadurch, die Atemwege gesund zu erhalten. Das ist sicher nur einer der Gründe dafür, warum Raucher viel mehr von diesem Vitamin verbrauchen; die anderen werden in einer Steigerung des Stoffwechsels und in zusätzlicher Bildung von Streßhormonen vermutet. Tatsache ist: Je mehr Zigaretten ein Mensch raucht, desto größer ist sein Defizit an Vitamin C.«

3.7 Vitamin E: Nicht nur ein Fruchtbarkeitsvitamin

»Wenn wir mit unseren verkehrten Eßgewohnheiten fortfahren, so werden auf die Dauer Hypophyse und die Sexualdrüsen so unzulänglich funktionieren, daß es bald keine normalentwickelte Brust bei Frauen und schmale Hüften bei Männern mehr geben wird und man Schwierigkeiten hat, Männer und Frauen zu unterscheiden.« (Dr. Pottenger) Die Karriere des Vitamin E begann ursprünglich als sogenanntes Fruchtbarkeitsvitamin. So gilt es als wahrscheinlich, daß Vitamin E in größerer Menge als gewöhnlich das Hormonsystem des Menschen gezielt beeinflussen kann. Es regt die Hypophyse (Hirnanhangdrüse) an, die als Steuerzentrale dazu da ist, mehr eigene Hormone als Botenstoffe an die Keimdrüsen zu senden, damit auch mehr Sexualhormone produziert werden. Daher können sich Potenz und Fruchtbarkeit des Mannes bessern und von Frauen die Wechseljahrbeschwerden besser ertragen werden, denn bei der Produktion von normalen Mengen an Vitamin E können die Hormone nicht in ausreichender Menge produziert werden. Vitamin E hat ein ähnlich breites Spektrum wie Vitamin C und eine ähnliche biologische Funktion, was die antioxidative Wirkung gegen freie Radikale angeht. In diesem Zusammenhang macht sich dieses Vitamin zu einer wertvollen Hilfe gegen Krebs und Rheumatismus. Bei Erkrankungen des rheumatischen Formenkreises kann Vitamin E die Entzündung aufhalten und die Heilung unterstützen. Ebenso bewahrt dieses Vitamin die Zellen davor, zu entarten und sich als bösartige Geschwulste im Körper auszubreiten. Es ermöglicht den Zellen, Sauerstoff besser zu verwerten, so daß sie mit weniger davon auskommen. In einer Beziehung ist Vitamin E allerdings ganz besonders in den letzten Jahren ins Rampenlicht gerückt: Seine Wirksamkeit in bezug auf Herz-Kreislauf-Erkrankungen wurde anerkannt. Vitamin E ist von besonderer Wichtigkeit für ein gesundes Herz. Dr. med. Karl Pflugbeil schreibt in seinem Buch »Vital Plus«, Herbig 1990: »Menschen mit einem niedrigeren Vitamin E-Spiegel haben ein viermal höheres Risiko, an der koronaren Herzkrankheit zu sterben, als solche mit reichlich Vitamin E im Blut. Fehlt es einem Mann an Vitamin E und auch an Vitamin A, wird er mit 73%iger Wahrscheinlichkeit einen Infarkt erleiden; kommt noch ein Mangel an Vitamin C und Beta-Karotin hinzu, steigt dieses Risiko auf 89%.« Es kommt also nicht nur darauf an, erhöhte Blutfettwerte und zu hohen Blutdruck zu senken, sondern auch darauf, für genügend Nährstoffe zu sorgen. Dr. Pflugbeil empfiehlt Männern mit hohem Cholesterinspiegel im Blut Gaben von bis zu 1000 mg Vitamin E pro Tag. Das ist mehr als die 80fache Tagesdosis, die von der Deutschen Gesellschaft für Ernährung festgesetzt worden ist. Diese offizielle Empfehlung ist nach Meinung der Experten für den menschlichen Organismus viel zu niedrig, um alle Angriffe der freien Radikale abzuwehren und Arteriosklerose zu bekämpfen. Sie empfehlen, diese Dosierung regelmäßig einzunehmen, zumal von Vitamin E selbst in großen Mengen keine gesundheitsgefährdenden Nebenwirkungen bekannt sind.

3.8 Mineralien

3.8.1 Calcium: Ihre Laune spricht Bände!

»Calcium kann so beschwichtigend wie eine Mutter sein, so entspannend wie ein Beruhigungsmittel und lebensrettend wie ein Sauerstoffzelt.« (Adelle Davis)
Calcium hat zwei Hauptanwendungsgebiete: die Nerven und die Knochen. Obwohl 99% des Körper-Calciums in den Knochen und in den Zähnen enthalten sind, können die krankhaften Erscheinungen, die durch Calciummangel in den Nerven und in den Geweben entstehen, das Leben zu einer unerträglichen Anspannung machen. Da Calcium bei der Übertragung der Nervenimpulse beteiligt ist, kann ein Mangel nervöse Anspannungen bewirken, die Sie unfähig machen zu entspannen. Da der Wechsel zwischen Anspannung und Entspannung nicht mehr richtig klappt, sind Sie, gemessen an der Arbeit, die Sie tatsächlich leisten müssen, viel zu müde. Die Unfähigkeit zu entspannen führt zu Schlafstörungen, daher sind Calciumpräparate ohne Zweifel eher dazu geeignet, Sie in den Schlaf zu

wiegen, als die Einnahme von Schlaftabletten. Es erübrigt sich auch zu erwähnen, daß Beschwerden wie Unruhe, Reizbarkeit, rasche Ermüdung und Herzbeklemmungen, die als »vegetative Dystonie« diagnostiziert werden, sogleich mit Psychopharmaka behandelt werden. Selbst Zähneknirschen kann auf Calciummangel zurückgehen, auch wenn häufig eine psychische Ursache, wie nicht gelebte Aggression, vermutet wird. Neben der Funktion des Calciums für das Nervensystem ist seine Aufgabe für die Knochen unseres Skeletts ebenso von großer Wichtigkeit. Mit dem Alter verringert sich der Anteil des Calciums in Knochen und Zähnen. Es wird immer weniger Substanz aufgebaut als abgebaut, im Alter kann es zu einer Osteoporose kommen, wenn nicht rechtzeitig genügend Calcium zugeführt wird. Hierzu Dr. Pflugbeil: »Genügend – das sind 1000 mg pro Tag, und damit 300 mg mehr, als die Deutsche Gesellschaft für Ernährung empfiehlt, sowie das Doppelte dessen, was viele ältere Menschen zu sich nehmen. Rechtzeitig heißt: – ab dem 35. Lebensjahr, weil sonst die Knochenmasse, die von nun an verlorengeht, nicht wieder gänzlich ersetzt werden kann. Würde jede Frau diese Chance zur Vorbeugung nutzen, würden bis zu 60% weniger von ihnen im Alter an Osteoporose erkranken, haben Orthopäden errechnet.« Was auch noch wichtig ist: Calcium schützt vor Auswirkungen von allergischen Reaktionen. Das, was sich bei Allergien als unangenehmer Juckreiz und Quaddeln auf der Haut äußert, sind die Auswirkungen des Gewebshormons Histamin. Davor kann Sie Calcium schützen, es wirkt gegen die Symptome der Allergie und wirkt damit mit dem schon genannten Vitamin C Hand in Hand.

3.8.2 Magnesium: Gut für Herz und Hirn

Magnesium schützt Ihre Nerven ebenso wie das Calcium. Bei nur geringfügigem Magnesiummangel wird der Mensch reizbar, überempfindlich für Lärm, leidet unter Schlaflosigkeit und häufigen Muskelkrämpfen. Nimmt der Mangel zu, so können die Auswirkungen sichtbar werden an EEG, EKG und EMG – das sind Aufzeichnungen der elektrischen Wellen des Gehirns, des Herzens und der Muskeln, diese nehmen abnorme Verlaufsformen an. Starker Magnesiummangel wirkt sich vor allem schädlich auf das Gehirn aus. Konzentrationsschwäche, Verwirrtheit, Depressionen bis hin zu Wahnvorstellungen können die Folgen sein, die allerdings nach Magnesiumzufuhr sehr schnell aufhören. Magnesium schützt auch das Herz. Bei Streß und psychischer Belastung und hinzukommender plötzlicher körperlicher Belastung benötigt das Herz mehr Sauerstoff und bekommt, falls die Blutgefäße zu eng sind, zuwenig davon. Die Folge davon ist die gefürchtete »Angina Pectoris« (Herzenge) mit ihren charakteristischen Schmerzen hinter dem Brustbein, die auf Arme, Hals und Schulterblätter ausstrahlen und mit Atembeklemmungen und Todesangst einhergehen. Ist der Sauerstoffmangel besonders ausgeprägt, führt das zum Infarkt mit Untergang von Geweben des Herzmuskels. Magnesium kann nun dabei helfen, die Muskulatur in den Wänden der Blutgefäße zu entspannen, was für den Herzmuskel eine bessere Durchblutung und Sauerstoffzufuhr bewirkt. Doch zum Herzinfarkt muß es gar nicht erst kommen; frühzeitig angewandt kann dieser Mineralstoff dazu beitragen, der Verengung der Gefäße entgegenzuwirken und die Grundkrankheit Arteriosklerose zu vermeiden. Magnesium wirkt auch gegen Migräne und Schlafstörungen, indem es auf das Neurotransmittersystem einwirkt. Alles in allem ein orthomolekulares Heilmittel mit einem breiten Spektrum an Wirkungen bei neurovegetativen Störungen.

3.9 Spurenelemente

3.9.1 Chrom: Der Glukose-Toleranz-Faktor

»Das silbrig glänzende Metall Chrom gehört nicht nur auf die Stoßstangen der Autos. Viel nötiger braucht der Mensch es selbst als essentielles Spurenelement für seinen Stoffwechsel.« Chrom ist ein wesentlicher Bestandteil des schon erwähnten Glukose-Toleranz-Faktors (GTF). Mangelt es an Chrom, kann dasselbe geschehen wie bei einem Mangel an Insulin, der betroffene Mensch erkrankt an der Zuckerkrankheit. Doch schon in den Anfängen reguliert Chrom den Glukosehaushalt und wirkt sich bei rechtzeitiger Gabe günstig auf die Entwicklung einer Zuckerkrankheit aus. Raffinierte Kohlenhydrate erfordern besonders viel Chrom für ihre Umsetzung im Stoffwechsel, so daß bei einem Mangel die Gefahr einer Entgleisung des Zuckerstoffwechsels groß ist.

3.9.2 Selen: Wichtig für das Immunsystem

Selenmangelerscheinungen wurden populär durch die sogenannte »Keshan-Krankheit«. Sie wird so genannt nach der chinesischen Region Keshan, in der auffallend viele Menschen an einem Herzmuskelschaden erkrankten und schließlich an Herzversagen starben. Als man den Boden, das Wasser und die Pflanzen von Keshan untersuchte, stellte man fest, daß diese äußerst wenig Selen enthielten. Dieser Mangel wiederum schwächte die Immunabwehr der Bewohner in dieser Region, so daß Viren deren Herzen befallen konnten und eine Herzmuskelschwäche verursachten. Seitdem die Bewohner nun Selen als Zusatz erhielten, ging diese Erkrankung schlagartig zurück. Mediziner entdeckten dann auch bei uns, daß Selenmangel dem Herzen in mehrfacher Hinsicht schaden kann: Zum einen begünstigt er das Entstehen der Arteriosklerose, welche die Blutgefäße im Herzmuskel einengt und dessen Versorgung mit Sauerstoff verringert. Zum anderen läßt er die Blutplättchen leichter verklumpen, so daß sich Thrombosen bilden und eine bereits eingeengte Koronararterie völlig verschließen können. Die eigentliche Bedeutung, die Selen erlangt hat, ist die der Wirksamkeit gegen Krebs. Vor allem seine vorbeugende Wirkung steht dabei im Mittelpunkt, die über eine Stärkung des Immunsystems zustande kommt. Bei Krebserkrankungen kann das Spurenelement ein wertvolles Hilfsmittel sein. Wird es gemeinsam mit bestimmten Chemotherapeutika verabreicht, mindert es deren unerwünschte Wirkung auf Herz und Nieren, ohne jedoch die Wirksamkeit gegen die Tumorzellen zu beeinträchtigen. Im Gegenteil: Selen kann bei Krebs die Zellatmung wieder steigern und dadurch die Tumorzellen für die Wirkung der Arzneimittel zugänglich machen. Die entgiftende

Wirkung von Selen bezieht sich vor allem auf die Schwermetalle Arsen, Blei, Cadmium und Quecksilber, mit denen es eine schwerlösliche Verbindung eingeht, so daß sie den Menschen nicht mehr krank machen können. Das gilt vor allem für die Amalgamlegierungen in unseren Zahnplomben; hat Selen das Quecksilber erst einmal an sich gebunden, ist dieses nicht mehr giftig. Die Wirksamkeit von Selen wird stark erhöht, wenn man es in Verbindung mit Vitamin E einnimmt. Vitamin E ist ebenfalls ein Antioxidans, und beide scheinen sich in ihrer Wirkung zu verstärken. Die positive Wirkung des Selens auf die natürliche Elektrizitätsübertragung im Herzmuskel läßt Dr. Nieper aus Hannover zu folgendem Schluß kommen: Bei frühzeitiger Einnahme von Selen ist die Implantation eines Herzschrittmachers in 90% der Fälle überflüssig.

3.9.3 Germanium: Ein Deutscher entdeckte es zuerst

Das Element war schon von dem Russen Mendeljeff vorausgesagt worden, als dieser das Periodensystem der chemischen Elemente im Jahre 1869 zusammenstellte. Aber erst im Jahre 1886 wurde dieses Element durch den deutschen Chemiker Klemens Winkler isoliert, der es daraufhin auch nach seinem Vaterland nannte. Danach geriet dieses Element in Vergessenheit. Zum zweitenmal entdeckt sozusagen wurde es 80 Jahre später von dem Japaner Asai, der als erster das Mittel in einem Selbstversuch ausprobierte. Asai war in den 60er Jahren an einem schweren Gelenkrheumatismus erkrankt. Trotz Medikamenten und Akupunktur besserte sich sein Leiden nicht. Rein intuitiv behandelte er sich selbst mit der von ihm entwickelten Verbindung Germanium 132. Obwohl zu diesem Zeitpunkt noch keine umfassenden Toxizitätsuntersuchungen durchgeführt worden waren, nahm Asai dieses Experiment an sich vor. Innerhalb weniger Tage veränderte sich sein Zustand, so daß er bald ohne Schmerzen gehen und seine Gelenke wieder normal bewegen konnte. Der Akupunkteur, in dessen Behandlung er sich begeben hatte, war verblüfft über die schnelle Besserung. Dies war dann auch der Anfang einer langen Reihe von Untersuchungen und Experimenten mit Germanium.

1969 wurde das Asai-Germanium-Research-Institut gegründet, das sich zur Aufgabe machte, sehr vielen Menschen dieses gesundheitserhaltende Mittel zur Verfügung zu stellen.

»Auf diese Weise soll man das Germanium auch nicht lösgelöst verabreichen, sondern es soll integriert werden in eine Lebensweise, bei der der Mensch selbst primär für seine Gesundheit verantwortlich ist. Ein Arzt kann meist nur das Besteck reichen, das zur Krankheitbekämpfung nötig ist. Die körperliche Verfassung des Patienten wird als die Ursache der Krankheit gesehen, wobei die Blutbeschaffenheit eine wichtige Rolle spielt.« (Dr. G. E. Schuitemaker, in: Orthomolekulare Ernährungsstoffe, 1986)

Um die Auswirkungen von Germanium auf giftige Substanzen zu untersuchen, testete Asai den Einfluß dieser Substanz auf Tiere. Bei einer Katze, die von einem Hund gebissen worden war, beschleunigte sich die Wundheilung; und Karpfen, die durch eine Krankheit ihre Schuppen verloren hatten, wurden wieder gesund. Er gab den Fischen eine Dosis Germanium ins Wasser, und innerhalb einiger Tage waren sie wieder gesund. In der Zeit, als Asai arbeitete, war in Japan gerade die Nachricht einer Quecksilbervergiftung vieler Menschen, die verunreinigten Fisch gegessen hatten, bekannt geworden. Asai macht daraufhin Versuche mit Ratten, denen er Quecksilberchlorid verabreichte, und schon nach einem Tag waren die Vergiftungserscheinungen festzustellen. Danach wurden die Tiere mit Germanium behandelt, und nach einer Periode von 30 Tagen verschwanden die aufgetretenen Symptome wieder. Ähnliche Erfolge konnte er auch bei Cadmiumvergiftungen erzielen, so daß in diesem Zusammenhang gesagt werden kann, daß sich Germanium als Schwermetallentgifter zu bewähren scheint. Nicht zuletzt wird Germanium auch bei der Behandlung von mentalen Störungen eingesetzt, was es für die Thematik dieses Buches sehr interessant macht. Asais Erklärung für die Behandlungserfolge hierfür ist die Tatsache, daß Germanium die Sauerstoffversorgung im Körper sehr stark verbessert. Dr. G. R. Schuitemaker schreibt: »Im biochemischen Labor der Tohoku, Universität von Tokio, wurde ein Experiment mit Germanium durchgeführt, dessen Schlußfolgerung lautet: Organisches Germanium senkt den Sauerstoffverbrauch, d. h., daß Germanium an die Stelle des Sauerstoffs tritt. Angesichts der Tatsache, daß der Sauerstoffverbrauch im Gehirn sehr hoch ist, kann eine Dysfunktion in der Zufuhr sehr schnell schwerwiegende Folgen haben. Ein sehr direktes Beispiel hierfür war der Fall eines Mannes, der einen Schlaganfall bekommen hatte. Der Arzt, den man gerufen hatte, konnte aber keinen Sauerstoff verabreichen. Asai gab dem Mann Germanium, und nach einigen Stunden kam er wieder zu Bewußtsein, einige Tage später konnte er wieder gehen. Der Arzt war überzeugt, ein Gespenst zu sehen, als er den Patienten zu Gesicht bekam. Auf diese Weise wurden auch zwei Feuerwehrmänner gerettet, die eine Kohlenmonoxidvergiftung hatten. Dr. T. Tanaka, ärztlicher Direktor eines Krankenhauses, gebrauchte Germanium bei der Behandlung depressiver Psychosen und hatte in vielen Fällen Erfolg damit, wie er in Veröffentlichungen angab.«

3.10 Enzyme: Die hilfreichen Helfer

Enzyme verhelfen den Vitaminen zu ihrer Wirksamkeit. Doch in unseren erhitzten Speisen sind oft keine Enzyme mehr enthalten, da diese bei etwa 50 Grad zugrunde gehen. Aber nicht nur das Erhitzen der Speisen führt zum Enzymverlust, sondern auch das Sterilisieren, Pasteurisieren, chemische Konservieren und Färben der Nahrungsmittel. Ob ein Enzym wirksam werden kann oder nicht, das hängt in erster Linie von seiner eigenen Beschaffenheit ab. Enzyme sind sehr komplexe Gebilde, die zunächst nicht in ihrer fertigen, einsatzbereiten Form vorliegen, sondern in Vorstufen , die von sich aus nicht aktiv werden können. Meist setzt sich das Enzym zusammen aus einem größeren Eiweißkörper, dem sogenannten Apoenzym, und einem kleineren Teil, dem Koenzym. Erst wenn diese beiden Teile zusammengefunden haben, existiert die besondere Art eines aktiven Eiweißkörpers, das sogenannte Holoenzym. Forschern gelang nun in jüngster Zeit eine überaus interessante Entdeckung: Das Koenzym ist manchmal ein Spurenelement, also ein Metallteilchen, oft aber auch der Abkömmling eines Vitamins. Und damit wird plötzlich klar, wie diese Spurenele-

mente und Vitamine wirken und warum oft auch eine große Zufuhr wirkungslos bleibt: Gewisse Metalle und manche Vitamine können im Körper erst dann ihre Wirkung entfalten, wenn sie sich an das Apoenzym gekoppelt haben und damit zu einem Teil des Enzyms geworden sind. Das erklärt vielleicht auch, warum so viele Tests und klinische Versuche mit Vitaminen immer wieder völlig entgegengesetzte Ergebnisse brachten: Das beste Vitamin nützt nichts, wenn im Körper der Partner fehlt, der mit ihm zusammen das Enzym bilden sollte. Wenn die Apoenzyme nicht vorhanden sind, werden die Vitamine ungenützt vom Körper ausgeschieden. Hiermit wird deutlich, welch große Bedeutung den Enzymen zukommt und wie stark sich die interaktive Wirkung der Enzyme auf unsere Gesundheit und unser Wohlbefinden auswirkt.
Jeder mit der Naturheilkunde vertraute Wissenschaftler ist sich mittlerweile im klaren, daß Virusinfektionen mit abwehrsteigernden Methoden begegnet werden sollte. Immer mehr Wissenschaftler bestätigen, daß die durch Immunkomplexe verursachte Zerstörung der Helferzellen der Hauptgrund für den tödlichen Verlauf des »Erworbene Immunschwäche«-Syndroms ist. Deshalb ist eine der wohl wirksamsten Behandlungen von Viruserkrankungen (Herpes und Aids) die mit Hilfe der Enzymtherapie erzielte Mobilisierung im Gewebe verankerter Immunkomplexe, welche Vernichtung und Abtransport der Viren bewirken. Die Enzymtherapie erfüllt zwei Forderungen, die bereits Paul Ehrlich aufgestellt hat und die bei der Krebsentstehung von größter Wichtigkeit sind: die Abwehrkraft des Organismus und die Bösartigkeit der Geschwulst zu beachten. Genau diese beiden Faktoren sind es, die bei der Enzymtherapie berücksichtigt werden. Eine optimale Enzymmischung, die die entzündliche und degenerative Komponente abdeckt, wurde durch Professor Max Wolf und Helen Benitez an der Columbia-Universität entwickelt. Man nannte die am »Biological Research Institute« gewonnenen Präparate »Wolf-Benitez-Enzyme«, heute unter dem Namen »Wobenzym« bekannt.

3.11 Nährstoffe versus Pharmaka

Angesichts der Tatsache, daß 15 % der Bundesbürger regelmäßig Psychopharmaka einnehmen und diese in vielen Fällen Kindern verabreicht werden, stimmt es doch nachdenklich, daß diese wertvollen Wirkstoffe nicht häufiger bei Streßsymptomen und mentalen Störungen eingesetzt werden. Psychopharmaka sind keine Lösung. Sie verschieben nur das biochemische Gleichgewicht und führen über kurz oder lang immer zu Nebenwirkungen. Dr. med. Karl C. Pfeiffer erklärt dies sehr anschaulich: »Medikamente unterscheiden sich von Nährstoffen. Medikamente sind wie Weltraumraketen, eine Zaubervorstellung, ein heftiger Schlag. Dann folgt die tödliche Leere. Nährstoffe sind wie die kleine Möchte-gern-Maschine, die einen Berg erklimmen will. Der Patient fühlt sich langsam besser: ›Ich wußte, daß ich es schaffen würde, ich habe mich niemals besser gefühlt‹, ein gelegentliches Rutschen der Antriebsräder, aber kein großer Knall und keine tödliche Leere. Nur ein langsamer, aber gleichmäßiger Fortschritt bis zur Normalität. Nährstoffe erzeugen selten ein künstliches ›Hoch‹. Nährstoffe sind ein Teil von uns; Vitamine, Aminosäuren und Spurenelemente gibt es schon seit der Zeit, als die Zellen damit begannen, sich unter Bildung von Geweben zusammenzuschließen, und Haut, Drüsen, Muskeln, Knochen und Nerven bildeten. Diese Nährstoffe übten bereits ihre günstige biochemische Wirkung aus, ehe der Verstand damit begann, Gedanken zu formulieren. Schon bevor die Wissenschaftler ihre Wirkungen entdeckten, haben die Spurenelemente bereits seit ewigen Zeiten die Rolle intelligenter Ionen übernommen. Sie und andere Nährstoffe wissen genau, an welche Stelle des Organismus sie wandern und was sie tun müssen.«

3.12 Methoden der Prüfung

Wir sehen also, daß es eine biologische Intelligenz – eine Intelligenz des Körpers – gibt, die bei weitem an Komplexität das übersteigt, was unser rationales Denken begreift. Eine erfolgreiche Ernährungstherapie mit orthomolekularen Substanzen geht einher mit den Möglichkeiten zur objektiven Bestimmung der einzelnen Nährstoffe, um den Schädigungsgrad des Organismus oder die schrittweise Besserung des biochemischen Prozesses abmessen zu können und die gesundheitlichen Prozesse gegebenenfalls zu beschleunigen. Präventivmaßnahmen sind bestenfalls sekundärer Natur, wenn sie sich auf Röntgenuntersuchungen zur »Vorbeugung« einer Krebserkrankung beschränken, vielmehr müssen sie das darstellen, was ich mit präventiver Prävention umschreiben möchte. Es gibt zuverlässige und preisgünstige Methoden, die Ihnen Auskunft über die biochemischen Merkmale der Erkrankung geben können. Sie sind vor allem erfolgreich zum Nachweis des Blutzuckerspiegels, der im Falle seines Absinkens in der heutigen Zivilisation zu den so gefürchteten Erschöpfungssymptomen führt. Mit diesen Methoden können klinische Ökologie und Ernährungswissenschaft Hand in Hand arbeiten, um schädliche Stoffe wie Neurotoxine zu erkennen, zu eliminieren und eine Voraussetzung für eine sinnvolle Therapie zu schaffen.

3.13 Funktionale Lebensmittel

Unsere Bereitschaft, körperliches Unbehagen zu ertragen, ist nicht sehr ausgeprägt. Der Patient möchte sich möglichst sofort wieder fit fühlen und verlangt vom Arzt das dafür geeignetste Mittel. Oft ist das effektivste Mittel eines, das uns zwar umgehend von den mißliebigen Symptomen befreit, aber unser Immunsystem nachhaltig schädigt. Von dieser passiven Konsumhaltung hinsichtlich einer sofortigen Heilung, einer sehr eingeschliffenen Geisteshaltung, müssen sich Arzt und Patient – die oft eine Art Verschwörung bilden – trennen, wollen beide eine auf Dauer ausgerichtete Besserung erreichen. Eine auf Vorsorge und Ganzheit ausgerichtete Medizin erkennt, daß der beste Weggefährte und Verbündete von Arzt und Patient das Immunsystem darstellt; deshalb sollte gerade in der heutigen Zeit der Körper durch alle uns zur Verfügung stehenden Methoden dazu gebracht werden, sich seiner eigenen »Heilungsintelligenz« zu bemächtigen – sich selbst gegen die Krankheit zur

Wehr zu setzen. Die Forderung, sogenannte funktionale Lebensmittel in unsere Ernährung mit aufzunehmen, trägt dem Gedanken der »präventiven Prävention« – vorbeugenden Vorsorge – im vollsten Umfang Rechnung. Funktionale Lebensmittel sind, wie schon der Name sagt, Lebensmittel, die eine bestimmte Aufgabe erfüllen sollen, nämlich Nährstoff- und Energiedefizite im Körper auszugleichen, oder vorbeugende Aufgaben: die Abbauerscheinungen zu minimieren. Mittlerweile gibt es allerorten viele neue Präparate, vor allem das aus den USA bekannte Designer Food, die den Kriterien »natürlicher Reparatur- und Biosubstanzen« im Sinne eines langfristigen Rekonvaleszenz- und eines Vorbeugeeffekts nicht standhalten können. Ein kritischer Blick auf die Inhaltssubstanzen zeigt, daß der Glukose- und Koffeinanteil sehr hoch ist und daher einen kurzfristigen Energieschub bewirkt. Das kann auf Dauer das Hypoglykämie-Syndrom begünstigen; das kurzfristige High muß durch immer höhere Dosen dieser Stimulantien befriedigt werden, daher spricht man häufig in diesem Zusammenhang von »weißen Drogen«. Der hohe Koffeinanteil führt bei vielen zu einer Übererregung des sympathischen Nervensystems. Ähnliche Wirkungen, nämlich die eines »sympathomimetischen Effekts«, erzielen Guarana und Ephedra-Tee.

Die Leistungsgetränke

Es ist sicherlich nicht jedermanns Sache, von heute auf morgen mit Kaffee oder Tee aufzuhören und statt dessen seinem Kunden oder Vertragspartner einen grünen Grassaft zu kredenzen. Mittlerweile wissen wir ja, daß wir von liebgewonnenen Programmen und Gewohnheiten abhängig sind, daher ist es besonders schwer, »Rituale« aus dem Bereich Ernährung und soziales Verhalten zu modifizieren. Kaffeetrinken und Rauchen ist so ein Ritual, das mit sozialem Brauchtum und gemeinsamer Essensaufnahme zu tun hat.

Pep-up-Getränk nach Adelle Davis

Das aufbauende Supernahrungsgetränk, das jeder selbst herstellen kann, sollte derjenige, der an Langzeiteffekten interessiert ist, bevorzugen. Die Inhaltsstoffe Weizenkeime, Hefe und Lecithin in Verbindung mit hochwertigen Aminosäuren und ungesättigten Ölen bilden eine wertvolle Kombination. Adelle Davis veröffentlicht dieses Rezept schon seit vielen Jahren in ihren Büchern:

> 1 Eßl. Lecithin-Granulat
> 1 Eßl. Weizenkeime
> 1 Eigelb
> 1 Glas Vollmilch
> 1 Eßl. ungesättigte Öle, kräftig umrühren.

Kann anstelle des Frühstücks zu sich genommen werden. Variationen in den Zutaten sind möglich, wie die Anreicherung mit Hefe und Mineralpulver. Sollte Milch nicht vertragen werden, können Säfte als Basis verwendet werden. Das Getränk hat sich als nährstoffreiche Zwischenmahlzeit vor allem bei Unterzuckerung und allgemeiner Abgeschlagenheit bewährt.
Die Verwendung des Teepilzes Combucha möchte ich unter der Rubrik funktionale Lebensmittel auch noch erwähnen, da er einen hervorragenden Effekt in der Vorbeugung gegen degenerative Erscheinungen hat und über eine tumorwachstumshemmende Komponente verfügt. Er soll den Sauerstoffgehalt im Organismus erhöhen.

3.14 Ganzheitliche Ernährung

Die Vielfalt der sogenannten Diätvorschriften verwirrt den an Gesundheit interessierten Patienten im allgemeinen mehr, als sie ihm im Endeffekt tatsächlich helfen kann. Nach langjährigen Recherchen zum Thema Ernährung bin ich auf zwei wichtige Grundregeln gestoßen, die ich als Basis für eine vollständige und umfassende Zufuhr bei der Ernährung ansehe und folgendermaßen formulieren will:

> Regel 1:
> Die biochemische Individualität des Körpers legt den Grundbedarf fest

und

> Regel 2:
> Nährstoffe wirken durch ihre vielfältigen Interaktionen

Zu Regel 1:
Die wenigsten Menschen machen sich klar, daß sich ihre Organe in Form, Funktion und Zusammenarbeit grundlegend von denen anderer Menschen unterscheiden oder von denen, die in anatomischen Lehrbüchern beschrieben sind. Jedermann ist biologisch einmalig – Größe, Gewicht, Gestalt, Lage und Funktion der Muskeln, Drüsen und Organe unterscheiden sich von denen anderer Menschen. Jeder Körper spielt eine einmalige Sinfonie, angefangen vom Haarwuchs bis hin zur Fließgeschwindigkeit des Blutes. Die Verdauungssäfte älterer oder unter Streß stehender Menschen können hundertmal stärker oder schwächer sein als die einer sogenannten Durchschnittsperson, ebenso der Hormonspiegel oder etwa die Enzyme zum Abbau von Alkohol. Die Kombinationsmöglichkeiten einzigartiger Organe und Funktionen sind endlos, und deshalb brauchen wir auch eine individuelle Nährstoffzufuhr. Für einen optimalen Gesundheitszustand benötigt jeder eine Nährstoffzusammenstellung, die sich von der anderer Menschen unterscheidet. Dr. Michael Colgan hat in seinem Buch »Ihr persönliches Vitamin-Profil« ein individuelles Programm erstellt, das die persönlichen Lebensumstände bei der Zufuhr von Nährstoffen berücksichtigt. Seine erstellte Grundformel berücksichtigt: Gewicht, Lebensverhältnisse, Gewohnheiten in Ernährung und Konsumverhalten, Haut- und Haarbeschaffenheit und vieles mehr. Aufgrund dieser und der verfeinerten Formel, die noch mehr ins Detail geht, kann der optimale Nährstoffbedarf errechnet werden, um die individuellen Bedürfnisse zu ermitteln.

Zu Regel 2:
Die herkömmliche reduktionistische Wissenschaft hat immer wieder Eperimente im Reagenzglas – in vitro – durchgeführt

und sie dann auf die menschlichen Belange übertragen. Die Reaktionen im menschlichen Körper laufen aber anders ab als im Laborexperiment, und Empfehlungen für die menschliche Ernährung können nicht aus Rattenversuchen oder Titrierkolben abgeleitet werden. Das hat vor allem einmal damit zu tun, daß wir in einer Interaktionsschleife von Körper plus Gehirn plus Geist plus Umwelt plus Innenwelt leben, also in einem Netzwerk von Wechselbeziehungen und nicht in einem »Laboreinbahnstraßenexperiment«. So wie wir äußerlich von vielfältigen Interaktionen abhängen, so hängt die Gesamtheit unserer Körperfunktionen von gegenseitigen Interaktionen ab. Heute wissen wir, daß es nie einen Mangel an nur einem Vitalstoff gibt: »Die Kette ist immer so stark wie ihr schwächstes Glied.« So ergibt die Prüfung eines einzelnen Nährstoffs beim Menschen niemals einen aussagekräftigen Befund, wird er nicht in seinem Bezugsrahmen gesehen. Beispiel: Vitamin C braucht ein Minimum an Komplementärstoffen, um in Kooperation die entsprechende Resistenz gegenüber Erkältungen aufzubauen; diese komplementären Nährstoffe sind die Vitamine B_6, B_{12}, Zink, Folsäure und Cholin. Die notwendige Interaktion zwischen Calcium und Vitamin D ist schon länger und hinlänglich bekannt. Wenn zum Beispiel der Nahrung genügend Vitamin A zugeführt wird, kann es trotzdem, steht nicht genügend Zink zur Verfügung, zu Vitamin-A-Verwertungsstörungen kommen. Alkoholiker haben oft niedrige Vitamin-A-Serumspiegel und erkranken folglich leicht an Nachtblindheit. Häufig kann man ihnen mit Vitamin-A-Supplementen allein nicht helfen, doch Vitamin A in Verbindung mit Zink normalisiert den Vitamin-A-Serumspiegel und das nächtliche Sehvermögen. Ein weiteres Beispiel für die vielfältigen Wechselbeziehungen der Nährstoffe sind die Auswirkungen zur Verhütung des »Niacin-Syndroms«, das aus Magen-Darm-Störungen, Hautentzündungen und geistiger Verwirrtheit besteht. Bevor die Hautsymptome in Erscheinung treten, liegt oft schon ein Defizit von B_2, B_6 und der Aminosäure Tryptophan vor, die wiederum eine Anämie hervorrufen kann durch die Beeinträchtigung des B_{12}-Haushalts. Vitamin-B_6-Mangel stört den Vitamin-C-Stoffwechsel, und das wiederum kann zu einer verminderten Eisenabsorption führen. Geringe Absorption von Eisen verursacht eine übermäßige Kupferabsorption, die ihrerseits wiederum den Zinkstoffwechsel beeinflußt. Die Verflechtungen gehen weiter und weiter; es ist daher von großer Wichtigkeit, neben den Vitalstoffen auch deren vielfältige Neben- und Gegenwirkungen zu kennen. Leider muß man dazu sagen, daß die FDA in Amerika oder noch stärker das BGA in Deutschland es den Anwendern schwermachen, an wertvolle Kombinationspräparate zu kommen. Eine pauschale Verteufelung dieser Präparate als entweder wertlos oder gefährlich ist eine aus dem Nebel grauer Theorien heraus geborene Idee, die nicht gerade von praktischem Verständnis für die biochemischen Gesetze zeugt.

3.15 Auf das Zusammenspiel kommt es an

Solange körperliches Dasein besteht, ist also Nahrung eine existentielle Notwendigkeit. Existenz bedeutet daher, auf Kosten anderer zu leben, seien dies nun andere Individuen, wie Pflanzen oder Tiere, oder deren Produkte, wie Parasiten, Früchte, Milch oder Honig. Die Grundlage bestimmter Ernährungsrichtungen ist oftmals weltanschaulicher Natur. Allerdings hat selbst die konsequenteste Praxis gewisse Grenzen, wie folgendes ironisches Zitat zeigt: »Ein Vegetarier ist ein Mensch, der kein Leben ißt, das man ohne Mikroskop sehen kann.« Auf weltanschaulicher Basis finden wir vegetarische Ernährung in den verschiedensten Religionen. Daß die Auswahl der Kost mit dem Erleben bestimmter geistiger Zustände in einem Zusammenhang steht, ist sicherlich unbestritten. Selbst das Fasten, etymologisch von »festhalten« (an den Fastengeboten) kommend, gibt es in der Kulturgeschichte als »kathartisches« Fasten zur vorbereitenden Reinigung für das Erleben religiöser Ausnahmezustände. Allerdings sei gleichfalls nicht vergessen, daß in der menschlichen Geschichte auch der religiöse Kannibalismus eine nicht unbedeutende Rolle spielte: das Verzehren des Gottes – eine sublimierte Form davon ist sicherlich die Eucharistie.

3.16 Ernährung als Ideologie?

Sind nun Vegetarier bessere Menschen? Ich glaube, die gesündeste, mit höchster Moral in Einklang zu bringende Ernährung garantiert keineswegs prinzipiell spirituelle Höherentwicklung oder auch nur Menschlichkeit. Viele Fleischesser können sanfte und gütige, viele Vegetarier moralisierende, aber streitsüchtige Menschen sein. Bekanntlich war Hitler Nichtraucher, Vegetarier und Abstinenzler, der bekannte Mystiker Gurdijeff jedoch liebte opulente Mahlzeiten und reichlich Alkohol. Ich denke, da ist schon wichtiger, was Hufeland meint: *»Der Mensch lebt nicht von dem, was er ißt, sondern von dem, was er verdaut.«*

Gibt es nun überhaupt eine richtige Ernährung? Ich glaube schon, aber man sollte sich hierbei nicht ständig nach den neuesten Diätfanatikern richten, die ihre Salatblätter gerade eben mal rhombenförmig anordnen, sondern die Nahrungsauswahl auch als *Selbstverantwortung* sehen. Appetit, gleichbleibendes Körpergewicht und Wohlbefinden können ebenso Gradmesser sein wie Intuition und gesunder Menschenverstand. *Auf das harmonische Zusammenspiel kommt es an* – das zeigen die neuesten Erkenntnisse aus orthomolekularer Psychiatrie, Naturheilkunde und Ethnomedizin immer wieder.

Im allgemeinen ist eine vollwertige Kost ausreichend, um den Bedarf des Menschen an lebenswichtigen Vitaminen, Mineralien, Fettsäuren und Spurenelementen zu decken. Diese Stoffe sorgen in jeder einzelnen Körperzelle für ein harmonisches Zusammenspiel. Tatsache ist jedoch, daß viele Menschen heutzutage unter einem Mangel eben jener genannten »Bausteine« der Zelle leiden. Doch was ist der Grund für diesen Mangel? Nimmt der Körper die angebotenen Stoffe nicht richtig auf? Oder gelangen sie vielleicht nicht an den Ort, an dem sie benötigt werden?

Der Grund für das geistig-seelische Defizit und die körperlichen Schwächen ist oftmals der chronische Mangel an lebensnotwendigen Nährstoffen. Das Gehirn als oberster Ordner unseres Nervensystems bekommt diesen Mangel als erstes zu spüren, da es viel Energie braucht und diese auch nicht speichern kann. Gerade ältere Menschen, die genauso viele Bausteine wie junge Menschen brauchen, essen oft weniger und können außerdem schlechter verdauen. In besonders heißen Jahreszeiten oder durch viel Sport verliert man durch Schweiß beispielsweise sehr viel Kalium, Magnesium und Natrium. Bei psychischer Belastung steigt dann auch noch der Vitamin-B-Bedarf an, und unter Diät kann es sogar zu dramatischen Auswirkungen kommen, werden Nährstoffe nicht zusätzlich zugeführt. Übermäßiger Alkoholgenuß verbraucht verstärkt Nervenvitamine der B-Gruppe, was zu nervösen Reaktionen führt, die wiederum den Griff zur Flasche bedingen. Sie sehen also: Der Nährstoffbedarf ist etwas sehr Individuelles und schwankt von Mensch zu Mensch beträchtlich. Da jeder anderen Bedingungen unterworfen ist, ändert sich je nach Lebensumständen der Vitalstoffbedarf und weicht oft um das Mehrfache vom sogenannten empfohlenen Mittelwert ab. Übermäßige Arbeit am Computer erhöht z. B. den Vitamin-A-Bedarf, was zu Augenbelastung und Hauterkrankungen führen kann, Neonlicht verstärkt den Prozeß um ein Vielfaches.

Die optimale Nahrung können wir an unseren Zähnen ablesen – Mahlzähne für pflanzliche Kost sowie Schneide- und Reißzähne für tierische Nahrung. Der menschliche Darm ist kürzer als der des Pflanzenfressers, aber länger als der des reinen Fleischfressers, und seine Speicheldrüsen sind kleiner als die des Pflanzenfressers, aber größer als die des reinen Fleischfressers. Dies weist darauf hin, daß die Mehrzahl der Menschen ihre Nahrung sowohl aus dem Pflanzen- als auch aus dem Tierreich beziehen wird, wobei der Anteil der Pflanzen zwei Drittel beträgt. Weltanschauliche Gründe können sicherlich für eine fleischlose Kost sprechen, die für sich alleine aber noch keine Gesundheit garantiert. Vitamin B_{12}- und Eiweißmangel kann die Folge sein, ißt man nicht sehr gezielt und überlegt (z. B. Kombination verschiedener Proteine). Auch Eisen ist zu 90 % in Fleisch enthalten, Jod steckt fast nur in Seefischen. Manchmal kein leichtes Unterfangen, hat man sich doch gerade jetzt – durch die neuesten Schreckensmeldungen (Rinderseuche) – motiviert gefühlt, endlich zum Vegetarismus zu wechseln ...

Da aber nie alle gleich veranlagt sind und allem Lebendigen eine ziemliche Spielbreite zugebilligt werden muß, wird es auch immer Menschen geben, deren Eiweißbedarf geringer ist und durch pflanzliches Eiweiß allein gedeckt werden kann, ebenso wie solche, die einen höheren Eiweißbedarf haben, für die selbst Eiweißprodukte tierischer Herkunft wie Milch, Käse und Eier nicht ausreichend sind.

Muß man sich also heutzutage in dieser hektischen und streßreichen Zeit zusätzlich Vitalstoffe zuführen? Bei 14 Hauptvitaminen, 16 wichtigen Mineralien und Spurenelementen und 14 verschiedenen Fettsäuren gibt es viele Möglichkeiten für Anzahl und Ausmaß der Mängel und für Krankheitsursachen und Symptome. Als Beispiel möchte ich Vitamin B_1 nennen, das bei einem Mangel Veränderungen der Nervenfunktion, somit der Psyche, des Herzrhythmus sowie der Haut (Neurodermitis) verursachen kann. Die Folgen sind Antriebslosigkeit, Unlust bis hin zur Depression. Vor allem wird der Aminosäure-, Kohlenhydrat- und Fettstoffwechsel der Zelle schwer beeinträchtigt: So kann Zucker (Glukose) nicht in eine energiereiche Form (ATP) umgewandelt werden. Eiweißbausteine werden nicht richtig zusammengesetzt oder nicht neu aufgebaut, so daß sich die Zelle entsprechend erneuern oder teilen kann. An diesen komplizierten Stoffwechselvorgängen ist aber nicht nur das Vitamin B_1 beteiligt. Vielmehr ist dafür ein harmonisches Zusammenspiel aller Vitamine, Mineralien, Spurenelemente und Fettsäuren notwendig – wie bei einem großen Orchester. Diesem Anspruch gerecht zu werden, dem widmet sich die *orthomolekulare Medizin*, die, wie der Name schon sagt, die richtigen Moleküle, wie sie im Körper selbst vorkommen, infolge Mangelerscheinungen erkennt und zuzuführen empfiehlt. Hier wird vor allem älteren Menschen geraten, die Darmflora zu sanieren, damit die Verdauung stimmt. Zusätzlich Vitamin C und E kann die Abwehrkraft steigern. Nicht von ungefähr kommt das Sprichwort: »Den sticht der Hafer.« Getreide ist Vitamin-B-haltig, und das wirkt sich auf die Stimmung aus, ebenso wie die gute alte Bierhefe. Frische Sojabohnen (Lecithin) helfen dem Gedächtnis auf die Sprünge, ebenso wie Getreidesprossen (Glutaminsäure) sind sie eine willkommene und ausgesprochen gesunde Abwechslung auf dem Speisezettel. Was kann man noch tun, um sich optimaler zu ernähren und besser zu fühlen? Da wir in jeder Zelle einen Speicher für jeden einzelnen dieser Stoffe haben, kann nur, wenn dieser Pool gefüllt ist, die Zelle volle Leistung bringen. Sinnvoll ist es nicht, irgendwelche Präparate wahllos zu schlucken. Vielmehr muß ganz genau analysiert werden, welche Stoffe in welchem Maße fehlen. Verschiedene Analysemethoden werden heutzutage angeboten, um den individuellen Nährstoffbedarf festzustellen, die aber auch Gifte, sogenannte Neurotoxine, aufspüren können. Das Ziel und der Erfolg einer orthomolekularen Zellmilieutherapie besteht dann in einem ausgeglichenen Stoffwechsel aller Zellen, was sich merklich positiv auf den Alterungsprozeß auswirkt. Die Psychiatrie kann sicherlich von den Erkenntnissen der orthomolekularen Medizin im Sinne von »Pharmaka reduzierend« profitieren (siehe Alzheimer und Depression). Überdies kann auch – im Sinne einer wesentlich höheren körperlichen und geistigen Spannkraft – bei Menschen jeden Alters zur Krankheitsvorbeugung und Gesundheitsbildung beigetragen werden, indem man der Ernährung von Gehirn und Nervensystem mehr Aufmerksamkeit schenkt. Daher berücksichtigt eine persönlich zugeschnittene Nährstoffzufuhr die *biochemische Individualität* und integriert wichtige Kofaktoren, wie Farbe der Nahrung, Ionisation der Luft, Licht, Sauerstoff und Bewegung.

Kapitel 4

Substanzen und ihre Möglichkeiten

- zur Leistungssteigerung
    - im mentalen Bereich
    - im körperlichen Bereich
- zur Gesundheitsvorsorge
    - abwehrsteigernd und vorbeugend
- zur Verhütung von Alterserscheinungen
    - regenerationsfördernd und entgiftend

4.1 Lebensverlängerung

»Jeder will es werden, keiner will es sein: alt.«

»Ich glaube, daß der Mensch als Mitglied des Tierreichs zu früh alt wird. Und zu lange alt ist. Sehen Sie die wildlebenden Tiere an: Je älter sie werden, desto stärker sind sie – sie sterben in der Fülle des Lebens. Wir aber verbringen das halbe Leben in einem Zustand der Senilität und Kraftlosigkeit.«

Ivan Popov, Altersforscher

Qualität und Quantität unseres Lebens hängen hauptsächlich von unserer Lebensweise und der Sorgfalt ab, mit der wir unsere Gesundheit pflegen; mittlerweile sollte man noch hinzufügen: und inwieweit man seinem Körper die Errungenschaften von Erfahrungsheilkunde und moderner Biochemie angedeihen läßt – denn es sind vor allen Dingen biochemische, sprich Stoffwechselprobleme, neben den mentalen Programmen, die unseren Körper altern lassen. Wie der Streßforscher Hans Selye betont, kann eine Kombination von Streß und ungesundem Lebensstil das Altern der Zellen stark beeinflussen, was zu Krankheit und Tod führt, noch bevor das echte biologische Potential realisiert worden ist. Bekannt geworden ist der

Gerontologe Dr. Leonard Hayflick schon in den 50er Jahren, als er in einem klassischen Experiment zeigte, daß sich menschliche Zellen nur begrenzt erneuern und ersetzen lassen. Ähnlich wie die sprichwörtlichen neun Leben einer Katze hat jede menschliche Zelle 50 Leben, das heißt, die Zelle kann sich etwa 50mal erneuern, bevor sie sich automatisch abschaltet und stirbt.

Aus den Beobachtungen der Altersforschung haben sich mehrere Theorien des Alterns entwickelt, die verschiedene Teile des ganzen Alterungsprozesses beleuchten:

Die DNA-Theorie: Sie besagt, daß die Ursache des Alterns im DNA-Molekül liegt, der Doppelspirale von Atomen in jedem Zellkern, von der man annimmt, daß sie den Bauplan für alle biologischen Prozesse enthält. Das DNA-Molekül produziert RNA-Moleküle, die wiederum verantwortlich für die Herstellung von Proteinenzymen sind, von denen körperliches Wachstum und Gesundheit abhängen. Durch schädigende Faktoren wie Strahlen, Rauchen, Umweltverschmutzung oder ganz einfach »biologische Irrtümer« können die DNA-Moleküle allmählich ihre Fähigkeit, sich präzise zu vermehren, verlieren, wobei die RNA fehlgeformt wird, was dann die Herstellung der Proteinenzyme durcheinanderbringt. Der Zerfall der Zelle und Krankheit sind die Folgen, ein Prozeß, der beschleunigt wird, bis der Körper nicht mehr fähig ist, auf der erforderlichen Ebene von Ausgewogenheit und Ordnung zu funktionieren.

Die Neurotransmitter-Theorie: Sie sieht den Ursprung des Alterns in den Tiefen unseres Gehirns. Die Theorie basiert auf der Erkenntnis, daß es ein gleichbleibendes Bedürfnis des Körpers gibt, eine Ebene der Homöostase von Hormonen und Neurotransmittern zu erhalten. Unter besonderer Beachtung der Funktionen des Hypothalamus, der viele unserer Basisfunktionen kontrolliert (Schlaf, Durst, Hunger, Sex, Flüssigkeits- und Salzhaushalt, Körpertemperatur und Blutdruck), nimmt diese Theorie an, daß der physische Verfall auf der Unfähigkeit des Körpers beruht, Homöostase zu erhalten, die normalerweise durch das endokrine System und das Gehirn kontrolliert wird. Aufgrund der wichtigen Rolle, die der Hypothalamus in diesem Zusammenhang spielt, kann sein Zusammenbruch oder

Verfall eine vollständige Störung der natürlichen Regenerationsprozesse des Körpers zur Folge haben.

Die Immun-Theorie: Laut Dr. Roy Walford, dem Befürworter dieser Theorie, sind die zwei wichtigsten Komponenten des natürlichen Immunsystems unseres Körpers zwei Arten von weißen Blutkörperchen, die B- und die T-Zellen. Die B-Zellen haben die Hauptaufgabe, Bakterien und Viren zu bekämpfen, indem sie Antikörper in den Blutkreislauf abgeben, während die Aufgabe der T-Zellen darin besteht, körperfremde Zellen, wie Transplantations- und Krebszellen, anzugreifen und zu zerstören. Aus heute noch nicht geklärten Gründen bricht das immunologische System des Körpers manchmal zusammen und ist dann weniger fähig, gefährliche Zellkörper abzuwehren. Wenn das immunologische System in dieser Weise degeneriert, wird seine Unterscheidungsfähigkeit gemindert, und eine Situation entsteht, in der sich das Abwehrsystem des Körpers gegen sich selbst richtet und gesundes Zellgewebe zerstört. Dr. Walford behauptet, daß der allmähliche Zerfall und die Degeneration des immunologischen Systems die Ursache der meisten altersbedingten Krankheiten und Zusammenbrüche ist.

Die Cross-linkage-Theorie (Verknüpfungstheorie): Sie wurde von Dr. John Bjorksten entwickelt, während er als Biochemiker arbeitete. Während seiner Arbeit an Kopiermaschinen studierte er den unvermeidlichen Zerfall des Gelatinefilms des Kopierers; er stellte fest, daß die Abnutzung dieses Films ein sehr ähnlicher Vorgang ist wie der, der beim Versteifen und Altern von menschlichen Gelenken und Muskeln vorkommt. Er entdeckte, daß der Zerfall dieser Stoffe durch die Bildung von chemischen Brücken, »Cross-linkages« genannt, zwischen Proteinen verursacht wurde. Diese Brücken treten auf, wenn sich eine Aminosäure eines Moleküls mit einer Aminosäure eines anderen Moleküls verbindet und somit ein großes und extrem unbeholfenes Molekül entsteht. Das neue Molekül ist weniger effizient als jedes der beiden vorhergehenden, und die zerbrechliche Brücke, die zwischen seinen beiden Teilen besteht, stört die Produktion von RNA durch DNA erheblich und verhindert wiederum die Produktion von lebenswichtigen Proteinen. Bjorksten glaubt, daß diese Cross-linkages durch eine Anzahl üblicher Umweltgifte verursacht werden, vor allem durch Blei und Zigarettenrauch.

Die Freie-Radikale-Theorie: Freie Radikale sind Bruchteile von Molekülen, die wie biologische »Triebtäter« als höchst instabile Teilchen durch das molekulare Körpersystem rasen und Unheil bringen für alles, was sich ihnen in den Weg stellt. Während sie sich fressend und zerstörend ihre Bahn durch den Körper erzwingen, zerreißen und zerteilen sie jede Art von Zellgewebe. Sie sind besonders gefährlich, wenn sie auf DNA- oder RNA-Moleküle treffen, da diese biologischen Schlüssel Störungen in den Reparaturmechanismen bewirken.

Die Mental-Theorie: Die letzte bedeutende Theorie zum Alterungsprozeß ist eine, die in den letzten Jahren zunehmend populärer geworden ist. Immer wieder werden Fälle beobachtet, in denen vorzeitiges Altern, Krankheit und sogar Tod eintreten, ohne daß eine biologische Ursache für diesen physischen Verfall zu beobachten wäre. In diesen Fällen scheint der Verstand den Körper dahingehend zu programmieren, daß Krankheit, Funktionsstörungen und biologische Degenerationen hervorgerufen werden. Wissenschaftliche Beweise für diese Theorie gibt es logischerweise noch recht wenige, da die Schulmedizin den Faktor Bewußtsein oder Mentalkraft bisher ausgeklammert hatte. In der Ethnopsychiatrie können diese Phänomene unter Hypnose, Voodoo und in ungewöhnlichen Ekstasezuständen beobachtet werden. In diesem Zusammenhang nimmt man an, daß im Unterbewußtsein eine Instanz die Wahrnehmungskontrolle aller biologischen Prozesse übernimmt. In normalen Bewußtseinszuständen wird diese Kontrolle in produktiver Weise ausgeübt, wobei das Gehirn grundlegende Körperfunktionen aufrechterhält und koordiniert, wie das Atmen und die Funktionen von Nerven und Drüsen. Wenn jedoch das Unterbewußtsein sein übliches Programm ändert, aufgrund entweder von tiefer Suggestion oder starkem Kummer, können diese biologischen Prozesse, die die Gesundheit des Individuums fördern, versagen, und Krankheit oder sogar Tod kann die Folge sein.

4.2 Sauerstoff – lebensrettend oder zerstörerisch?

Als sich vor Milliarden von Jahren die ersten Pflanzen auf der Erde ausbreiteten und eine große Menge an freiem Sauerstoff freisetzten, überlebten in dieser sauerstoffreichen Umgebung nur die Organismen, die Mechanismen gegen die »Sauerstoffvergiftung« entwickeln konnten. Auch heute ist in unseren Körperzellen noch viel von diesen Mechanismen zu spüren, sie enthalten nämlich Schutzenzyme, die sogenannten Superoxyddismutasen (SOD), die die schädlichen Nebenprodukte des Sauerstoffs, die freien Radikale, vernichten. Ungünstige Umwelteinflüsse und eigenes Fehlverhalten verursachen Störungen im Körper, die zur massenhaften Bildung von freien Radikalen führen. Diesen chaotisch reagierenden Molekülen schreibt man eine Mitschuld an zahlreichen Degenerations- und Zivilisationskrankheiten zu und macht sie für viele vorzeitige Alterserscheinungen verantwortlich. Freie Radikale oxidieren unsere Zellen regelrecht, und werden ihre Aktivitäten nicht gestoppt, können sie den ganzen Organismus schwächen und zerstören. Überdies spielen sie bei der Quervernetzung der Eiweißketten, die im Bindegewebe und anderen Zellverbänden auftreten, eine wichtige Rolle; wenn sie ihre zerstörerische Arbeit aufnehmen, sehen wir das an dem Verlust der Elastizität des Bindegewebes am deutlichsten. Je fehlerhafter unser Organismus im Alter arbeitet, um so mehr Quervernetzungen werden gebildet. Je weniger der Organismus wegen mangelhafter Enzymtätigkeit in der Lage ist, diese Quervernetzungen aufzulösen, um so steifer, um so starrer und funktionsuntüchtiger wird nicht nur unser Bindegewebe, auch unsere Sehnen, Muskeln, Nervenfasern und Blutgefäße werden geschädigt. Wir können uns aber bis zu einem gewissen Ausmaß vor den Schäden durch freie Radikale schützen, indem wir das meiden, was zu ihrer Bildung führt. Zu den fördernden Einflüssen bei der Bildung freier Radikale und Quervernetzungen zählen:

- radioaktive Strahlung
- übermäßige UV-Bestrahlung
- Nikotin

- fette Braterzeugnisse, direkt dem Grillfeuer ausgesetzt
- Industrie- und Autoabgase
- Schadstoffe aus der Umwelt
- enzym- und vitaminarme Kost

Sauerstoff also, obwohl lebensnotwendig, kann im Übermaß auch zerstörerisch wirken. Die SOD-Enzyme schützen uns also vor den toxischen Wirkungen des Sauerstoffs, den freien Radikalen. Es gibt aber auch noch andere Möglichkeiten, sich gegen die freien Radikale zu schützen. Während der Evolution entstanden in den Körpern von Säugetieren Mechanismen, um durch Synthese von Vitaminen freie Radikale abzufangen. Daher ist es sinnvoll, möglichst viel rohes Obst und Gemüse zu essen, um Enzyme und Vitamine zu bekommen, sowie ungesättigte Pflanzenöle. Zusätzliche Substituierung kann aus einer gut durchdachten Kombination von Vitamin E und C, Niacin, Selen, SOD und hydrolytischen Enzymen bestehen. Strahlungen schädigen die Körperzellen durch die massenhafte Produktion freier Radikale. Hier können die Antioxidantien in Form der genannten Vitamine und Enzyme schon allein aufgrund ihres Schutzes vor Strahlungseffekten nicht hoch genug geschätzt werden. In einer von Schwermetallen, Abgasen und chemischen Giften belasteten Umwelt sind diese Nahrungszusätze eine wichtige Verteidigungslinie, um ein Mindestmaß an Gesundheit aufrechtzuerhalten. Neben diesen Effekten liegen weitere aussagefähige Untersuchungsergebnisse vor, die die Wirkung von Antioxidantien auf die Lebensdauer von Zellen in Laborkulturen schildern. Schon 1975 erregten Dr. Lester Pakker und Dr. James Smith an der University of California großes Aufsehen, als ihnen die Verdoppelung der Lebensdauer der Zellen durch Vitamin-E-Zusätze zum Nährmedium gelang. Noch umfassendere Ergebnisse werden erreicht, wenn neben Antioxidantien auch noch die komplementären Nährstoffe gegeben werden, die für eine gute Funktion der Lebensprozesse wesentlich sind. Im Labor an der Universität von Auckland wurden Studien durchgeführt, deren Ergebnis darauf hinweist, daß sich durch lebenslang verabreichte vollständige Nährstoffzusätze die Lebensdauer von Laborratten um bis zu 30% erhöht. Der

Erfolg besteht wahrscheinlich darin, daß vollständige Nährstoffsupplemente das Altern nicht nur durch Verhütung von Schädigungen durch freie Radikale aufhalten, sondern auch andere Abbauprozesse verringert werden. Eine wichtige Wirkung dieser Vitalstoffe ist die des Einflusses auf unser Immunsystem. Viele degenerative Erkrankungen werden nämlich von der Beeinträchtigung des Immunsystems begleitet. Der Zusammenhang zwischen dem Immunsystem und vorzeitigem Altern ist aus Studien hervorgegangen, die an Tierstämmen mit einem angeborenen Immundefekt durchgeführt wurden. Diese Tiere leben nur ein Drittel so lange wie andere Mäuse und sind sehr anfällig für alle »Alterskrankheiten«. Fazit: Wenn wir mit Vitaminen, Mineralien und Spurenelementen den lebenswichtigen Teil des Immunsystems aufrechterhalten können, sind wir auf dem besten Weg, das Altern hinauszuzögern. Lebendes Beispiel für diese Aussage ist Linus Pauling, der erst in diesem Jahr seinen 90. Geburtstag feierte; er nimmt täglich große Mengen an Vitamin C, Vitamin E und Niacin zu sich.

4.3 Nukleinsäuren

Nukleinsäuren sind für die Bildung von DNA und RNA wichtig. Einige Wissenschaftler empfehlen Ernährungsprogramme, die reichlich Nukleinsäuren enthalten, um die Proteinsynthese anzuregen. Diese wiederum erfordert, wie alle biologischen Aktivitäten, Energie. Die Nukleinsäureabnahme, wie sie in Zellen über 40jähriger Menschen vorkommt, verursacht eine Proteinsynthese, welche der Zelle diesbezüglich noch mehr abverlangt. Defekte Proteine können daher im Alter leichter entstehen, glücklicherweise werden diese aber nicht so rasch in die Zellen eingebaut wie normale. Sie sind nur für eine Weile der Wirkung des immunologischen Abwehrsystems ausgesetzt, werden zu Rohmaterialien abgebaut und wiederum einer neuen Proteinsynthese zugeleitet. Da es sich bei der DNA-Reparatur und der Proteinsynthese um ständige Prozesse handelt, ist es gut, wenn man den Körper dauernd bzw. kurmäßig mit Nukleinsäuren und anderen für diese Aktivitäten benötigten Substanzen versorgt. Gerade nach überstandener Krankheit kann die Proteinsynthese erhöht sein, daher ist in dieser Zeit der Rekonvaleszenz ein Programm mit höher dosierten Aminosäuren, Nukleinsäuren, Vitaminen und Mineralien vonnöten. Im Bereich der Zelltherapie hat sich aufgrund seiner sicheren Anwendung (niedermolekulare Aufbereitung) und guten Verträglichkeit das Präparat Ney geront zur Verhütung von Alterserscheinungen bewährt. Seine Wirksamkeit wird im Zusammenhang mit Gedächtnisstörungen und Demenzerkrankungen gerade klinisch getestet. Die Verbindung Zelltherapie/schädliche Auswirkungen von Strahlenbehandlung hat ergeben, daß die negativen Auswirkungen (Haarausfall, Abgeschlagenheit) reduziert werden unter Anwendung dieses Präparates.

4.4 Langes Leben durch ganzheitliche Ernährung

Einzelne Nährstoffe haben für Ihre Gesundheit nicht den gewünschten Effekt, sie wirken durch ihre vielfältigen Interaktionen. Heutzutage wird immer deutlicher, daß es niemals nur einen Mangel an nur einem Vitamin oder Mineralstoff gibt, da kein Vitalstoff für sich selbst aktiv ist. Die vielfältigen Interaktionen dieser lebensnotwendigen Substanzen sind die Grundlage für eine reibungslose biologische Funktion. Und dieser Funktion wird entsprochen, wenn die Substanzen dem Körper in den gleichen Mischungen und Konzentrationen zugeführt werden, wie die Natur sie vorgibt. Deshalb ist auch die Diskussion über den Gebrauch von Vitaminen kontrovers, vor allem deshalb, weil Wissenschaftler sich auf die Ergebnisse von Studien über einzelne Nährstoffe verlassen haben. In vielen Untersuchungen mit Einzelnährstoffen konnten keine Effekte nachgewiesen werden, weil die restlichen Bestandteile in der Kost nicht ausreichend vorhanden waren, um eine vollständige Wirkung zu erzielen. Die Prüfung eines einzelnen Nährstoffs beim Menschen ergibt niemals einen aussagefähigen Befund über diesen Nährstoff, sieht man ihn nicht in seinem »Gesamtwirkungszusammenhang«. Ein gutes Beispiel für diese These ist der Erfolg bei der Anwendung von mehreren Enzymen gleichzeitig (Enzymgemisch), die unterschiedlich aktiv werden, weil sich das Milieu des Körpers (z. B. Säure-Base-Haushalt) ständig ändert. Nach dem Schlüssel-Schloß-Prinzip wird die entsprechende Voraussetzung geschaffen, und der Körper kann sich dann aus der Vielzahl der Stoffe den richtigen heraussuchen, der Rest wird ausgeschieden. Ähnlich verhält es sich bei den meisten Vitaminen, nur bei den fettlöslichen muß auf ein Überangebot geachtet werden. Immer mehr setzt sich bei Ärzten und gebildeten Laien die wichtigste Erkenntnis der Ernährungslehre durch: Die biologische Funktion der Nahrungsstoffe beruht auf den vielfältigen Wechselwirkungen untereinander und nicht auf deren Einzelwirkungen.

- Die Regel der Individualität: Kenne deinen persönlichen Bedarf.
- Die Regel des Zusammenspiels: Synergistische und antagonistische Nahrungsmittel.
- Die Regel der Verdauung: »Der Mensch ist nicht nur das, was er ißt, sondern das, was er verdaut.« Verdauungsleukozytose: Nach der Mahlzeit wandern die weißen Blutkörperchen in die Darmwand ab, die Folge ist, daß Blut vom Gehirn abgezogen wird und Müdigkeit eintritt. Deshalb ist es gut – wie mittlerweile in den USA oder Frankreich schon Usus – einen Salatteller vor dem Essen zu sich zu nehmen.
- Die Regel der mentalen Einstellung: »Nicht das, was zum Mund hineingeht, ist wichtig, sondern das, was herauskommt« – in Form von Kommunikation. Robert A. Wilson behauptet gar: »Die Sprache beeinflußt die Gedanken, und nicht die Gedanken die Sprache.« Die Umgebung bei der Nahrungsaufnahme ist wichtig. Ein schön gedeckter Tisch (die Augen essen mit) oder mit viel Liebe angerichtetes Essen, so daß auch die anderen Sinne angeregt werden (Geruch, Geschmack). Dies macht sich mittlerweile die »Nouvelle cuisine«, die neue Küche, zu eigen; von Fast Food wieder zu Slow Food und zum ganzheitlichen Erlebnis.

4.5 Intelligenzsteigernde Substanzen

Nootropika (griech. noos = Geist, tropein = wachsend) so nennt man die den Gehirnstoffwechsel anregenden Sustanzen. Ihre Wirkung basiert auf der Erhöhung des Sauerstoffgehalts, der Blutzufuhr und der Glukoseversorgung des Gehirns sowie in gewisser Weise der Anregung der Reparaturmechanismen. Der Wirkstoff Cholin muß zum Beispiel erst aus der Nahrung gewonnen werden, damit er dem Gehirn zugeführt werden kann. Die Unfähigkeit des Gehirns, bei bestimmten Krankheiten und im Alter Cholin zu nutzen, macht die Zuführung von außen notwendig. Es gibt Hinweise dafür, daß menschliches Verhalten durch Ergänzung der Nahrung durch Substanzen wie Cholin, Tryptophan und Thyrosin optimiert werden kann. Diese Stoffe erhöhen die Konzentration der Neurotransmitter Acetylcholin, Serotonin und Dopamin. Gehinstimulantien, sei es in Form von Vitaminen, Enzymen, Kräutern oder chemischen Derivaten:

Deanol

Deanol besitzt Eigenschaften, die für die Behandlung von Alterssymptomen sehr geschätzt werden. Es verbesssert die Stimmungslage, wirkt gegen Kopfschmerzen und Depressionen und dient als sicheres Stimulans des Zentralnervensystems, ohne die Nebenwirkungen zu zeigen, die bei Amphetaminen auftreten. Überdies wird es mehr und mehr beim hyperkinetischen Verhalten bei Kindern eingesetzt.

Deanol ist eine Substanz, die die Schranke zum Gehirn passieren und dort in Cholin und Acetylcholin umgewandelt werden kann. Cholin ist der einzige Neurotransmitter, der aus anderen Nahrungsbestandteilen aus der Aminosäure Serin, aber auch aus Lecithin hergestellt werden kann. Diese Vitaminvorstufe kommt natürlicherweise in Fisch vor, vor allem in jenen Arten, die einen starken Fischgeschmack aufweisen, wie Sardinen, Heringe und Sardellen. Der Volksglaube, nach dem Fisch seit jeher als Nahrung für das Gehirn betrachtet wurde, findet also durchaus seine Berechtigung. Deanol ist als Antioxidans und Inaktivator freier Radikale sehr wirkungsvoll als Mittel gegen das Altern, zudem ist es direkt am Bau der Zellmembran beteiligt und wirkt als Reinigungsmechanismus in der Zellfunktion mit.

Centrophenoxin

Die dunkelbraunen Flecken, welche oft auf dem Handrücken älterer Leute erscheinen, sind das Nebenprodukt des Fettabbaus in unseren Zellen. Diese Pigmentierung findet auch in unserem Gehirn statt und hat da natürlich Einfluß auf unser Verhalten. Die als Lipofuszin bezeichnete Substanz sammelt sich im Alter vermehrt in den Zellen an und kann dann bis zu 30% des Zellvolumens für sich beanspruchen. Große Mengen dieses Pigments finden sich auch in den Zellen von Progerie-Erkrankten. Progerie ist eine tragische und rätselhafte Krankheit, bei der die Befallenen schon früh im Leben Vergreisungssymptome aufweisen und dann meist noch vor dem 20. Lebensjahr an Altersschwäche sterben. Seltsamerweise zeigen Progerie-Patienten keine Zeichen von seniler Demenz, während sich andere Altersmerkmale immer deutlicher ausbilden. Beim normalen Altern tragen die Pigmentansammlungen in den Hirnzellen offensichtlich zum Zerfall der geistigen und körperlichen Fähigkeiten bei. Mitte der 60er Jahre wurden an der Universität in Atlanta Versuche mit Meerschweinchen gemacht, die Centrophenoxin über acht Wochen erhielten und danach eine bemerkenswerte Abnahme des Lipofuszins aufwiesen. Centrophenoxin wird beim Menschen zur Behandlung von Legasthenie, Sprach- und Bewegungsstörungen, Konzentrationsschwierigkeiten und geistiger Verwirrtheit mit Erfolg eingesetzt. Darüber hinaus hat es eine lebensverlängernde Wirkung, was auf eine Stimulierung der natürlichen Reinigungskräfte der Zellen zurückzuführen ist. Pharmakologisch ähneln sich Centrophenoxin und Deanol, da sich auch im Hinblick auf die Auswirkungen im Organismus Übereinstimmungen ergeben.

Hydergin (Dihydroergotamin)

Hydergin ist ein Lysergsäurederivat und nicht psychoaktiv. Seine psychotrope Wirkung scheint, über längere Zeit eingenommen, einen Nervenwachstumsfaktor zu indizieren, der sich vor allem an den Synapsen und der Hypophyse ansammelt. An diesen Stellen beeinflußt es die Energieumwandlung und verbessert so die Sauerstoffnutzung. In Amerika wird diese Substanz präventivmedizinisch in hoher Dosierung eingenommen, man verspricht sich »Intelligenzsteigerung«. Auf alle Fälle wirkt es sympathomimetisch (Scheibenwischereffekt), als »Cognitive Enhancer« (Wahrnehmungssteigerung). Hydergin reguliert den Metabolismus von zyklischem AMP (Adenosinmonophophat), das bei gewissen Reaktionen die Rolle eines »zweiten Boten« übernimmt: Sobald ein Hormon (der »erste Bote«) sich an die Rezeptorstellen auf die Zellmembran bindet, wird zyklisches AMP produziert, das die hormonale Botschaft innerhalb der Zelle weiterleitet.

Vasopressin

Das Peptidhormon Vasopressin ist ein antidiuretisches, sprich ein die Harnausscheidung hemmendes Hormon. Fehlt es, so kommt es zu übermäßiger Harnausscheidung. Kliniker aus der Schweiz und Belgien haben in einem Doppelblindversuch Patienten mit schweren Gedächtnisstörungen Vasopressin verabreicht. Schon nach drei Tagen besserten sich bei den Patienten die Aufmerksamkeit, die Konzentration, die motorische Reaktion und das Gedächtnis.

Fo-ti-tieng

ist eine Heilpflanze, und zwar handelt es sich dabei um ein asiatisches Nabelkraut. Richard Lucas übersetzte den chinesischen Namen mit »Elixier des langen Lebens«. Der französische Biochemiker Jules Lepin entdeckte in der Pflanze eine Substanz, die auf Nervensystem und endokrines System verjüngend wirkt. Ähnliches wird über eine andere Pflanze berichtet mit dem Namen Gotu kola; sie wird in Sri Lanka (Ceylon) und anderen Teilen Asiens zur Lebensverlängerung und Erhaltung geistiger Wachheit eingesetzt. Viele moderne Kräuterspezialisten setzen die Pflanze als Wirkstoff zur Stimulierung des Gehirns, Entschlackung des Organismus und Kräftigung der

Abwehr ein. Es liegen jedoch noch wenig wissenschaftliche Ergebnisse über Chemie und Pharmakologie dieser Pflanze vor.

Ginseng

hat schon seit längerem die Aufmerksamkeit vieler Naturheilkundiger in Ost und West auf sich ziehen können. Breite Untersuchungen haben gezeigt, daß gewisse Bestandteile dieser Wurzel die geistige Leistungsfähigkeit verbessern, Müdigkeit verhüten, gegen toxische Stoffe der Umwelt wirken und gegen radioaktive Strahlung resistenter machen. Professor Harman beobachtete, daß die Lebensspanne von Fruchtfliegen durch Ginseng nachhaltig verlängert werden konnte. Zwei weitere verwandte Pflanzen, der sibirische Ginseng (Eleutherococcus) und der amerikanische Ginseng, besitzen ähnliche Eigenschaften wie die chinesische Art. Der Name Ginseng kommt von gin = Mensch und seng = Essenz. Die Wurzel gilt in der ostasiatischen Mythologie als »Kristallisation der Essenzen von Himmel und Erde in Form eines Menschen« (Rätsch, Lexikon der Zauberpflanzen). Um diese Wurzel rankt sich eine sagenumwobene Geschichte in Alchimie, Zauberei und Medizin des Ostens. In alten Schriften wird immer wieder ihre Fähigkeit, geistige Lebenskräfte zu entfalten, hoch gelobt. Des weiteren wird behauptet: »Wer die Pflanze ißt, wird ewiges Leben erlangen.« Die Wurzel wurde von asiatischen Heilkundigen zur Herstellung von Unsterblichkeitselixieren verwendet und mit anderen Zauberpflanzen (Datteln, Hanf, Ingwer, Mohn, Tee, Wein) kombiniert. Im Tao Hung-ching heißt es: »Schamanen benutzen Hanf und Ginseng, um die Zeit zu überbrücken und zukünftige Ereignisse zu erschauen.« Man kann Ginseng durchaus als Universalmittel bezeichnen, das drei Hauptwirkkomponenten aufweist:

1. Anregung der Gehirnfunktion (Regulierung und Anregung der Gehirndurchblutung)
2. Lebensverlängernde Wirkung auf den gesamten Zellstoffwechsel (gegen schädliche Toxine)
3. Aphrodisiakum

Die genannten Eigenschaften beziehen sich vor allem auf die Originalwurzel aus China und Korea, die man auch in Deutschland bekommen kann.
Anwendung und Dosierung:
Die Originalwurzel ist ihrer Eigenschaft entsprechend teuer (früher wurde ihr Gewicht in Gold aufgewogen). Die in Deutschland erhältlichen Wurzeln sind meist 6 bis 10 cm groß und wiegen 3 bis 5 g. Es ist ausreichend, ein- bis zweimal täglich ein kleines Stückchen von der hölzernen Wurzel abzuschneiden und zu zerkauen. Schon nach wenigen Tagen merkt man die leistungssteigernde Wirkung, vor allem, wenn vorher Erschöpfung und Depressionen durch einen zu niedrigen Blutdruck vorhanden waren. Es gibt auch eine in Nordamerika wildwachsende Ginsengart (Panax quinquefolium). In den entsprechenden Indianersprachen heißt sie jeweils »Menschenwurzel«; sie wird als Zaubermittel, Aphrodisiakum und Heilpflanze benutzt.
Gesamtwirkung: antidepressiv, antidiabetisch, aphrodisierend, antitoxisch, kreislaufstärkend, blutdruckerhöhend, ZNS-stimulierend, stoffwechselanregend, Durchblutung und Sauerstoffversorgung des Gehirns verstärkende Wirkung.

Gingko biloba,

ein Auszug aus den Blättern des Ginkgobaums, zählt zu den wirksamsten Mitteln, um die Gehirnfunktion anzuregen. Der Ginkgobaum wurde der europäischen Wissenschaft erstmals 1712 von dem Arzt und Naturwissenschaftler E. Kämpfer vorgestellt. Als Heimat des Ginkgobaumes wird der ostasiatische Raum, insbesondere China, angesehen. Von dort wurde er nach Japan und Korea gebracht. Hier wird er seit Menschengedenken gezüchtet und als Tempelbaum verehrt.

Ginkgo – ein Überlebenskünstler
Der erste nach Europa impotierte Gingko steht seit 250 Jahren in Utrecht (Holland). Der Ginkgobaum gilt als besonders insektenbeständig und resistent nicht nur gegenüber altbekannten Schädlingen, sondern auch gegen die Giftstoffe der Neuzeit. So

mag der Ginkgobaum heute ein lebender Beweis für die Effizienz von Mutation und Selektion sein. Er kann so dem Menschen als Heilmittel gegen vielerlei Umweltgifte dienen. Das breitgefächerte Wirkspektrum läßt sich dadurch erklären, daß der Extrakt verschiedene Angriffspunkte im Organismus des Menschen hat. Er verbessert beispielsweise die Sauerstoffausnutzung im Gehirn und wirkt gegen schädliche Radikalebildung. Weiterhin verbessert er die Fließeigenschaften des Blutes und ermöglicht daher eine reibungslose Versorgung des Gehirns mit Nährstoffen und Sauerstoff. In der orthomolekularen Medizin weiß man, daß im lebenden Organismus ständig freie Radikale gebildet werden (Ermüdungsstoffe, Übersäuerung durch falsche Lebensweise); so entstehen Kettenreaktionen vor allem an den Zellmembranen, die mehrfach ungesättigte Fettsäuren enthalten. Dadurch kommt es zu einer Funktionsminderung an der Zellmembran. Ginkgo als Radikalefänger wirkt der Radikaleentstehung und damit dem Funktionsverlust der Zellmembran entgegen. An der Universität Würzburg wurde die Wirkungsweise von Ginkgo biloba im Hinblick auf die Alzheimersche Krankheit untersucht. Die Versuche ergaben eine Veränderung der Gehirnwellen in Richtung Alpha und der subjektiven Befindlichkeit, wie bessere Konzentration, Stimmung sowie Antriebslust und Motivation.

Neurotoxine und neue Erkenntnisse:

- Belastung mit Schwermetallen, wie Blei durch Trinken aus Bleikristallgläsern, Aluminium durch Kochgeschirr sowie Cadmium und Quecksilber aus der Umwelt kann zu neurologischen Ausfällen und Gehirnabbaukrankheiten führen. Die Alzheimersche Krankheit ist auf dem Vormarsch (ca. 600 000 Erkrankte in der BRD) – sie betrifft vorwiegend ältere Menschen und wird mit der Aluminiumanreicherung im Gehirn in Verbindung gebracht. Andererseits zeigt sich immer häufiger, daß Ernährungsmängel zum Problem der Senilität beitragen. Alzheimerpatienten zeigen niedrige Cholin-Acetyltransferase-Werte; die Substituierung mit Cholin wurde zwar mehrfach vorgeschlagen, jedoch nicht erprobt.

- Hyperaktivität bei Kindern steht häufig in Beziehung mit Schwermetallbelastung, Phosphaten und Zucker in der Ernährung und/oder Nährstoffmangel durch verfeinerte Lebensmittel. Amphetamine, wie sie oft in der Psychiatrie verabreicht werden, bringen überraschende, aber nicht ungefährliche Kurzzeiterfolge. Dr. C. Pfeiffer warnt in diesem Zusammenhang vor Zucker und Lebensmittelfarbstoffen, und empfiehlt dagegen ausreichend Vitamin B_6, Vitamin C und Deanol als Cholinvorstufe. Die Giftbelastung und der Vitalstoffbedarf können durch eine Haaranalyse ermittelt werden.

- A. Cherami von der Rockefeller University ist davon überzeugt, daß viele der Verfallserscheinungen, die mit dem Alter in Verbindung gebracht werden, auf einer grundlegenden chemischen Reaktion zwischen Glukose und den Proteinen beruhen, die die Stoffwechselgrundlage und den strukturellen Aufbau des Körpers bilden.

Erkenntnisse, die den Wert funktionaler Lebensmittel aufzeigen und orthomolekulare Medikation verlangen:

- Neuesten Forschungen zufolge soll eine Kombination aus Piracetam und Lecithin die Gehirnenergie beeinflussen und die Lern- und Gedächtnisleistung bei alternden Ratten erhöhen. Piracetam wurde an hirngeschädigten Kindern getestet, doch scheint die Substanz in Kombination mit Lecithin besser zu wirken, als wenn einer der beiden Stoffe allein gegeben wird.

- Niacin, auch unter dem Namen Nikotinsäureamid und Vitamin B_3 bekannt, wird in den USA erfolgreich bei hohem Cholesterinspiegel und bei Durchblutungsstörungen eingesetzt. Es hat sich in der stoffwechselbedingten Schizophrenie und bei radioaktiver Strahlenbelastung bestens bewährt. In der Geriatrie wird es als Antioxidans neben Vitamin C, E und Selen gerne eingesetzt.

- Manche bezeichnen sie als die am weitesten verbreitete und doch am wenigsten erkannte Symptomenreihe: die Hypoglykämie, auch Unterzuckerung oder allgemeines Energiemangelsyndrom genannt. Als jahrelange latente Vorstufe zu Diabetes wird sie oft durch konzentrierte Kohlenhydrate weiter verschlimmert. Aus orthomolekularer Sicht gibt es Möglichkeiten der vollständigen Ausheilung. Eine Formel aus Vitamin C, dem Vitamin-B-Komplex sowie den Spurenelementen Chrom und Koenzym Q erhöht die Glukosetoleranz.

- Die Wissenschaft hat eindeutig bewiesen, daß der hohe Cholesterinspiegel bei Arteriosklerose ein Ergebnis komplexer Störungen im Fettstoffwechsel und geschädigter Arterienwände und nicht das Resultat äußerer Cholesterinzufuhr ist. Eigelb und Butter sind aus orthomolekularer Sicht nicht für einen erhöhten Cholesterinspiegel im Sinne erhöhter LDL-Werte verantwortlich zu machen; ganz im Gegenteil enthalten sie den Gegenspieler Lecithin, der sich günstig auswirkt, wie auch im Verzehr von Sojabohnen bei den Japanern zu sehen ist. Nützlich ist es auch, den Pektinanteil in der Kost zu erhöhen. Pektin ist ein komplexes Kohlenhydrat, das in Obst und Gemüse vorkommt.

- Fettsäuren in der Therapie: Nachtkerzenöl hat sich nach neuesten Erkenntnissen als Supplement bei multipler Sklerose und Hautallergien mit gutem Erfolg bewährt. Omega-3-Fettsäuren spielen in der Arteriosklerosebehandlung eine Rolle.

- Proteine in der Therapie: Die Aminosäure Lysin ist wichtig bei der Behandlung von Herpes und Serin bei der Therapie von Demenzprozessen.

- Für die Auflösung von quervernetzenden Eiweißketten sind die proteolytischen Enzyme zuständig, die in den meisten verwendeten Enzymgemischen enthalten sind. Sie tragen, über längere Zeit eingenommen, im höheren Alter zu einer größeren Elastizität der Gewebe und damit zu deren besseren Funktion bei. Das Präparat Wobe Mugos erfüllt diese Ansprüche. Hier scheint der Grundsatz zu gelten: Viel hilft viel.

- Viele Krankheitssymptome unseres Nerven- und Immunsystems kommen durch kumulative und synergistische Prozesse (Distreß, Intoxikation, falsche Ernährung und Luftionisation) zustande und daher erst nach Jahren zum Ausbruch. Umgekehrt kann eine auf den persönlichen Bedarf ausgerichtete Ernährung bei gleichzeitiger Entschlackung hinsichtlich der Stoffwechselgifte einen optimalen Gesundheitszustand erhalten bzw. wiederherstellen.

4.6 Neurotoxine im Speiseplan

Wußten Sie, daß Essen im Chinarestaurant unter Umständen für das Gehirn unheilvolle Folgen haben kann, ebenso wie das Essen aus der Aluminiumdose, daß Bleiablagerungen im Gehirn, vor allem bei Kindern, weit verbreitet sind und so harmlose Nahrungsmittel wie Kartoffelchips und Cola auf Dauer eine weiche Birne verursachen?

Das Chinarestaurant-Syndrom:
MSG ist das Natriumsalz der Glutaminsäure. Dieser Stoff wird in Chinarestaurants vielfach dem Essen beigesetzt, um den würzigen Geschmack zu verstärken. Manche Forscher sind der Meinung, daß das Syndrom durch einen plötzlichen Anstieg des Glutamatspiegels im Blut zu erklären sei und eine Reaktion der Blutgefäße zu Folge habe. Warum Glutamat allerdings Nervenschädigungen verursacht, ist unbekannt. Eins ist sicher: Nach nur wenigen Minuten Kontakt mit diesem Stoff schwellen die Nervenzellen an. Bei geringer Dosierung scheint das Gehirn in der Lage zu sein, Glutamat abzubauen, jedoch ist in den letzten Jahren eine Reihe von Krankheiten mit der Glutamatneurotoxizität in Verbindung gebracht worden, u. a. die Chorea Huntington, eine Erbkrankheit, bei der es zu einer fortschreitenden Gehirndegeneration kommt.

Metall im Kopf:
Blei und Aluminium, beides Neurotoxine, die trotz vieler Bemühungen, sie in unserer Umwelt zu reduzieren, immer noch vielfach Verwendung finden, können irreversible Schäden im Gehirn verursachen. Als Hauptquelle für chronische Bleiver-

giftungen gilt immer noch Farbe. Metallkonserven sind ebenfalls eine Gefahrenquelle, und man sollte berücksichtigen, daß saures Obst in einer geöffneten Konserve nach einigen Tagen das Fünffache der Toleranzgrenze übersteigt. Kinder sind besonders anfällig für Bleivergiftungen; diese können häufig zu Schwachsinn führen. Ebenso ist es mit Aluminium, dem dritthäufigsten Element auf der Erde, das in Verbindung gebracht wird mit der Alzheimerschen Krankheit, die jährlich 100000 Menschen in der BRD befällt. Forscher entdeckten große Aluminiumansammlungen in den neurofibrillären Verflechtungen in den Gehirnen von Alzheimerpatienten. Daher sollte man es vermeiden, säurehaltige Nahrungsmittel in Aluminiumtöpfen zu kochen.

Wenn man sein Gehirn »salzt«:
Daß wir zuviel Natriumchlorid zu uns nehmen, weiß heutzutage jedes Kind. Was jedoch weniger bekannt ist, sind die versteckten Salzmengen in scheinbar recht harmlosen Nahrungsmitteln. Natriumchlorid führt dazu, daß die Endkapillaren im Gehirn schmerzlos aufgelöst werden, das wiederum bedeutet eine Minderversorgung des Gehirns mit Blut. Daher kann man davon ausgehen, daß bei alten Menschen Senilität nicht nur Ausdruck von Arterienverkalkung, sondern auch durch ein Übermaß an Salz in der Nahrung bedingt ist. Wir nehmen im allgemeinen 15mal soviel Salz zu uns, wie notwendig wäre!
Der Bäcker ist der größte Salzverbraucher, danach der Metzger. Der »vegetarische Papst« Dr. Walter Sommer schrieb in seinem Buch »Das Urgesetz der natürlichen Ernährung«: »Nun ist das Salz eine grobstoffliche chemische Verbindung von zwei Stoffen, die wie Gift wirken, wenn sie dem menschlichen Körper in chemisch reiner Form einverleibt würden. Wir alle wissen, daß Clorid jedes Gewebe verätzt und auflöst und alle Ölstoffe und Fette zerfrißt. Es macht deshalb die Wäsche so blendend weiß, zum Schaden des Gewebes. Natrium, in anorganischer Form genommen, ist wie jedes freie Metall ein organisches Gift, das nur dann zum Aufbau körpereigener Stoffe Verwendung finden kann, wenn es vorher in die zur Nahrung bestimmten Pflanzen feinstofflich, organisch gebunden hinein-

gewachsen ist.« Mineralwässer enthalten anorganische Salze; Früchte und Gemüse dagegen organische Mineralien. Der Ernährungsberater und Naturprodukthersteller Hans-Jürgen Dülsen hat dem Pflanzenreich sozusagen die organische Salzzusammensetzung abgeschaut. Zusammen mit dem Chemiker Dr. Mohr analysierte er 15 Gemüsesorten und produzierte daraus ein Alternativsalz mit 62 % weniger Natriumchloridgehalt bei gleichem Geschmack. Mittlerweile wird dieses Salz im Rahmen eines Großversuchs im Eilbecker Krankenhaus bei Hamburg getestet. Erste Ergebnisse lassen Hoffnungsvolles erwarten, wie etwa Verbesserung der Hörfähigkeit und der Merkfähigkeit bei alten Menschen. Einen ganz entscheidenden Wirkungsnachweis des Salzes erbrachte Dr. Schuldt aus Hamburg mit dem Vollschen Akupunkturgerät (Elektroakupunkturtestung).

Koffein und das Nervensystem:
Koffein ist ein Anregungsmittel, das auf das zentrale Nervensystem wirkt, und ist die am meisten legalisierte und am häufigsten benutzte psychoaktive Substanz der Welt. Die Wirkung von Koffein scheint in der Hemmung von Adensosin, einer im Gehirn beruhigend wirkenden körpereigenen Substanz, zu liegen. Nach Dr. Arthur Winter löst Koffein bei schätzungsweise zwei bis sechs Millionen Amerikanern Phobien und Angstanfälle aus, weil dieser Stoff auf die Neurotransmitter im Gehirn einwirkt. Dr. Thomas Uhde vom National Institute of Mental Health, der Angstanfälle untersucht, berichtet, daß es nach vier Tassen Kaffee zu einem schnellen Anstieg von Hydrocortison und Lactat im Blut kam. Nach Dr. Uhde gehören etwa 60 % der Menschen zu der Risikogruppe, bei der Kaffee ihre psychischen Probleme auslöst.

Künstliche Geschmacks- und Farbstoffe:
Dr. Feingold schrieb in den USA den Bestseller »Why Your Child Is Hyperactive« und gründete eine Organisation, in der heute schätzungsweise 200 000 Familien der entwickelten Diät folgen. In dem Buch »Brain Food« von Dr. Arthur Winter berichtet der Autor von Doppelblindversuchen über die Auswirkungen der Feingold-Diät auf hyperaktive Kinder. 22 Kinder wurden

auf eine Diät gesetzt, bei der alle künstlichen Geschmacks- und Farbstoffe ausgeschlossen waren. Nachdem sie dieser Diät eine Weile gefolgt waren, gab man ihnen in einem Doppelblindversuch zeitweise eine Kombination von sieben künstlichen Farbstoffen. Von den 22 Kindern reagierte eines leicht auf die Farbstoffe, ein anderes sehr heftig. Letzteres war ein drei Jahre altes Mädchen, bei dem es zu signifikanter Erregung kam. Die Forscher schlossen daraus, daß einige Kinder empfindlicher als andere auf Nahrungszusätze reagieren und eine effektive Behandlung nur unter Ausschluß aller Farb-, Geschmacks- und Konservierungsmittel erfolgen kann.

Zucker und das Gehirn:
Untersuchungen über den Zusammenhang von Zucker, Verhalten und Lernfähigkeit haben gezeigt, daß Aufmerksamkeitsschwäche im Anschluß an Zuckerkonsum mit dem Absinken des Blutzuckerspiegels in Verbindung zu bringen ist. Das hört sich zuerst paradox an, weil Zucker diesen Spiegel im Blut zwar erhöht, Insulin jedoch als Reaktion darauf ihn sehr schnell über das übliche Maß hinaus absenkt. Die Folge ist Hypoglykämie (Unterzuckerung), was mit Abgeschlagenheit, Depression und Müdigkeit einhergeht. In einer Untersuchung, die durch ein Stipendium des National Institute of Child Health gefördert wurde, stellte R. Prinz, ein Professor für klinische Psychologie, eine Korrelation zwischen Zuckerkonsum und hyperaktivem Verhalten bei Kindern fest.

4.7 Nahrung als Information

Bisher haben wir die Nahrung unter dem Aspekt der Vollwertigkeit betrachtet, hinsichtlich fehlender Vitalstoffe, wie etwa der Vitamine, die ja, wie der Name sagt, Lebensstoffe sind. Auch die Zufuhr von Enzymen, Mineralien, Spurenelementen und Kohlenhydraten ist in erster Linie darauf ausgerichtet, dem Körper Energie zuzuführen. Wenn wir nun unseren Körper mit einer Maschine vergleichen, so brauchen beide sicherlich Energie oder irgendeine Form des Brennstoffs. Maschinen müssen auch eingestellt, reguliert, überwacht, gewartet und überprüft werden. Mit anderen Worten, außer Treibstoff müssen noch andere Dinge hinzukommen, damit die Maschine mit der Zeit nicht verschleißt und schließlich ganz stehenbleibt. Das heißt, ein hohes Niveau an Ordnung, wie es bei einer völlig intakten Maschine vorhanden ist, kann nicht durch reine Energiezufuhr aufrechterhalten werden. Das Gleiche, und in noch viel höherem Maße, gilt natürlich für den Menschen, der ein höchst komplexes Gefüge aus Körper, Geist und Seele darstellt. Die Nahrung des Menschen besteht aber nicht nur aus Energie, sondern auch aus Information. Und Information ist dasjenige, was es dem Menschen erlaubt, sich weiterzuentwickeln. Sichtweisen, die den Wert von Lebensmitteln allein aus Kalorienmengen und biochemischen Analysen aufzeigen wollen, gehen an der Funktion der Nahrung als Informationsträger vorbei. Dies wäre dasselbe wie der Versuch, die Qualität eines Konzerts aus dem Gewicht und dem Material der Musikinstrumente zu entschlüsseln. Die Verwirrung, die daraus entsteht, kann heute jedermann an der Vielzahl der oft widersprüchlichen Ratschläge für gesunde Ernährung sehen. Entscheidende Schritte in die Richtung, Nahrung als Information zu betrachten, gehen vor allem auf Bircher-Benner und Kollat zurück. In neuerer Zeit ist diese Sichtweise vor allem den Erkenntnissen über die Biophotonen zu verdanken, die Fritz Albert Popp veröffentlicht hat. Er vertritt die Ansicht, daß Informationen des Sonnenlichts in den Pflanzen gespeichert werden und daß diese wiederum durch eine Strahlung ihre Information nach außen geben. Der Ursprung der Information, die wir täglich durch unsere Nahrung zu uns nehmen, ist offenbar dem Sonnenlicht zuzuschreiben, das höhere Lebewesen wie der Mensch über den Umweg der Pflanze aufnehmen können. Pflanzen sind Nahrungsmittel, die, werden sie unverarbeitet und ganz aufgenommen, den Organismus mit qualitativ vollwertiger Information versorgen können. Fritz Albert Popp schreibt in seinem Buch »Neue Horizonte in der Medizin« zum Thema Information folgendes: »Ein Lebewesen verrichtet Arbeit, erhält seine Körpertemperatur aufrecht, reguliert eine Vielfalt von Funktionen. Pausenlos erzeugt es eigene lebende Substanz. Im Laufe seines Lebens produziert der Mensch sein eigenes Körpergewicht

etwa 1000mal. Die Nahrung ist es, die all diese Leistungen ermöglicht. Nach dem Energieerhaltungssatz läßt sich höchstens jener Teil in körperliche Arbeit umsetzen, der bei den Stoffwechselvorgängen als freie Energie anfällt. Vor allem Eiweiß, Kohlenhydrate und Fette dienen dafür als Kalorienträger. Um einen Zentner acht Meter anzuheben, benötigt man die freie Energie von etwa einer Kilokalorie. Ein Gramm Eiweiß oder ein Gramm Kohlenhydrate liefern je etwa vier Kilokalorien, ein Gramm Fett neun Kilokalorien. Die Aufnahmefähigkeit des Magen-Darm-Traktes begrenzt freilich den Umfang der Nahrungsaufnahme. Wesentlich mehr als 6000 Kilokalorien pro Tag kann der Mensch nicht aufnehmen und in Arbeit überführen. Damit schafft er gerade die Durchschnittsleistung einer gewöhnlichen Glühbirne. Allein diese Rechnung belegt bereits, daß sich Arbeitslosigkeit nicht durch Beschäftigungsprogramme für körperliche Tätigkeiten beseitigen läßt, sondern allein dadurch, daß spezifisch menschliche Komponenten, die den informativen und schöpferischen Gehalt des Gehirns evolutionär entfalten, gefördert werden müssen.« Dies macht deutlich, daß es nicht in erster Linie auf die zugeführte Energie ankommt, sondern auf die in den Nahrungsmitteln gespeicherte Information. Vertreter der Natural Hygiene, darunter Shelton, Frey, Diamond et al., empfehlen, wie Dr. Gottfried Weise in seinem Buch darlegt, Lebensqualität neu zu definieren: »Demnach wäre an die erste Stelle der Gehalt an Information zu setzen, der in sonnengereiften Pflanzen am höchsten ist.«
Wer ist nun der Träger dieser lebensnotwendigen Informationen, wie werden sie übertragen, und wie werden sie aufgenommen? Durch den Russen A. Gurwitch und den Biophysiker Popp ist die ultraschwache Zellstrahlung, eine Biolumineszenz, erstmals erkannt und mittlerweile in zahlreichen Experimenten nachgewiesen worden. Die Strahlung verfügt über folgende Eigenschaften:

- Sie ist mit Ausnahme von niedrigst entwickelten Lebewesen (Einzellern) in allen untersuchten tierischen und pflanzlichen Organismen nachzuweisen.

- Sie steigt stets drastisch an, wenn die Zellen zu sterben beginnen, und erlischt nach Eintritt des Todes vollständig.
- Sie kommt bei verschiedenen Spezies mit variabler Intensität und unterschiedlicher spektraler Verteilung vor.
- Pflanzenzellen strahlen stärker als tierische Zellen.
- Die Strahlungsintensität ist bei Lebensmitteln aus biologischem Anbau höher als bei chemisch belasteten.
- Die üblichen Methoden der Speisezubereitung bringen die Zellstrahlung zum Erlöschen.

Unter den Aspekten der wissenschaftlichen Beweisführung könnte man Nahrungsmittelqualität neu definieren: »Ein Nahrungsmittel ist um so besser, je mehr Information bei möglichst niedriger Energiedichte und möglichst niedrigem Schadstoffgehalt enthalten ist.« (Gottfried Weise) Will man diese Energie nutzen, muß man die Lebensmittel natürlich roh essen, sonst ist die Strahlung durch den Garvorgang zerstört. Menschen, die eine Nahrung zu sich nehmen, die wenig ultraschwache Zellstrahlung abgibt, wie die übliche Koch- und Industrienahrung, müssen sehr viel davon essen, bis sie genügend Information aufgenommen haben. Schon Rudolf Steiner hat aufgezeigt, daß der menschliche Körper lebendige und kosmische Nahrung aus der Luft durch die Sinnesorgane und die Haut aufnimmt. Aufnahme von Nährstoffen beginnt oft ja schon beim Riechen der Lebensmittel oder der Speisen, indem die ätherischen Substanzen über Geschmacks- und Geruchsorgane dem Menschen zugeführt werden. Von hier aus werden auch das weiter unten verlaufende Verdauungsgeschehen und die spezifische Zusammensetzung der Verdauungssäfte für unterschiedliche Lebensmittel und Speisen gesteuert. Steiner schreibt weiter, daß der menschliche Organismus Stoffe, aus denen sich die Lebensmittel zusammensetzen, in erster Linie als Anregung verwendet, aus kosmischer Energie seinen Körper aufzubauen. Dazu Dr. Weise: »Diese Anregung ist nichts anderes als die Schrödingersche Formation. Der Begründer der Quantentheorie Schrödinger hat als erster Naturwissenschaftler darauf hingewiesen, daß der Kunstgriff, mittels dessen ein Organismus sich stationär auf einer ziemlich hohen Ordnungsstufe hält, in Wirklichkeit aus einem fortwährenden Aufsaugen von Ordnung aus seiner Umwelt besteht. Im Falle des Menschen ist der äußerst wohlgeordnete Zustand der Materie in den komplizierten organischen Verbindungen, die er ißt. Auf diese Weise nimmt er Ordnung zu sich, nicht nur Energie. Die Energie ist zwar nicht völlig unwichtig, aber zum Teil vor allem Träger der Information. Ohne Zufuhr von Information würde die hochkomplexe Ordnung in den lebendigen Zellen in der viel weniger geordneten Umgebung der sogenannten toten Materie im Laufe der Zeit verlorengehen, d. h., das Lebewesen würde sterben trotz ausreichender Energiezufuhr.« Und weiter: »Der Mensch ist, in diesem Lichte betrachtet, zum Großteil komprimiertes Sonnenlicht. Mit diesem Konzept wird abermals klar, welch hohe Ansprüche man an seine Lebensmittel stellen sollte. Eine Pflanze kann nur dann die volle Anregung liefern, wenn sie frisch, reif, roh und möglichst schadstofffrei ist und alle zu ihr gehörigen Inhaltsstoffe in richtigen, harmonischen Dosen enthält. Dies ist mit industriellem Anbau à la Holland nun beim besten Willen nicht zu erreichen.« Daß der Mensch nicht nur metabolisch Information und Desinformation, fördernde und toxische Stoffe zu sich nimmt, zeigt, daß er oft mit einer leidlichen Gesundheit, bedingt durch den niedrigen Informationstransfer, noch eine ganze Zeit lang leben kann. Dies zeigt sich daran, daß Zivilisationserkrankungen meist erst zwischen dem 40. und 50. Lebensjahr auftreten. Mit dem Anspruch auf eine »informationsreiche« Ernährung kann neben Lebensdauer auch Lebensqualität erreicht werden. Und dies ist die Voraussetzung für Vitalität und Kreativität.

4.8 Bachblüten – Information für Geist und Seele

»Krankheit ist weder Grausamkeit noch Strafe, sondern einzig und allein ein Korrektiv; ein Werkzeug, dessen sich unsere eigene Seele bedient, um uns auf unsere Fehler hinzuweisen, um uns von größeren Irrtümern zurückzuhalten, um uns daran zu hindern, mehr Schaden anzurichten, und uns auf den Weg der Wahrheit und des Lichts zurückzubringen, von dem wir nie hätten abkommen sollen.« (Edward Bach)

Was ich im vorhergehenden Kapitel zum Thema Information der Pflanzen noch recht unspezifisch wiedergegeben habe, wird nun im Hinblick auf einen Pflanzentyp der besonderen Ordnung spezifischer und zielgerichteter, was seine Heilwirkung angeht, vorgestellt. Bachblüten sind Pflanzen, die nach dem Entdecker Dr. Edward Bach benannt und vor etwas mehr als 60 Jahren entdeckt wurden. Dies ist ein neuerer Bereich der Naturheilkunde, der sich auch nicht in die Homöopathie einordnen läßt, da sich diese Therapie ausschließlich auf geistig-seelische Gemütszustände konzentriert und als längerfristige Zielsetzung größtmögliche Entfaltung und Stabilität der Persönlichkeit anstrebt. Die Kraft der Bachblüten liegt mehr im Bereich von »Charakterpflege und seelischer Gesundheitsvorsorge« als dem der unmittelbaren Kurierung körperlicher Krankheitssymptome. Daher gibt es eine naturwissenschaftlich voll befriedigende Erklärung der Wirkungsweise zum jetzigen Zeitpunkt noch nicht. Zwar zeigt die Biophotonenforschung nach Popp Möglichkeiten der feinstofflichen Analyse, Modelle aus Psychoneuroimmunologie wie Biochemie und Psychophysik bieten einen theoretischen Rahmen, doch ein befriedigendes Erklärungsmodell, das energetische Veränderungen, Bewußtsein und Information mißt, ist noch nicht vorhanden. Nichtsdestoweniger entsteht mit diesen Pflanzen im Menschen ein harmloses Regulativ zur Vorbeugung und Selbstheilung allgemein menschlicher Charakterschwächen. »Das System der Bachblüten läßt sich aus dieser Sicht als Heilung durch Reharmonisierung des Bewußtseins bezeichnen. Es bringt uns an den Schaltstellen unserer Persönlichkeit, an denen Lebensenergie falsche Bahnen läuft oder blockiert wird, wieder in harmonischen Kontakt mit unserer Ganzheit, mit unserer wahren Energiequelle.« (Mechthild Scheffer, 1990) Edward Bach ging von der Prämisse aus, daß es keine echte Heilung ohne eine Veränderung der Lebenseinstellung, des Seelenfriedens und des inneren Glücksgefühls gibt. Das Therapiesystem von Bach ist vor allem in angelsächsischen Ländern verbreitet, sein Gedankengut reiht sich lückenlos in das der großen Heilsysteme von Hippokrates, Hahnemann und Paracelsus ein. Zur Wirkungsweise der Blütenessenzen schreibt Bach:

»Bestimmte wildwachsende Blumen, Büsche und Bäume höherer Ordnung haben durch ihre hohe Schwingung die Kraft, unsere menschlichen Schwingungen zu erhöhen und unsere Kanäle für die Botschaften unseres spirituellen Selbst zu öffnen, unsere Persönlichkeit mit den Tugenden, die wir nötig haben, zu überfluten und dadurch die Charaktermängel auszugleichen, die unsere Leiden verursachen. Wie schöne Musik und andere großartige, inspirierende Dinge sind sie in der Lage, unsere ganze Persönlichkeit zu erheben und uns unsere Seele näherzubringen. Dadurch schenken sie uns Frieden und entbinden uns von unseren Leiden. Sie heilen nicht dadurch, daß sie die Krankheit direkt angreifen, sondern dadurch, daß sie unseren Körper mit den schönen Schwingungen unseres höheren Selbst durchfluten, in deren Gegenwart die Krankheit hinwegschmilzt wie Schnee an der Sonne.«

Wem nun in der Einfachheit in der Verwendung dieser Pflanzen der Gedanke an Jahrmarktsmedizin und Esoterik kommt, dem sei mit dem Appell alter Alchimisten oder Homöopathen geantwortet: Laßt euch nicht durch die Einfachheit der Methode von ihrem Gebrauch abhalten, denn je weiter eure Forschungen voranschreiten, um so mehr wird sich euch die Einfachheit aller Schöpfung erschließen.«

Die Pflanzen, die Edward Bach empfiehlt, unterscheiden sich in mehrerer Hinsicht von denen, die zu Heilzwecken gebraucht werden. Sie dienen dem Menschen nicht zur Nahrung – es handelt sich durchwegs um ungiftige Pflanzen; es sind Pflanzen, denen man ihre inneren Qualitäten nicht von außen ansieht. Auch der Verarbeitungsprozeß unterscheidet sich von der Potenzierungmethode der Homöopathie oder dem Herstellungsverfahren anthroposophischer Heilmittel. Mechthild Scheffer erklärt in ihrem Buch »Selbsthilfe durch Bachblüten«: »Es ist keine Zerstörung oder Beschädigung des Pflanzenwesens notwendig. Die Blüte, in der sich die Wesensenergie der Pflanze konzentriert, wird im Stadium der Vollreife oder Vollendung, also kurz vor dem Abfallen, gepflückt. Es gibt allerdings nur wenige glückliche Tage, an denen beides zusammenfällt; das wolkenlose sonnige Wetter und der vollendete Reifezustand der Blüten. Wichtig ist auch, daß die Pflanzen nur wildwachsend an bestimmten naturbelassenen Stellen gesammelt werden. Als kultivierte Pflanzen hätten sie diese göttlichen Heilkräfte nicht mehr.«

Die 38 Blüten von Dr. Bach umfassen nach seinen Aussagen alle grundsätzlichen negativen Seelenzustände des menschlichen Charakters und stellen ein in sich abgeschlossenes System dar, das seine Wirksamkeit in 60 Jahren unter Beweis gestellt hat. Die Bach-Center in England und Deutschland distanzieren sich von sogenannten »Ergänzungen oder Weiterentwicklungen« des Systems sowie Nachempfindungen der Originalkonzentrate unter Berufung auf die Herstellungsmethode. Für weitere Informationen sei auf die Bücher von Mechthild Scheffer verwiesen sowie auf das einzig autorisierte Institut in Deutschland: Dr.-Edward-Bach-Center, German Office, Eppendorfer Landstraße 32, 2000 Hamburg 20.

4.9 Psychodrogen – vom Molekül zum Mystizismus

»Grundsätzlich muß sich jeder Drogenkonsument, vor allem der von nicht in Apotheken erhältlichen Drogen, darüber im klaren sein, daß jede psychoaktive Substanz den Geist erhellen, das Bewußtsein erweitern, das Gefühl aufheitern kann, aber auf den Körper immer schwächend wirkt.«

R. Rippchen

Die ethnopharmakologische Forschung der letzten zehn Jahre hat unzählige Beispiele dafür erbracht, wie in allen historischen Kulturen transzendente Erfahrungen mit pflanzlichen, tierischen oder mineralischen Drogen verbunden sind. Was kann aber der Bereich der Ethnomedizin und die Berichte aus archaischen Kulturen und von primitiven Völkern dem Menschen der Gegenwart vermitteln? Da der Drogengebrauch bei diesen Völkern oft im Zusammenhang mit außergewöhnlichen psychischen Leistungen steht, haben auch westliche Forscher begonnen, die Zusammenhänge von Fähigkeit und psychedelischer Substanz zu erforschen. Viele Schriftsteller, darunter Gustav Meyrink, Aldous Huxley oder Alexander Rouhier, bestätigten, daß es einen direkten Zusammenhang zwischen veränderten Bewußtseinszuständen und außergewöhnlichen Leistungen gibt. Dazu Christian Rätsch: »Schamanen nahmen Pflanzen zu sich, um in andere Wirklichkeiten zu reisen. Heiler nahmen bestimmte Pilze, um die gewöhnlich nicht wahrnehmbaren Ursachen von Krankheiten zu finden und um ihre Heilkräfte zu aktivieren. Wahrsager und Hellseher berauschten sich mit Stechapfel oder Fliegenpilz, um Verborgenes oder Zukünftiges zu erschauen. Manchen Kräutern wird nachgesagt, sie bewirkten Levitation; Hexen begaben sich mit Flugsalben auf ihre Astralreisen, und Yogis nahmen Cannabis, um ihren Körper zu verlassen. Die Priester der Andenvölker kauen so viele Cocablätter, bis sie die Omen und Zeichen ihrer Umwelt deuten und verstehen können. Andere Substanzen wiederum bewirken Unempfindlichkeit gegen Schmerz und Entbehrung und sind in der Lage, Körperkräfte zu potenzieren.« Was rechtfertigt heute den Gebrauch bestimmter Substanzen, die von den üblichen Konsumdrogen strikt zu unterscheiden sind? Ein Argument ist, daß die sogenannten zivilisierten Länder den Rekord hinsichtlich psychosomatischer Störungen und seelischer Krankheiten halten, mit dem das Angebot an wirksamer Vorbeugung und Therapie nicht Schritt halten kann. Eine systematische Behandlung in Form einer klassischen Psychoanalyse erfordert sehr viel Zeit, ist zudem sehr kostenaufwendig, und nicht zuletzt ist das Ergebnis fragwürdig. Entsprechend viele Ansätze wurden entwickelt, um diesen therapeutischen Prozeß zu intensivieren und abzukürzen. Vor allem zwei Richtungen erbrachten in den 60er Jahren verheißungsvolle Ergebnisse: die Entwicklung therapeutischer Techniken wie Encounter, Fritz Pearls Gestalttherapie, Bioenergetik oder Körperarbeit. Zum anderen die Therapie mit psychotropen Agentien, wie Stanislav Grof, der Begründer der holotropen Therapie, sie anregte und die durch Timothy Leary einen besonderen Aufschwung erlebte. Der Nervenarzt Claudio Naranjo hat durch seine Pionierarbeit und die profunde Kenntnis archaischer Religionssysteme sehr dazu beigetragen, die Kluft zwischen dynamischer Psychotherapie und spiritueller Entwicklung zu überbrücken. In seinem Buch »Die Reise zum Ich – Psychotherapie mit heilenden Drogen« schreibt er über die Substanzen MDMA, Harmalin und Ibogain: »Hier ergibt sich eine Parallele zu Nietzsches Amor fati, der Liebe zum Schicksal, zu den eigenen besonderen Lebensumständen. Die unmittelbare Erfahrung der Wirklichkeit scheint in diesen durch MDMA ausgelösten Zuständen ohne Schmerz oder andere Nebenempfindungen erlebt zu werden; das Glücksgefühl scheint nicht von der jeweiligen Situation abzuhängen, sondern vom Sein an sich, und in diesem Geisteszustand erscheint alles gleichermaßen liebenswert.«

4.10 Ethnopharmakologie

Terence McKenna, Wissenschaftler und Schamane sowie Autor der Bücher »Wahre Halluzinationen« und »The Invisible Landscape«, leitet auf Hawaii die Organisation Botanical Dimensions, die das Ziel hat, wichtige ethnopharmakologische Pflanzen vor ihrer Ausrottung zu bewahren. Terence McKenna glaubt, daß bestimmte Pflanzen auf den Evolutionsprozeß des menschlichen Gehirns großen Einfluß genommen haben. In der vormenschlichen Entwicklungsphase, als unsere entfernten Ahnen noch Primaten waren, bevölkerten sie die afrikanischen Ebenen gemeinsam mit Wiederkäuern, mit Bisons und wilden Kühen. Im Dung dieser Tiere gedieh ein Pilz, ein Alkaloid. Es ist bekannt, daß er in geringen Dosen die Sehfähigkeit erhöht, was für die in Horden jagenden Primaten von Vorteil gewesen sein muß. Wer immer auf diese Substanzen stieß und besser sehen konnte, verfügte über bessere evolutionäre Bedingungen als die, die sie außer acht ließen. Wenn diese Primaten dann etwas höhere Dosen des Pilzes bei ihrer Ernährung aufnahmen, erfuhren sie eine Stimulation des Zentralnervensystems. Das steigert die Reproduktionsfähigkeit einer Spezies und macht die Reproduktionsstrategien im Vergleich zu anderen erfolgreicher. Eine noch höhere Dosis Psilocybin schließlich induzierte ein psychedelisches Erlebnis, jene überwältigende, ehrfurchtgebietende Erfahrung, wie sie in dem Wort Religio oder nach Maslow als Gipfelerlebnis zum Ausdruck kommt. McKenna glaubt nun, daß der Pilz für einen kausalen Faktor in dieser Entwicklung zuständig ist, der vor etwa 40 000 Jahren das menschliche Selbstbewußtsein aus den Instinkten der Primaten herausführte. Der Pilz mag sogar der Katalysator für die Entwicklung von Sprache in unserer Spezies gewesen sein, denn Psilocybin stimuliert auch ganz entscheidend die sprachbildenden Fähigkeiten. McKennas Theorie ist nun die, daß das fehlende Glied zwischen Primaten und Menschen während des explosionsartigen Wachstums des Gehirns ein chemischer Faktor ist: das synergistische Wirken von Alkaloiden. Nach dem Newsletter of Botanical Dimensions »Plant Wise« sind nur 10% der Flora des Amazonas chemisch analysiert. Ein unermeßlicher Schatz an ethnopharmakologischen Pflanzen, an antibiotischen und abwehrsteigernden Sustanzen, die durch die weitere Zerstörung der Regenwälder auf immer verlorengehen könnten. McKennas Forschungsinstitut versucht nun, von »den unbekannten 90%« so viele wie möglich noch vor ihrer Ausrottung zu sichern. Für Medizin und Gehirnforschung stellen diese Medizinpflanzen einen unschätzbaren Wert dar. Wie mir Terence McKenna mitteilte, wäre jede Unterstützung natürlich willkommen.

4.11 Hirntonika

Es gibt eine Reihe von Pflanzen, die in traditionellen Medizinsystemen als bewährte Hirntonika gelten. Sie sind Stoffe, die das Gehirn in seiner Leistungsfähigkeit stärken, gesund erhalten, die Konzentrationsfähigkeit verbessern und ein harmonisches Gleichgewicht schaffen. Dr. Christian Rätsch, Ethnologe und Autor zahlreicher Bücher, stellte mir die folgende Auflistung an Pflanzen zusammen. Häufige Reisen zu den Maya-Indianern in Yucatán und den Lakandonen in Chiapas, Mexiko, ermöglichten es ihm, Sprache und Heilkunst dieser Völker zu lernen.

Name	Botanik	Vorkommen	Wirkstoffe
Ginseng	Panax ginseng	SO-Asien	Ginsensoside Enzyme
	Panax quinquefolium	N-Amerika	Glycoside
Taigawurzel	Eleuterococcus senticocus	Ostasien	Eleutherosid (Glycoside)
Ho Shou Wu	Polygonatum multiflorum	China	unbekannt
Tang Shen	Codonapsis lanceolata	China	Saponine
Ginkgo	Ginkgo biloba	Ostasien	Phenole
FoTi	Hydrocotyle asiatica-minor	Sri Lanka	Alkaloide
Damiana	Turnera diffusa	Amerika	ätherisches Öl
Peyote	Lophophora williamsii	Mexiko	Phenethylamine
Muira-Puama	Liriosma ovata	Amerika	Harze
Vanille	Vanilla planifolia	Mexiko	ätherisches Öl
Kakao	Theobroma cacao	Mexiko	Phenethylamine, Theobromin, Koffein
Kava-Kava	Piper methysticum	Ozeanien	Pyrone

Erkenntnisse der Ethnopharmakologie – Aphrodisiaka und Pflanzen der Götter

Im folgenden geht es darum, den kulturellen Gebrauch von Substanzen aus anderen Kulturbereichen zu beleuchten, um ihren Nutzen und Wert für den westlichen Menschen zu eruieren. Für die moderne westliche Medizin existieren diese Stoffe so gut wie nicht, oder es werden ihre Wirksamkeit oder ihr Nutzen geleugnet. In bezug auf diese Pharmakologie wird auch das immer wichtiger, was wir Setting nennen und den Plazeboeffekt beeinflußt bzw. hervorruft. Das Geist-Körper-Problem kann in bezug auf Substanzen, die als Katalysator wirken, neu überdacht werden, um damit auch für die westliche Medizin einen neuen Stellenwert zu bekommen. Die katalytische Wirkung vieler ethnopharmakologischer Pflanzen steht exemplarisch für die Wirkung vieler Aphrodisiaka. Christian Rätsch schreibt in seinem Buch »Isoldens Liebestrank«: »Im Mittelalter galt der Liebestrank als eine der Versuchungen des heiligen Antonius. Bei Richard Wagner ist er zur Utopie geworden. Die moderne Medizin dagegen verneint, das solches überhaupt existiere. Aphrodisiaka – Mittel, die sexuelle Befriedigung ermöglichen oder steigern sollen – waren und sind wie das Liebesleben selbst Opfer moralisierender Maßregeln. Ihr Ton ist vom Mittelalter bis heute der gleiche geblieben. Bei vielen in der europäischen Geschichte bekannt gewordenen Liebestränken wurde keiner so mystifiziert und heroisiert wie Isoldens Liebestrank. Sein Rezept ist nicht überliefert; einige Quellen mutmaßen, daß er rein pflanzlicher Herkunft gewesen sei. Isoldens Liebestrank erscheint – in der Wagnerschen Rezeption – als eine Utopie, eine Einweihung und ein Traum von einem befreiten Menschen. Wagners Trank erzeugt weder Liebe noch Begierde, er wirkt nur als Katalysator, als Initiator. Der Genuß des Trankes legt frei, was ohnehin schon vorhanden ist, aber nicht geäußert wird.« Hier zeigt sich die ganzheitliche Wirkung darin, daß psychische Barrieren beiseite geschafft werden können, um das, was ohnehin vorhanden ist, nämlich die Fähigkeit zum ganzheitlichen Denken, Synthese und Einsicht und allumfassende Erkenntnis, zu offenbaren. Die katalytische Wirkung von Psychovitaminen zeigt sich – im Gegensatz zu Psychopharmaka – darin, daß sie zwar ein grundsätzliches Wirkungspotential offenbaren, doch jeden Menschen unterschiedlich darauf reagieren lassen. Je nach Umfeld (Setting und Erwartungshaltung und Vorbereitung [SET]) können unterschiedliche körperliche und geistige Phänomene erzeugt werden. Christian Rätsch schreibt dazu: »Das menschliche Bewußtsein kann durch verschiedene Substanzen gezielt verändert (Psychopharmaka), erweitert (Psychedelika) oder ausgeblendet (Narkotika) werden. Das sexuelle Geschehen oder Empfinden kann ebenfalls durch bestimmte Substanzen verändert (Stimulantien), erweitert (Aphrodisiaka), eingedämmt oder verhindert (Anaphrodisiaka) werden.«

Im Kulturvergleich können wir sehen, daß es eine Reihe von Substanzen gibt, die recht universell gültig aphrodisische Wirkung zeigen, wie etwa Johimbin, Nachtschatten- und Cannabisgewächse, bestimmte Gewürze (Ingwer, Muskat, Vanille) und bestimmte Pilzarten. Von Zimt, Pfeffer, Gewürznelken und Muskatnüssen weiß die Legende, daß sie nur wegen ihrer verborgenen Kräfte nach Europa exportiert wurden. Genauso wie Tee, Kaffee und Kakao bei ihrer Einführung als Aphrodisiaka betrachtet wurden, galten zu dieser Zeit Kaffeehäuser und Tabakläden als Umschlagplätze für exotische Substanzen und Orte geheimer Kontakte. Der Besuch von Kaffeehäusern galt als verpönt und war ebenso moralisch verwerflich wie Alkohol zur Zeit der Prohibition in Amerika. Heutzutage haben die Gewürze, aber auch Kaffee, Tee, Kakao und Tabak in der öffentlichen Meinung ihre aphrodisischen Qualitäten eingebüßt. Erstaunlich bleibt die Tatsache, daß die ayurvedische Medizin die gleichen Gewürze zu Heilzwecken einsetzt, allerdings im Hinblick auf Dosierung und Kombination (Kaffee und Kardamom = aphrodisierend, Kaffee alleine = anaphrodisierend).

Ayurveda ist »Wissen oder die Wissenschaft vom Leben«, die in vedischer Zeit in Indien entstand und sich über die Jahrtausende zu einem komplexen medizinischen Gebiet entwickelt hat. Ayurveda beschäftigt sich nicht nur mit den Leiden des Lebens, sondern auch mit den Freuden. Ayurveda ist nicht ein System, das Kranke nur heilt, sondern das auch gesund erhält. Ein Heilsystem, mit dem zu beschäftigen es sich lohnt, betrachtet man dagegen westliche Ansätze, die echte Prävention im Sinne einer geistig und körperlichen Harmonie übergehen. Ayurveda ist die altindische Lehre von einer Wissenschaft, die Gesundheit, Lebensfreude und Lebensverlängerung anstrebt. Sie ist keine Volksmedizin, sondern verfügt über eine reiche traditionelle Lehre, die von Gelehrten und Professionellen angewendet wird und die Erkenntnisse über eine alte und umfangreiche Literatur dokumentiert. Das, was dieses Heilsystem so wertvoll macht, ist die Tatsache, daß dem »Gemüt des Menschen« genauso wie seinem »Körper« (Rätsch) Aufmerksamkeit geschenkt wird. Aus der Beschäftigung mit der Ayurveda kann eine wichtige Forderung für die westliche Medizin abgeleitet werden:

- Medizin sei nicht nur Heilkunst, sondern auch Lebenskunst.

4.12 Sauerstoff- und Luftionisation

Die Erde ist elektrisch geladen, ebenso die Luft, die wir atmen. Ein Wetterwechsel geht oft mit elektrischer Änderung einher, was auf die Biochemie des Gehirns einen nicht zu unterschätzenden Effekt ausübt. Viele Menschen, besonders diejenigen, die unter Fön und Allergien leiden, sind sich der wohltuenden Wirkung eines Ionisators inzwischen bewußt. Der Wetterumschwung, der mit einer veränderten Ionisation einhergeht, hat häufig einen größeren Einfluß auf die Psyche eines Menschen als der Vollmond. Unter natürlichen Bedingungen enthält die Luft um uns herum zwischen 1000 und 2000 Ionen pro Kubikzentimeter. An der See und im Hochgebirge kann sich die Anzahl der negativen Ionen beträchtlich erhöhen, was sich positiv auf unsere Gehirnfunktion und Stimmung auswirkt. Experimente russischer Wissenschaftler haben außerdem ergeben, daß hohe Dosen an negativen Ionen die Sauerstoffbeladung des Blutes und die Sauerstoffnutzung verbessern. In großen Städten ist die Anzahl der negativen Ionen oft drastisch vermindert, genauso wie in geschlossenen Räumen der Großstadtbüros und im Faradyschen Käfig der Autos. In Gebäuden mit Zentralheizung und Klimaanlage ist die Situation noch schlimmer. Luftfilter fangen Ionen, vor allem negative Ionen, ein, was bei den betreffenden Mitarbeitern leicht zu Kopfschmerzen, Abgespanntheit und Aggression führt. Auch die Reibung in Maschinen und Getrieben fängt negative Ionen ab, wie man das an der Luft von Wäschereien oder in Gebäuden mit elektronischen Geräten, wie Computern und Fernsehern, spüren kann. Im Jahre 1957 begann Dr. Felix Sulman, ein Pharmakologe an der Universität von Jerusalem, seine Studien über den Scharaff, einen trockenen Wüstenwind, der bei vielen zu einer Serotoninüberproduktion führt. Eine Serotoninüberproduktion kann zu Angstzuständen, Depressionen, Hitzewallungen und Histaminüberproduktion führen; deshalb haben Scharaff-Opfer oft das Gefühl, sie seien erkältet.

Die Behandlung der Drogensucht

Drogensucht ist eine Krankheit, eine schwere Stoffwechselstörung. Ein Hauptgrund des heutigen Mißerfolgs in der Bekämpfung der Drogensucht liegt im Konzept von Kriminalität und Strafe. Jeder Versuch, das Problem zu lösen, ohne die Stoffwechselstörung vollständig behoben zu haben, ist zum Scheitern verurteilt.

> »Der Drogensüchtige sollte als Stoffwechselkranker behandelt werden.«
>
> Lothar Burgerstein

4.13 Die gebräuchlichsten Genußdrogen – Kaffee, Nikotin und Alkohol

Nikotin

»Von der Gemeinsamkeit der Friedenspfeife zur Einsamkeit des Lungentods.«
Gesundheitliche Risiken des Zigarettenrauchens sind heute jedermann bekannt, die Zeitungen berichten regelmäßig über

Lungenkrebs und Herzinfarkt bei Rauchern, über die Belastung des Gesundheitswesens und die Tendenz, daß der Konsum immer jünger wird und sich immer mehr Frauen darunter befinden. Trotz und gerade wegen dieser besseren Aufklärung formieren sich die Gegner und fordern rauchfreie Zonen, andererseits nimmt die Attraktivität und der Konsum der Zigarette weiter zu. 1987 wurden in der BRD 118 Milliarden Zigaretten verkauft, das ist ein Pro-Kopf-Verbrauch von 2000 Zigaretten. Umgerechnet auf ca. 34 % Raucher in der Bevölkerung sind dies 20 Zigaretten pro Tag. Und dies, obwohl 90 % aller Befragten und 60 bis 80 % aller befragten Raucher das Rauchen für gesundheitsschädigend erachten.

Worin liegt nun die Attraktivität des Zigarettenrauchens? Diese Frage läßt sich nicht pauschal beantworten. Tabakrauchen läßt sich nicht alleine aus den Wirkungen von Nikotin heraus verstehen, denn Tabak ist seit alters her eine »soziale Droge«, Rauchen oftmals ein vermittelnder Akt in sozialen Situationen. Sicherlich läßt sich die Frage auch aus der Perspektive der psychoaktiven Wirkungen von Nikotin auf Erleben und Verhalten und anhand der zentralnervösen Wirkung von Nikotin beantworten. Die Tabakpflanze kommt ursprünglich aus Amerika und Australien. Bei vielen rituellen Handlungen spielten Feuer (visueller Effekt) und Kräuter (metabolischer und bewußtseinsmäßiger Effekt) eine große Rolle. Es überrascht daher nicht, daß die Indianer dabei auch die Wirkung des Tabakrauchens entdeckten und dieses in ihre Rituale aufnahmen. Läßt sich der Beginn des Tabakkonsums bei Indianern als mindestens 2500 Jahre zurückliegend datieren, so fällt die Einführung des Tabaks in Europa etwa in die Zeit der Entdeckung Amerikas durch Kolumbus. Im 16. und 17. Jahrhundert erfolgte die Ausbreitung des Tabaks rasch auf der ganzen Welt, unabhängig von den gesetzlichen Billigungen der jeweiligen Länder. Nicht einmal die Verhängung von drakonischen Strafen konnte die damalige Verbreitung und den damit verbundenen Konsum des Tabaks verdrängen. Zur Popularität äußern sich die Autoren Elbert und Rockstroh (Psychopharmakologie, Heidelberg 1990): »Von großen Staatsmännern wie Bismarck und Churchill ist deren Auffassung überliefert, daß nichtrauchende

Staatsmänner schlechtere Politiker seien, da sie ihre Emotionen schlechter kontrollieren könnten, momentanen Impulsen stärker ausgeliefert seien. Die psychoanalytische Lehre deutet das Tabakrauchen im Rahmen oraler Triebbefriedigung, angeregt durch die phallische Form der Zigarette oder Zigarre, die orale Natur des Verhaltens, an der Zigarette oder Zigarre zu saugen wie an der Mutterbrust, die Symbolhaftigkeit des Feuers. Sigmund Freud selbst beschäftigte sich wohl nicht von ungefähr mit der Lust und Sucht zum Rauchen, rauchte er doch selbst 20 Zigarren pro Tag und setzte dies auch später trotz Mundhöhlenkrebs fort.«

In den 30er Jahren unseres Jahrhunderts gab es dann die ersten Untersuchungen über die zentralnervösen Wirkungen des Nikotins und den tierexperimentellen Nachweis der Entstehung von Krebs durch Zigarettenrauchen. In den 50er Jahren wurde erforscht, wie Rauchen Lungenkrebs fördert und daß weniger als ein Zehntel aller Lungenkrebspatienten Nichtraucher sind. In diesem Zusammenhang wurde das Rauchen als wesentlicher Risikofaktor für Bluthochdruck und koronare Herzkrankheiten erkannt, auch die Gesundheitsschädigung durch Passivrauchen, kaum jedoch die Wirkung der metabolischen Parameter, wie etwa die Zuführung orthomolekularer Substanzen bei beibehaltenem Rauchverhalten (siehe meine Beschreibung zu Beta-Karotin und Rauchen). In letzter Zeit formieren sich vor allem in den USA die Gegner oder diejenigen, die sich von Rauchern gestört fühlen. Dies zeigt, daß umfassende Aufklärung über das gesundheitliche Risiko durch Rauchen einen starken sozialen Druck bewirkt, der Einschränkung von Werbung, Rauchverbot in öffentlichen Gebäuden und Restaurants und andere gesamtgesellschaftliche Maßnahmen zur Folge hat.

Die Wirkungsweise des Nikotins:
Man kann die Zigarette als kleine chemische Fabrik betrachten, in der eine komplexe Mischung von Gasen und Teer entsteht, die Hunderte von schädigenden chemischen Substanzen enthält. Die Inhaltsstoffe können vor allem drei Gruppen von Giftstoffen zugeordnet werden: Nikotin, Kondensate (Teer) und Kohlenmonoxid.

Nikotin ist ein natürlich in der Tabakpflanze vorkommendes Alkaloid, das sehr toxisch wirkt; bereits die in einer Zigarette enthaltene Nikotindosis würde intravenös injiziert bei einem erwachsenen Menschen tödlich wirken. Die Nikotinmoleküle, die bei der Verbrennung des Tabaks freigesetzt werden, haben eine große Affinität (Anziehung) zur acetylcholinergen Synapsen im Gehirn, wobei insbesondere eben die nikotinergen ACH-Rezeptoren durch Nikotin beeinflußt werden. Acetylcholin wirkt als Transmitter im sympathischen und parasympathischen Nervensystem und im Gehirn. Nikotinerge Acetylcholinrezeptoren wirken durch die Öffnung von Ionenkanälen und vermitteln eine schnelle Wirkung. Die höchste Konzentration von Nikotin ist in Hirnstamm, Hypothalamus und Kortex zu finden, und es wird vermutet, daß auch andere Neurotransmittersysteme an der Wirkung beteiligt sind.

Wirkungen von Nikotin auf Erleben und Verhalten:
Die zunächst stimulierende, zentralnervös aktivierende Wirkung von Nikotin äußert sich im subjektiven Erleben in dem Gefühl erhöhter Wachheit, Angeregtheit und reduzierter Langeweile. Verhaltenstests haben folgendes ergeben:

- Nikotin vermindert den Leistungsabfall über die Zeit in Vigilanztests (Vigilanz = Aufmerksamkeit).
- Nikotin verbessert die Lernleistung, wenn es vor der entsprechenden Aufgabe verabreicht wird.
- Nikotin verbessert die Behaltensleistung, wenn es nach der Präsentation des zu behaltenden Materials verabreicht wird.
- Nikotin verbessert die Konzentrationsfähigkeit und erhöht die Reaktionsgeschwindigkeit bei einfachen Reaktionszeitaufgaben oder Signalerkennungsaufgaben.

Unter streßhaften Bedingungen wirken die inhibitorischen (hemmenden) Effekte von Nikotin Übererregung entgegen und fördern damit wieder die Leistungsfähigkeit. Im EEG kommen die inhibitorischen Wirkungen von Nikotin in reduzierter Desynchronisation (= Zunahme der Synchronisation) und einer Verlangsamung der Wellen zum Ausdruck. Die aggressivitätdämpfende Wirkung von Nikotin wurde auch im Tierexperiment bestätigt. Man kann annehmen, daß die Blockade acetylcholinerger Synapsen im limbischen System zur Verringerung unangenehmer Emotionen wie Ärger, Furcht und Frustration beiträgt. Den kurzfristig stimulierenden und leistungsfördernden Effekten auf unser Gehirn und Nervensystem stehen die langfristigen Schädigungen des Organsystems von Herz und Kreislauf gegenüber. Tabak ist zur sozialen Droge avanciert, externe (Medien) und interne (Gewöhnung) Konditionierungen tragen wesentlich zur Aufrechterhaltung des Rauchverhaltens bei.

Kaffee – Die heiße Bohne

»Der Tee ist meiner Ansicht ein Phantastikum, der Kaffee ein Energetikum – daher besitzt der Tee auch einen ungleich höheren musischen Rang. Ich merke beim Kaffee, daß er das feine Gitter von Licht und Schatten zerstört, die fruchtbaren Zweifel, die während der Niederschrift eines Satzes auftauchen. Man erfährt seine Hemmungen. Am Tee dagegen ranken sich die Gedanken genuin empor.«

Ernst Jünger

Als 900 nach Christus in der Nähe von Mocha im Südjemen die anregende Wirkung der Kaffeepflanze entdeckt wurde, entbrannte schon bald die Diskussion darüber, ob der Kaffee als Geschenk Allahs zu betrachten sei oder ob er unter das Rauschmittelverbot des Korans falle. In Form eines flüssigen Gastgeschenks von Sultan Mohammed dem Vierten gelangte der Kaffee an den Hof des französischen Sonnenkönigs Louis XIV. Um den bitteren Geschmack zu mindern, süßten die Höflinge das Getränk mit Zucker und bereiteten so die Verbreitung des Kaffees in ganz Europa vor. In der BRD trinken schätzungsweise 14 Millionen Bürger regelmäßig Kaffee, in den USA wird der jährliche Verbrauch an Koffein in Form von Kaffee auf etwa 50 g pro Kopf geschätzt, was etwa 500 Tassen pro Person und Jahr entspricht. Beim Koffein handelt es sich um eines von drei wichtigen Derivaten des Xanthins. Die beiden anderen Xathinderivate sind Theobromin, das in der Kakaobohne vorkommt, und

Theophyllin, das neben dem als Teein bezeichneten Koffein in den Blättern des Teestrauchs enthalten ist. Alle drei Substanzen sind nichtselektive Stimulantien, d. h., sie wirken auf eine Vielzahl unterschiedlicher Zellen. Von diesen drei Substanzen wirkt Koffein am anregendsten auf das ZNS und die Skelettmuskulatur. Koffein kommt im Samen des Kaffeebaumes, in Teeblättern, in Mate, der Kolanuß und im Guaranasamen vor. Eine Tasse Kaffee enthält durchschnittlich zwischen 100 und 150 mg Koffein, eine Tasse Tee 50 bis 150 mg, ein halber Liter Cola enthält etwa 50 bis 100 mg.

Wirkung von Koffein auf Erleben und Verhalten:
Koffein erhöht die Wachheit und wirkt Müdigkeit entgegen, erhöht Gedankenfluß und Produktivität sowie das Gefühl der Konzentrations- und Leistungsfähigkeit. Die subjektiven Wirkungen von Koffein lassen sich in Verhaltenstests objektivieren:

- Unter Koffein sinkt die Fehlerrate in Aufmerksamkeitstests.
- Koffein wirkt einer Abnahme der Aufmerksamkeit entgegen und steigert intellektuelle Leistungsfähigkeit und Wachheit, jedoch nicht über ein extremes Niveau hinaus.
- Nach Abbau des Koffeins tritt jedoch eine zunächst unterdrückte Müdigkeit verstärkt ein, was bei Aufmerksamkeit fordernden, aber monotonen Tätigkeiten (Autobahn fahren) zu erhöhter Gefahr des Einschlafens führen kann.

Zentralnervöse Wirkungen:
Es wird diskutiert, ob Koffein das Enzym, das normalerweise CAMP zerlegt, hemmt. Denn höhere CAMP-Konzentrationen führen zu mehr Glukoseproduktion und so zu größerer zellulärer Aktivität. Die deutlichste pharmakologische Wirkung läßt sich im Kortex nachweisen, gefolgt vom Hirnstamm, wo alkoholbedingte Beeinträchtigungen reduziert werden. Koffein hat neben den direkten Einflüssen auf das ZNS auch stimulierende Wirkungen auf das Herz (erhöhte Schlagkraft und Schnelligkeit), verengt die Blutgefäße im Gehirn, erhöht den Muskeltonus und wirkt anregend auf die Nieren. Außerdem stimuliert es

die Magensaftsekretion und kann bei intensiver Zufuhr die Bildung von Magengeschwüren fördern. Viele Menschen würden wohl von sich behaupten, daß sie ohne Kaffee nicht leben können, oder leiden sichtlich darunter, wenn ihnen die gewohnte tägliche Kaffeemenge verwehrt wird. Gewohnheitsbildung ist sicherlich ein Grund für regelmäßigen Kaffeekonsum, und auch Entzugserscheinungen lassen sich z. T. auf Konditionierung zurückführen. Interessanterweise korreliert Kaffeekonsum mit Zigarettenrauchen: Im Mittel rauchen Kaffeetrinker 8,7 Zigaretten pro Tag, Personen, die mehr als sieben Tassen Kaffee trinken, dagegen 21,8 Zigaretten.

Alkohol

»Bei Nikotin und Alkohol
fühlt sich der Mensch besonders wohl.
Und doch, es macht ihn nichts so hin
wie Alkohol und Nikotin.«

Eugen Roth

Alkohol besitzt eine ganze Reihe von Wirkungen auf Bewußtsein und Verhalten, die eine Beschreibung als Rauschmittel rechtfertigen. Andererseits spielt Alkohol im sozialen Gefüge eine große Rolle.

Wirkungen von Alkohol im Zentralnervensystem:
Grundsätzlich kann gesagt werden, daß Alkohol die Nervenleitung hemmt. Diese depressiven Wirkungen lassen Erklärungen zu über die beruhigenden, aber auch enthemmenden Effekte von Alkohol. Man nimmt an, daß die erhöhte Erregung durch Hemmung in Hirnregionen hervorgerufen wird, die normalerweise starker inhibitorischer (hemmender) Kontrolle anderer Zentren unterliegen. Alkohol hat Auswirkungen auf das Gefühlszentrum, daher werden emotionale Ausbrüche entsprechend wahrscheinlicher. Regionen im Stirnbereich des Kortex werden gehemmt, die Alpha-Wellen im EEG verlangsamen sich, es treten vermehrt langsame Wellen auf, die in ihrer Amplitude verkleinert sind. Wohl die größten Probleme bereitet

die unerwünschte Wirkung von Alkohol, die Entwicklung von Alkoholabhängigkeit. Diese steht an erster Stelle bei psychiatrischen Störungen und stellt heute eines der größten Gesundheitsprobleme überhaupt dar. Grundsätzlich kann davon ausgegangen werden, daß 9% aller Männer und 5% aller Frauen ein erhöhtes Risiko für die Entwicklung von Alkoholabhängigkeit aufweisen. Daß Alkohol nicht gleich Alkohol ist, soll hier auch noch einmal betont werden, vor allem im Zusammenhang mit neuen orthomolekularen Kenntnissen, die Inhaltsstoffe bestimmter Alkoholika betreffen. Ich möchte hier auf die neuen und hochinteressanten Studien von Prof. J. Masquelier vom europäischen Institut für orthomolekulare Wissenschaft in Holland eingehen. In dieser Studie ging es darum, festzustellen, inwieweit der Konsum von Wein Einfluß auf den Alterungsprozeß hat, nachdem man nämlich festgestellt hatte, daß in bestimmten Weinanbaugebieten Frankreichs und Italiens die Langlebigkeit mit Weinkonsum korrelierte. Prof. Masquelier kam aufgrund seiner Studien zu dem Schluß, daß der Genuß von durchschnittlich einem halben Liter Rotwein täglich den Körper vor Reaktionen freier Radikale bewahrt und damit vor Altersdispositionen. Untersuchungsresultate lassen den Schluß zu, daß im Wein (vor allem im roten) anwesende Procyanidine nicht nur die schädliche Wirkung des Alkohols im Körper neutralisieren, sondern darüber hinaus einen Schutz vor der Reaktion freier Radikale im allgemeinen ausüben. Eine in Frankreich durchgeführte Studie über die regionale Sterblichkeit durch Alkoholkonsum wies z. B. eine größere Resistenz in Weinanbaugebieten nach, und dies bereits seit Jahrzehnten. Bereits im Jahre 1933 beschäftigte sich eine Veröffentlichung mit diesem Thema, in der das Alter der Bewohner verschiedener französischer Regionen verglichen wurde. Der Unterschied zwischen dem Geronte- und dem Calvados-Gebiet ist frappierend, vergleicht man die Anzahl pro 100000 Einwohner. Eine Region, in der fast ausschließlich Weinbau betrieben wird, wie das Geronte-Gebiet, weist eine höhere Lebenserwartung auf. Das will nicht heißen, daß Wein als solcher die Lebenserwartung erhöht. Dies bleibt nach wie vor eine Frage der genetischen Konstitution. Wein kann jedoch bei vielen Menschen zu einer ausgeprägten Manifestation dieses Erbfaktors führen. Auf internationaler Ebene wurde ein Profil des Gesundheitszustandes von Weintrinkern erstellt. 1978 analysierte man die Resultate einer durch die WHO initiierten Studie über die Sterblichkeit in 23 europäischen Ländern. Dabei war die geringe Sterblichkeit durch Herzinfarkt in weinproduzierenden Ländern auffallend. Die Sterbeziffer betrug pro eine Million Sterbefälle bei Männern zwischen 55 und 64 Jahren als Folge eines Herzinfarktes in Spanien 1138, in Frankreich 2145, in Schottland 8841 und in Finnland 10748. Wenn nun der in Wein enthaltene Alkohol weniger aggressiv ist als der anderer Alkoholika, worin liegt dann die Ursache begründet? Normalerweise muß man davon ausgehen, daß Alkohol zur signifikanten Zunahme freier Radikale im Körper führt. Gegen einen aggressiven Angriff der freien Radikale aus unserer Umwelt und Nahrung kann im allgemeinen eine gezielte Ernährung eingreifen. Denn wie wir ja schon wissen, enthalten Nahrungsmittel auch Stoffe, die als Fänger freier Radikale wirksam sind. Diese Fänger stellen, wie etwa bestimmte Vitamine und Enzyme, die letzte Verteidigungslinie unseres Körpers dar. Sollte etwa auch der Wein ähnliche Fängerfunktion ausüben? Wenn ja, könnte Wein nicht nur die Schädlichkeit von Alkohol verringern, sondern zudem zu einer unempfindlichen Waffe im Kampf gegen den durch freie Radikale verursachten frühzeitigen Alterungsprozeß werden. Unter den unzählbaren Substanzen, die aus der Weintraube in den Wein gelangen, nehmen die Polyphenole einen wichtigen Platz ein. Sie tragen immerhin zu Geschmack, Farbe und Reifung des Weins bei. Darüber hinaus verleihen sie dem Wein ein einzigartiges pharmakologisches Potential, welches von Prof. Masquelier seit Jahren in seinem Institut erforscht wird. Den größten Anteil bilden die Procyanidine, die in einigen Rotweinen mit mehr als einem Gramm pro Liter enthalten sind. In Anbetracht der hohen Wirksamkeit dieses Stoffes als Radikalfänger wird seine chemische und biologische Aktivität klar. Ein Jahr nach Abschluß der Forschungen Prof. Masqueliers wurden identische Resultate in der pharmakologischen Abteilung der medizinischen Fakultät in Nagasaki erzielt. Die in Japan untersuchten Procyanidine wiesen eine

50fach größere Aktivität als das Vitamin E auf, das als Eichmaß verwendet wurde. Es steht also außer Zweifel, daß die durch den Wein isolierten Bestandteile eine starke antiradikale Aktivität besitzen, die die Langlebigkeit unterstützt. Aus diesem Grund ist die Behauptung gerechtfertigt, daß der tägliche Konsum von Procyanidinen für den Menschen eine adäquate Methode zur Verhütung von Alterskrankheiten darstellt. Die Tatsache, daß Procyanidine im Wein enthalten sind, könnte eventuell eine Erklärung bieten für den bereits seit langem bestehenden Umstand, daß die Region Medoc der französische Landstrich mit den meisten Hundertjährigen ist. Aber welchen Wein sollen wir trinken, und wieviel? Die meisten Procyanidine befinden sich in den Kernen der Weintrauben. Die Zubereitungsweise der Weine führt jedoch dazu, daß Rotweine das 10- bis 20fache an Procyanidin enthalten wie Weißweine. Rotweine entstehen durch Fermentierung des Mostes einschließlich der Kerne. Daraus resultiert eine stärkere Lösung im Rotwein. Weine mit längerer Gärungszeit enthalten die höchsten Anteile an Procyanidinen. So ergab sich nach durchgeführten Messungen ein durchschnittlicher Procyanidingehalt in Rotweinen zwischen 540 mg pro Liter und 1080 mg pro Liter. Weißweine erreichten nur selten einen Gehalt von 50 mg pro Liter. Die eigentliche chemische Aktivität der Procyanidine ermöglicht einen hohen Profit der antiradikalen Wirkung von Weinen, wenn man durchschnittlich nicht mehr als einen halben Liter Wein täglich trinkt. Eine solche Menge ermöglicht mit Leichtigkeit den Abbau über den Alkoholdehydrogenaseweg, der keine Bildung freier Radikale zur Folge hat, und die so aufgenommene Menge Procyanidine ermöglicht die Ausführung ihrer präventiven Aufgabe bei den zahlreichen Angriffen freier Radikale, denen unser Körper ausgesetzt ist.

Der Zusammenhang zwischen Geist, Gehirn und Elektrostreß:
»Wir glauben uns in unserem Verhalten nur durch die Art bestimmt, wie das Gehirn Informationen und diese an das Bewußtsein weiterleitet. Im übrigen meinen wir, mit unserem freien Willen die Wahl zu haben, entweder den Vorgaben unseres

Informationsverarbeitungssystems zu folgen oder uns für eine andere Handlungsweise zu entscheiden. Mit einem Wort, wir sind davon überzeugt, daß wir unser Verhalten von innen durch eine Betätigung des bewußten, freien Willens selbst hervorbringen. Daß es auch nur zum Teil durch eine für uns nicht wahrnehmbare äußere Kraft mitbestimmt sein könnte – eine Kraft, die Gehirnprozesse mit oder ohne unser Wissen beeinflußt –, diese Möglichkeit hat man vor allem mit der Begründung verworfen, daß keine äußere Kraft bekannt sei, die eine solche Wirkung haben könnte.« Diese Aussage stammt von Robert O. Becker, der sich in seinem Buch »Der Funke des Lebens« mit dem Einfluß elektromagnetischer Felder auf unser Denken und Handeln beschäftigt. »Wir sind in Gefahr« – so beschreibt der Autor die gegenwärtige Situation hinsichtlich der künstlichen elektromagnetischen Störfaktoren aus Radiosendern, Mikrowellen, Hochspannungsleitungen und sonstiger High-Tech, kurz Elektrosmog genannt, die unsere biologischen Funktionen empfindlich schädigen. Die Effekte aller abnormen, künstlichen elektromagnetischen Felder sind faktisch oder potentiell auf Dauer schädlich und bewirken beim Menschen Streßwirkungen und führen zu einer Reihe von Krankheiten, die eben mit Streß in Zusammenhang stehen. Auf die Dauer wird dadurch die Wirksamkeit des Immunsystems herabgesetzt, was zu einer Häufung von Infektionen und Krebserkrankungen führt. Es handelt sich hierbei um krebsfördernde und nicht um direkt krebserregende Wirkungen, was allerdings auch deswegen so besorgniserregend ist, weil die High-Tech in solch einem Maße zunimmt, daß für die nächsten Jahre weitere Störungen zu erwarten sind. Was in diesem Zusammenhang nun besonders wichtig ist, sind die niederfrequenten Magnetfelder, die sogenannten ELF-Wellen (Extreme Low Frequency), die vor allem das Gehirn und unser Verhalten beeinträchtigen. Der spanische Neurophysiologe José M. R. Delgado konnte zweifelsfrei nachweisen, daß ganz schwache elektrische Ströme, die dem Gehirn von Menschen oder Tieren durch eingepflanzte Elektroden verabreicht wurden, hochspezifische Gefühls- und Verhaltensreaktionen hervorriefen, die sich je nach der stimulierten Gehirnregion unterschieden. Er entdeckte die genauen Stellen im menschlichen Gehirn, an denen man Angst, Unruhe, Lust, Euphorie oder Wut auslösen kann. Mit der Zeit ist sein Interesse von der direkten elektrischen Stimulation des Gehirns auf das allgemeinere Gebiet der biologischen Wirkungen elektromagnetischer Felder übergegangen. Er hat den Einfluß von bestimmten Frequenzen von Magnetfeldern auf das Verhalten und Gefühlsleben von Affen untersucht und in Versuchen die Tiere willkürlich in Schlaf zu versetzen versucht oder zu einem antriebsarmen Verhalten stimuliert. Dabei betonte er, daß die elektrischen Ströme, die im Gehirn durch die Einwirkung solcher Felder erzeugt wurden, mehrere hundertmal weniger intensiv waren als die, die man zur elektrischen Stimulation einer Nervenzelle braucht, oder als diejenigen, welche zur direkten Stimulation durch Elektroden verwendet wurden. Dr. Kurt Salzinger von der Universität in Brooklyn setzte Ratten in den ersten Lebenstagen 60-Hz-Feldern aus. Danach wurden sie bis zum Alter von 90 Tagen unter normalen Umständen aufgezogen und dann zusammen mit einer normal aufgezogenen Kontrollgruppe verschiedenen Lernprogrammen unterzogen. Salzinger stellte fest, daß die strahlenbehafteten Ratten langsamer lernten und mehr Fehler machten. Er betonte, daß die Unterschiede stark ausgeprägt seien und lange Zeit nach der Einwirkung der Felder immer noch aufträten. Nach dem gleichen Prinzip untersuchte Dr. Frank Sulzmann von der State University of New York die Wirkung von 60-Hz-Feldern auf biologische Zyklen. Er stellte fest, daß die Aktivität von Affen, die solchen Feldern ausgesetzt waren, deutlich nachließ, was an der Häufigkeit gemessen wurde, mit der sie einen Hebel betätigten, um Futter zu bekommen. Überraschend war der Langzeiteffekt auf das Aktivitätsniveau, der monatelang anhielt, nachdem keine Einwirkung mehr erfolgte. Dr. Jonathan Volpa von der Gesundheitsbehörde New York untersuchte die Gehirnfunktionen von Affen drei Wochen lang und stellte fest, daß die Serotonin- und Dopaminwerte unmittelbar nach der Bestrahlung deutlich fielen und nur der Dopaminwert wieder auf ein normales Niveau zurückkehrte. Die Serotoninwerte blieben mehrere Monate lang weit unter normal. Die Neurotransmitter Serotonin und Dopamin hängen, wie wir inzwischen wissen, mit psychologischen Verhaltensmechanismen zusammen; ein Zusammenhang zwischen herabgesetztem Serotoninspiegel und Selbstmord ist mittlerweile des öfteren Forschungsgegenstand psychiatrischer Untersuchungen. In England wurden Untersuchungen darüber angestellt, inwieweit Starkstromleitungen und Selbstmord korrelieren, dies wurde hinsichtlich der vorher genannten Zusammenhänge bestätigt. Was bedeutet das nun für uns und unsere Umwelt? In der Zeitschrift »Raum & Zeit« veröffentlichen Experten regelmäßig Berichte zum Thema Elektrosmog und dessen Auswirkungen auf unsere Gesundheit (W. Volkrodt 1986, Referat über das Waldsterben, durch Richtfunk, Radio, Fernsehen und Radar verursacht; Todesursache: Elektrosmog, von Dr. Hans-Ullrich Hertel, Wattenwiehl, Schweiz). Trotz der herrschenden Meinung, das Waldsterben sei mit der Luftverschmutzung in Zusammenhang zu bringen, wird hier als Ursache für das Sterben der Natur die Zunahme der technischen Strahlung, kurz Elektrosmog, der der Mensch seit bald 50 Jahren zunehmend ausgesetzt ist, genannt. Von der nicht offiziellen Wissenschaft wird schon seit Jahren auf die äußerst schädliche Wirkung dieser technischen Strahlung hingewiesen. Dazu gehören:

- radioaktive Strahlen
- Radio- und Fernsehwellen
- Starkstromleitungen.

Was radioaktive Strahlen anbelangt, sind wir wohl umfassend informiert. Die sogenannten »nichtionisierenden Strahlen« der Radio- und Fernsehsender und der Satelliten sowie des Radars sind aber heute neben der künstlichen Radioaktivität wohl die gefährlichste Strahlenbedrohung auf der Erde. Vor allem: Sie sind flächendeckend.
»Vor ihnen gibt es keinen Schutz mehr. Diese Strahlungen wirken im Mikrowellenbereich. Sie sind somit im gleichen Bereich angesiedelt wie die in der Materie vorwiegend wirksamen Strahlen der Sonne. Sie sind aber qualitativ von diesen verschieden. Die Strahlung ist zudem um das Millionenfache stärker als die lebensspendende und lebenserhaltende natürliche Strahlung, die von der Sonne und dem Kosmos auf die Erde

kommt. Sie sind deshalb durchaus in der Lage, diese zu überlagern, gewalttätig zu verändern und zu deformieren bzw. die Sonnenstrahlung in unverträgliche Strahlung umzuwandeln.« (Dr. Hans-Ullrich Hertel, »Raum & Zeit«, Dezember 1990) Des weiteren ist dort zu lesen: »Das Leben kann diese Einwirkungen auf die Dauer nicht aushalten. Die Immunsysteme werden gezwungen, ihre normale Funktion aufzugeben. Sie brechen sukzessiv zusammen. Auch im Mikrowellenherd erfolgt grundsätzlich dasselbe. Die Substanz wird abgebaut, chaotisiert, krebsig und giftig. Der Abbauprozeß verläuft im Mikrowellenherd nur etwas schneller. Aber die Radiosender und Satelliten strahlen Tag und Nacht jahraus, jahrein. Dies trifft ebenso für die Radaranlagen des Militärs zu. Viele Wälder sind bisher dieser Strahlung zum Opfer gefallen. Ich erwähne dabei nur das Erzgebirge und den Schwarzwald.« (Dr. Hans-Ullrich Hertel) Dr. W. Roßadey aus Kalifornien berichtet, daß sich die Freisetzung von Calciumionen aus Nervenzellen nach 16-Hz-Bestrahlung auch durch die Bestrahlung von Nervenzellen durch ein bei 16 Hz moduliertes Mikrowellenfeld erreichen läßt. Die unmodulierte Mirkowelle allein hat diese Wirkung nicht. Die beiden Arten von Modulation, die von biologischer Bedeutung sind, sind die Pulsmodulation und die Amplitudenmodulation. Dr. Robert O. Becker erklärt das folgendermaßen: »Die Modulation ermöglicht die Übertragung von Informationen durch elektromagnetische Felder. Der Rundfunk arbeitet mit Amplitudenmodulation: Der Rundfunkempfänger demoduliert das Signal, indem er die Radioträgerfrequenz ausschaltet und nur die langsam fallende und steigende Modulation beibehält, die wir dann als Musik oder Sprache hören. Die Übertragung der Trägerwelle allein würde nicht den gewünschten Radioklang, sondern, je nach Art des verwendeten Radios, allenfalls einen gleichmäßigen Ton erzeugen. Anscheinend demoduliert auch der Körper, wenn er modulierten Radiofrequenz- oder Mikrowellenfeldern ausgesetzt wird, das Signal; die biologische Wirkung ist die gleiche wie bei Niederfrequenzmodulation. So gesehen werden alle biologischen Wirkungen durch ELF-Frequenzen hervorgebracht.« Das ist plausibel, weil die Körpersysteme, die das elektromagnetische Feld auffangen, auf die natürlichen Frequenzen zwischen 0 und 30 Hz eingestellt sind. Diese Systeme nehmen abnorme Felder, die sich von den natürlichen nicht allzusehr unterscheiden, wahr und zeigen dann eine abnorme Wirkung.

4.14 Lichtstreß

Die Auswirkungen von künstlicher Beleuchtung in Form von Neonröhren können zu einer Summe von Fehlregulationen des Nervensystems, wie Gereiztheit, Aggression, Niedergeschlagenheit und Arbeitsunlust, kurz Lichtstreß genannt, führen. Die amerikanische Weltraumbehörde NASA hat aus diesen Erfahrungen die Konsequenz gezogen und ließ eine Vollspektrumlampe entwickeln, deren Spektrum in einigen wichtigen Punkten gegenüber herkömmlichen Leuchtstofflampen verbessert wurde. Die Lichtfarbe entspricht dem Sonnenlicht, und die Strahlung ist gleichmäßiger über das gesamte Spektrum verteilt. Selbstverständlich bekamen erst einmal die Astronauten dies zu spüren, sie waren bei besserer Aufmerksamkeit und gehobener Stimmung. Bei der täglichen Arbeit im Büro bietet sich nun, um den Lichtstreß zu vermeiden, die Möglichkeit der Anschaffung einer Vollspektrumlampe, die ein möglichst tageslichtähnliches Spektrum aufweist. Bei Vollspektrumlampen ist die Annäherung an das Tageslicht weiter verbessert worden, was sich auf die Sehfähigkeit der Augen und deren Vitamin-A-Bedarf sowie auf die Botenstoffe des Gehirns auswirkt. Bei der Arbeit am Computer bei gleichzeitiger Neonbeleuchtung kann der Vitamin-A-Bedarf bis auf das 20fache steigen. Dies hat dann nicht nur Auswirkungen auf die Sehfähigkeit, sondern auch auf Haut- und Schleimhäute. Warum also nicht im Büro auf Licht und Farben achten, wenn sie erwiesenermaßen die Leistungsfähigkeit und die Stimmung heben und wo entsprechende Therapien doch in der Naturmedizin mit großem Erfolg praktiziert werden. Therapie mit Farben und Licht ist für die Naturheilkunde von ganz besonderem Interesse, denn diese stellen nichts anderes dar als die verschiedenen Frequenzbereiche des sichtbaren Lichts, wie wir sie über unsere Sinnesorgane wahrnehmen. Dem Physiker Dr. A. Popp ist es gelungen, nachzuweisen, daß die Zellen aller Lebewesen Biophotonen ausstrahlen, das sind natürliche elektromagnetische Schwingungen – ganz im Gegensatz zu den schädlichen Feldern, die wir im vorhergehenden Kapitel kennengelernt haben. Auch Farben haben sogenannte Charaktere, denen jeweils ihre Heilwirkung entspricht. Antriebsarme und langsam denkende Menschen sollten geistige Arbeiten unter Rotlicht machen. Auch ihre Kleidung, die sie unmittelbar auf der Haut tragen, sollte nach diesem Gesichtspunkt ausgewählt werden, ebenso eventuell die Büroeinrichtung. Oranges Licht sowie orangefarbene Kleidung und Nahrungsmittel haben sich als erfolgreich bei der Behandlung von Depressionen gezeigt. Schon in der Antike wußte man, daß man Schizophrenen in Räumen mit blauer Farbe Linderung verschaffen konnte. Auch die Farbe Grün hat einen ausgleichenden Charakter, von daher kann man nach wie vor empfehlen, gegen Streß im Wald spazierenzugehen. Schon Johann Wolfgang von Goethe wußte um diese Zusammenhänge, und der Anthroposoph Steiner hat diese Erkenntnisse in Schulen zur Anwendung gebracht, in denen die Klassenräume jeweils eine bestimmte Farbe tragen, um dem Alter gemäß der farblichen Unterstützung Rechnung zu tragen. Wie sehr das Sonnenlicht Einfluß auf unser Gehirn und die damit zusammenhängenden Transmitter ausübt, zeigt die weitverbreitete Winterdepression. Bei dem Versuch, Beziehungen zwischen Gehirn, Licht und Verhalten herzustellen, stießen die Neurophysiologen auf ein interessantes Organ: die Zirbeldrüse. Diese ist lichtempfindlich und teilt dem Körper mit, wie er sozusagen von Tag auf Nacht oder von Winter auf Frühling »schalten« muß. Doch nicht nur auf die Zirbeldrüse hat das Licht Einfluß, auch die Aktivität der Schilddrüse, der Nebennierenrinde und der Hirnanhangdrüse wird durch Licht beeinflußt, was den Hormonspiegel verändert. In Versuchsreihen an der Universität von Münster wurde festgestellt, daß künstliches Licht, das vom Sonnenlichtspektrum abweicht, einen beträchtlichen Anstieg von Streßhormonen auslöst.

Managerkrankheit und orthodoxe Medizin

Magnesium statt Aspirin
Der akute Herzinfarkt, Höhepunkt einer Managerkrankheit, entsteht offensichtlich durch einen Stau von Milchsäure und anderen sauren Stoffwechselprodukten im Herzmuskelsystem. Durch die Übersäuerung kommt es zur Erstarrung der roten Blutkörperchen, die dann nicht durch die feinen Kapillaren schlüpfen können und so einen Infarkt im Herzen bewirken. Schulmedizinisch eingesetzte Nitroverbindungen haben zwar einen leichten Schutzeffekt, weil sie die Milchsäurestauungen vermindern können, wenn auch über einen relativ giftigen Umweg. Die Nitroverbindungen schädigen die sogenannte oxidative Phosphorilierung im Herzmuskel, so daß der Herzmuskelstoffwechsel auf den überhöhten Milchsäurepool energetisch zurückgreift. Dadurch wird die Milchsäurekonzentration gemindert. Dr. Hans Nieper veröffentlicht regelmäßig Berichte zu Erkenntnissen der orthomolekularen Medizin auch im Hinblick auf die Verhütung von Herzinfarkt, was von der orthodoxen Medizin kaum zur Kenntnis genommen wird. »Immerhin ist es sinnvoll, die Herzkranzarterien nach einer Gefäßverengung wieder durchgängig zu machen. Mit der koronaren Bypass-Operation ist dies zum Teil möglich, wenn auch in recht primitiver Weise, und nicht von dauerhaftem Erfolg. Eleganter ist die Freilegung von Herzkranzarterien durch Enzyme, insbesondere mit Serapeptase, ein Enzym, welches nur gegen unbelebtes Gewebe, wie beispielsweise Seide oder Fibrinablagerungen, wirksam ist, nicht gegen belebtes Gewebe, auch nicht gegen frische Thromben. Die Therapie muß mindestens zwölf bis 18 Monate durchgeführt werden. Hingegen wird der Herzinfarkt offensichtlich sehr nachhaltig verhütet durch alle Maßnahmen, die geeignet sind, den Stoffwechsel des gestörten Herzmuskels unter allen Umständen, auch dem der Minderdurchblutung, in Ordnung zu halten. Dazu gehören: Magnesium – Kaliumaspartat, Magnesiumkaliumaspartathydrochlorid, Magnesiumortat und Magnesiumarginat. Dies sind die wirksamsten Magnesiumverbindungen für diese Anwendung. Ferner das Enzym Bromelain, das die Herznekrosegefährdung

vermindert. Aspirin wird in der herkömmlichen Medizin aus dem gleichen Grund angewendet, im Gegensatz zu Bromelain hat es jedoch keinen spezifischen Effekt auf die Prostaglandine, sondern schädigt die nützlichen Prostaglandine gleicherweise.« Über die wertvolle Eigenschaften des L-Karnithins zur Verhütung eines Herzinfarkts sprechen Dr. Lothar Burgerstein und Dr. Hans Nieper gleichermaßen: L-Karnithin ist eine biologische, orthomolekulare Substanz, welche aus zwei Aminosäuren besteht. Karnithin wird in der Leber aus Lysin und Methionin synthetisiert, kommt in die Blutzirkulation und wird von den verschiedenen Geweben und Organen resorbiert. Durch vermehrte Zufuhr von Karnithin werden die fettigen Ablagerungen im Herzmuskel »verbrannt«, der Stoffwechsel wird gesäubert, und es wird aus Fetten mehr Energie für den Herzmuskel bereitgestellt. Dadurch wird die Entgleisung in den Milchsäurestau nachhaltig vermieden. Dr. Nieper stellt die Frage: »Sind Italiener und Japaner klüger?« Etwa 92% der Weltkarnithinproduktion werden in Italien verbraucht, wobei die Motivation durch Wunderläufer Pietro Menea entstanden sein mag. Fest steht jedoch, daß etwa 750000 italienische Karnithinverbraucher sich eines langen Lebens erfreuen und, wie jetzt mitgeteilt wird, eine Gefahr für die Liquidität der Rentenversicherung darstellen. Dasselbe gilt für Japan: Seit 1963 wird in zunehmender Menge Kalium-Magnesium-Aspartat verwendet. Weite Bevölkerungskreise nehmen biologische Präparate – von der deutschen orthodoxen Medizin als »spökenkieck« verlacht –, doch das Resultat kann sich sehen lassen: Etwa 1600 Personen sind über 100 Jahre alt, die Zahl der 90jährigen beträgt an die 100000. Mit der entsprechenden Rückwirkung auf die Liquidität der Rentenversicherung. In Japan zählt medizinische Empirie eben mehr, giftige Chemotherapie ist dort kein Thema.

Zum Elektrosmog äußert sich Dr. Nieper: »Ein besonderer Hammer sind indes die Verlautbarungen der amerikanischen Umweltbehörde EPA zur mutmaßlichen erfolgserzeugenden Wirkung von elektromagnetischen Frequenzen, insbesondere extrem niedrigen Frequenzen (ELF). Dazu gehören die Wechselstromfrequenzen von 50 und 60 Hz. Die von der EPA herausgebrachten Dokumente, die jetzt erstmalig von »Science News« Anfang Juni 1990 vorgestellt wurden, sind in der Tat frappierend. Nicht nur, daß Personen, welche in der Nähe von Hochspannungsleitungen oder in der Nähe von Transformationsstationen wohnen, an Leukämie und bösartigen Tumoren erkrankten. Dies war schon länger bekannt, wenn auch immer unter den Teppich gekehrt. Es genügt, daß die Mutter eines Kindes während der Schwangerschaft auf oder unter einer elektrischen Wärmedecke gelegen hat, um die Häufung von Hirntumoren beim Kind um das Vierfache zu erhöhen.« Die Vernachlässigung der mikrophysikalischen Wirkung im biologischen System ist eine der Grundsünden der Schulmedizin. Zum Schluß möchte ich noch auf die Substanz Koenzym Q 10 eingehen, die wohl nicht ohne Grund in der höchsten Konzentration im Herzmuskel vorgefunden wird. Das Herz benötigt wie jeder andere Muskel im Körper essentielle Nährstoffe, die ihm die nötige Energie liefern. Heute weiß man, daß Herzkrankheiten durch Mangel an lebenswichtigem Koenzym Q entstehen und durch Gabe von demselben geheilt werden können. In den Jahren von 1976 bis 1980 wurden in Japan vier Millionen Patienten mit Koenzym Q behandelt, und heute wird die Zahl der in Japan mit Koenzym Q behandelten Patienten auf zehn Millionen geschätzt (Dr. Lothar Burgerstein). Versuche haben gezeigt, daß Vitamin E die Produktion von Koenzym Q fördert und daß auch Selen eng verbunden ist mit der wichtigen Produktion des krebsbekämpfenden Koenzyms Q.

4.15 Spezielle Rezepturen zur Nährstofftherapie
(nach Burgerstein)

Nährstofftherapie bei Arteriosklerose
1. Morgens und abends 1 Gramm Vitamin C
2. Morgens und abends 30 mg Zinkglukonat
3. Morgens und abends 2 Tabletten Dolomit
4. Vitamin B_6 bis zur Traumerinnerung
5. Täglich möglichst viel körperliche Betätigung
6. Morgens und abends 400 E. Vitamin E

Nährstoffe bei Migräne
1. Morgens und abends Ziman Fortified
2. 15 mg Zinkglukonat
3. Nur morgens Kaffee
4. Salzarme, kaliumreiche Kost
5. Morgens und abends 800 mg Magnesiumorotat
6. Vitamin B_6 bis zur Traumerinnerung
7. Wöchentlich Vitamin B_{12} als Injektion

Nährstoffe bei Alkoholismus
1. Mitglied bei A. A.
2. Morgens und abends Ziman Fortified
3. Vitamin B_6 bis zur Traumerinnerung
4. Morgens und abends Dolomit
5. Niacin, Thiamin, Riboflavin
6. Tägliche körperliche Betätigung

Nährstoffe für Sport
1. Morgens und abends 3 Tabletten Brauereihefe
2. Morgens und abends 1 Gramm Vitamin C
3. Morgens und abends 2 Tabletten Dolomit
4. Morgens und abends 400 E. Vitamin E
5. Thiamin, Niacin, Riboflavin
6. Morgens 1 Kapsel Ziman Fortified
7. Morgens und abends 15 mg Zinkglukonat
8. Morgens und abends 10 mg Mangan
9. Frischer Obst- und Gemüsesaft

Nährstoffe bei Schlaflosigkeit
1. 30 mg Zinkglukonat
2. 2 Tabletten Dolomit (Calcium, Magnesium)
3. 1 Gramm Vitamin C
4. 1–2 Tabletten Inositol (650 mg)
5. 1–2 Tabletten Tryptophan (500 mg; nur bei Patienten mit niedrigem oder normalem Histaminspiegel)
6. Lebensstilfaktoren: Sex, körperliche Betätigung, heißes Bad

Grundformel – Nährstofftabelle

Vitamin A	2000 IE
Vitamin B_1	10 mg
Vitamin B_2	10 mg
Vitamin B_3	50 mg
Vitamin B_5	20 mg
Vitamin B_6	20 mg
Vitamin B_{12}	20 µg
Folsäure	200 µg
Biotin	500 µg
Cholin	100 mg
Inositol	100 mg
PABA	50 mg
Vitamin C	1000 mg
Bioflavonide	100 mg
Vitamin D	200 IE
Vitamin E	200 IE
Calcium	500 mg
Magnesium	250 mg
Phosphor	200 mg
Kalium	25 mg
Eisen	10 mg
Kupfer	1 mg
Zink	5 mg
Mangan	5 mg
Molybdän	50 µg
Chrom	25 µg
Selen	25 µg
Jod	50 µg

4.16 Ihr persönliches Vitaminprofil

1. Gewicht
- Wenn Sie 55 kg oder weniger wiegen, dann gehen Sie von der Grundformel aus.
- Bei einem Gewicht von 55,5 bis 82,5 kg erhöhen Sie alle Substanzen in der Grundformel um die Hälfte (z. B. Vitamin A 2000 IE wird zu 3000 IE).
- Bei einem Gewicht über 82,5 kg verdoppeln Sie die Grundformel.

2. Übergewicht
- Ideal für die Größe: sehr gut
- Bis 10 kg über ideal: gut.
- 10–20 kg über ideal: Erhöhen Sie Vitamin C um 500 mg. Essen Sie mehr Ballaststoffe: Vollkorn, Naturreis, rohes Gemüse.
- Über 20 kg Übergewicht: Erhöhen Sie Vitamin C um 1000 mg. Essen Sie mehr Ballaststoffe.

3. Wohnverhältnisse
- Wenn Sie in einer Großstadt oder in der Nähe eines Industriegebietes wohnen: Erhöhen Sie Vitamin A um 2000 IE, C um 1000 mg, Bioflavonide um 100 mg, E um 100 IE, Zink um 10 mg und Selen um 50 µg.

4. Rauchen
- Nichtraucher: sehr gut
- Mit Rauchern den ganzen Tag über zusammen arbeitend (d. h. unfreiwilliger Raucher): Erhöhen Sie Vitamin C um 500 mg, Bioflavonide um 50 mg, Zink um 5 mg.
- Weniger als fünf Zigaretten täglich: Erhöhen Sie Vitamin A (karotinoide Form) um 4000 IE, B_1 um 5 mg, B_2 um 5 mg, C um 750 mg, Bioflavonide um 100 mg, Zink um 10 mg.
- 16 bis 30 Zigaretten täglich: Erhöhen Sie Vitamin A (Beta-Karotin) um 6000 IE, B_1 um 10 mg, B_2 um 10 mg, C um 1000 mg, Bioflavonide um 150 mg, Zink um 10 mg.
- Mehr als 30 Zigaretten täglich: Erhöhen Sie Vitamin A (karo-

tinoide Form) um 9000 IE, B_1 um 10 mg, B_2 um 10 mg, C um 1500 mg, Bioflavonide um 150 mg, Zink um 15 mg.

5. Alkohol (1 Drink = 235 ml Bier, 200 ml Wein, 30 ml Schnaps)
- Einen Drink am Tag (¼ l Wein): in Ordnung
- mehrere Drinks am Tag:
  Erhöhen Sie Vitamin A um 2000 IE, B_1 um 50 mg, B_2 um 25 mg, B_3 um 100 mg, B_6 um 20 mg, B_{12} um 50 µg, Magnesium um 50 mg, Kalium um 5 mg, Zink um 5 mg.

4.17 Gehirngymnastik – Brainbuilding und Mindgym

Es hat in den letzten Jahren eine Menge Untersuchungen gegeben, die aufzeigen, daß Bewegung ein wesentlicher Faktor für die Gehirndurchblutung und die Anregung zu Gehirnwachstum ist. Wie wir bisher schon gelernt haben, sind die Nährstoffe für ein optimales Funktionieren des Gehirns von großer Bedeutung. Darüber hinaus ist gezielte Bewegung ebenso wie spezielle Nahrung ein Stimulationsfaktor für das Gehirn und ebenso notwendig, wenn es darum geht, kreativ und geistig klar zu bleiben.

Vestibuläre Stimulation – das Training auf der Achterbahn
Als Erwachsener nimmt man überwiegend eine sitzende oder stehende Körperhaltung ein. Kinder dagegen rennen und springen, schlagen Räder und Purzelbäume, rollen Abhänge herunter und fahren mit Begeisterung Karussell und Achterbahn. Wenn wir älter werden, nimmt nun die Zahl der Räder und Purzelbäume, die wir schlagen, rapide ab. Das hat – man sollte es nicht glauben – Einfluß auf unser Innenohr und damit auf unser Gehirn.
Bewegung wirkt sich besonders auf den Vestibularapparat im Innenohr aus, eine Stelle, an der Signale entstehen, die unsere genaue Position im Raum erkennen und uns über die Stellung unseres Körpers, die Bewegungsrichtung und -geschwindigkeit informieren. Da unser Körper zum Großteil aus Wasser besteht, ist es einsichtig, daß Kreis- und Drehbewegungen vor allem auf

die Körperflüssigkeit Einfluß nehmen. Wie wirkt sich Bewegung nun auf unser Gleichgewichtsorgan, den Vestibularapparat, aus? Eingebettet in die gelatineartige, halb flüssige Membran des Innenohrs sitzen Millionen winziger Haarzellen. Wenn wir ruhig dasitzen, registrieren diese Zellen nur die Schwerkraft, aber bei Bewegung verschieben sie sich. Als Reaktion auf Bewegung oder Schwerkraft senden die Haarzellen Signale direkt ans Kleinhirn. Ein zweites Element des inneren Orientierungssystems sind drei Röhren im Innenohr: die Bogengänge. Diese schneckenförmigen Röhren enthalten eine Flüssigkeit, die sich innerhalb der Gänge bewegt, wenn wir den Kopf drehen oder neigen.

Im Alter gilt für unser Gehirn das gleiche wie für den Rest des Körpers: Wer rastet, der rostet. Das Vestibularorgan, das in der Jugend durch viele äußere Reize stimuliert wird, verkalkt und versteift, sobald wir uns immer ruhiger und würdevoller bewegen. Der Neurophysiologe James Prescott von Bethesda glaubt, daß der Vestibularapparat bei der Entwicklung von sozialem Verhalten eine Rolle spielt. Er beschreibt, wie Bewegungsmangel zu sozialem Rückzugsverhalten führen kann, das wir im Extremfall unter Autismus verstehen. In den 60er Jahren wurden Untersuchungen an der Universität von Wisconsin durchgeführt, die die Zusammenhänge zwischen der Entwicklung einer normalen Gehirnfunktion, normaler sozialer Fertigkeiten und Bewegung aufzeigen. Bei diesen Untersuchungen nahm man kleinen Affenkindern die Mutter weg. Einige unter ihnen wuchsen isoliert auf, ohne mit anderen Artgenossen in Kontakt zu kommen. Innerhalb von drei Monaten waren die jungen Affen stark gestört und konnten auch später keine normalen Beziehungen zu anderen aufnehmen. Zuerst nahm man an, daß die fehlende Mutter der Grund für die Fehlentwicklung der Jungtiere war. Der Psychologe Harry Harlow war anderer Meinung, denn eine Gruppe von Affen, die mit Gleichaltrigen ohne Mutter in einem normalen Käfig aufwuchsen, entwickelte sich durchaus normal. Was konnte als wirkliche Ursache der geistigen Störung in Frage kommen? Offensichtlich konnte der Schaden durch Reizentzug entstehen. Ein Kollege von Harlow, Bill Mason, unternahm weitere Versuche. Er zog eine Af-

Das motorische Gehirn (nach Penfield)

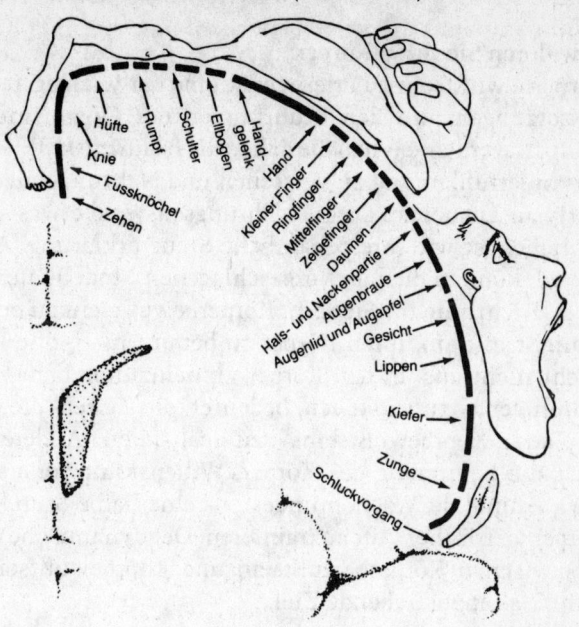

Abb. 5: Der »motorische Homunkulus« von Wilder Penfield stellt die Hirnregionen dar, die die Motorik bestimmter Körperregionen steuern.

fengruppe zusammen mit den Müttern auf, eine zweite mit einer Ersatzmutter (einer mit Fell bezogenen, fest verankerten Flasche) und eine dritte Gruppe mit derselben »Ersatzmutter«, in diesem Fall aber mit einem Motor verbunden, der sie hin und her schaukelte. Die Ergebnisse waren verblüffend: Die mit der stationären Mutter aufwachsenden Affen entwickelten dieselben Entzugserscheinungen wie die in totaler Isolation aufgewachsenen; die mit der beweglichen »Ersatzmutter« aufwachsenden jedoch entwickelten sich normal.

- Der entscheidende Faktor bei der Entwicklung normaler Gehirne und der Fähigkeit zu sozialer Zusammenarbeit ist die Bewegung.

4.18 Überlebensstrategien für den Manager

1. **Bewohnen Sie Ihren Körper:**
   Körperbewußtsein zu erlernen ist eine der wichtigsten Voraussetzungen, um den Bedürfnissen des Organismus gerecht zu werden. Lernen Sie daher, die Bedürfnisse Ihres Körpers zu erfühlen und zu verstehen und Nahrungsmittel intuitiv auszusuchen. Da die Nahrungsauswahl etwas so Persönliches ist wie Ihre persönliche Steuererklärung (Adelle Davis), können die hier vorgeschlagenen Modelle nur eine grobe Richtlinie für Sie sein. Körperbewußtsein zu erleben schließt mit ein, Ihren Körper zu benutzen – bloße Pflege reicht nicht aus. In den Körper »hineinzuhorchen«, seine »Intelligenz« zu verstehen, bedeutet, die Zeiten, die Grenzen des »Kopfbewußtseins« zu realisieren. Andererseits setzt die Benutzung des Körpers Willenskraft voraus, wie etwa einmal die Woche mindestens eine halbe Stunde den Körper an frischer Luft zu trainieren. Der dynamische Wechsel zwischen Körperbewußtsein und Kopfbewußtsein sei damit das anzustrebende Ziel.

2. **Essen Sie die Lebensmittel so roh, so frisch und so ganz wie nur möglich.**
   In der modernen Küche setzt sich ein Trend immer mehr durch: der Salat vor dem Essen. Dies hat in vielerlei Hinsicht seine Vorzüge, der Magen wird mit enzymreicher Nahrung versogt, die Verdauungsleukozytose wird unterbunden (keine Müdigkeit nach dem Essen), und Sie kommen in den Genuß informationshaltiger Nahrung. Der Zahnarzt Dr. Schnitzer und der Mediziner Dr. Brucker empfehlen gleichermaßen, je größer der Wille zur Gesundheit, um so mehr Rohkost sollten Sie zu sich nehmen. Daher sind eine rohe Karotte, Sonnenblumenkerne oder Nüsse stets einem Stückchen Kuchen oder einer Tasse Kaffee vorzuziehen, um ein kurzfristiges Tief zu vermeiden. Jedoch bewirken natürliche Lebensmittel nicht diesen Kick, den man von Traubenzucker oder koffeinhaltigen Getränken erwarten kann – vor allem dann nicht, wenn man über Jahre hinweg seinen Kör-

per nur immer hochgeputscht hat – andererseits bauen sie wieder das auf, was man eine gesunde Basis nennt. Gehen Sie bei der Wahl Ihrer Lebensmittel in folgender Reihenfolge vor: zuerst rohes Gemüse und Früchte, dann Proteine (für Gemischtköstler: Fisch, Geflügel oder Sojaprodukte, Weizenkeimlinge etc.) und dann Kohlenhydrate (möglichst komplette) wie Schwarzbrot, Teigwaren u. a. Bei schlechter Gesundheit empfiehlt sich, den Körper mittels Fasten zu entschlacken und tierische Nahrungsmittel, Zucker und Kaffee ganz zu meiden.

3. **Nehmen Sie je nach persönlichem Bedarf und Intuition Nahrungsmittelergänzungen zu sich:**

- Öle (mehrfach ungesättigte wie Distelöl, Leinsamen- und Weizenkeimöl, Omega-3-Fettsäuren, Nachtkerzenöl)
- Enzyme (rohes Gemüse und Obst, Papaya, Ananas etc., Wobenzym)
- Vitamine (Radikalfänger wie Vitamin A, C und E, Niacin; siehe persönliche Empfehlung Linus Paulings)
- Mineralien (Calcium und Magnesium zur Verhütung der Managerkrankheit)
- Spurenelemente, besonders wichtig sind hier Selen und Germanium
- Aminosäuren (die essentiellen Aminosäuren vor allem am Morgen zu sich nehmen, damit ist die größte Energieausbeute verbunden)
- Kohlenhydrate (nur komplexe und keine einfachen raffinierten Zucker zu sich nehmen)

4. **Vermeiden Sie Hypoglykämie (Unterzuckerung).**
Diese am weitesten verbreitete Krankheit mit ihrer maskierten Symptomatik darf keinesfalls mit Zucker kuriert werden. Frisches Gemüse und Obst (siehe Diagramm nach Dr. Schuitemaker) sowie hochwertige Proteine, Substanzen des Glukosetoleranzfaktors und viele Zwischenmahlzeiten aus hochwertigen Produkten (Sonnenblumenkerne, Nüsse,

Mineralwasser) können die Ursachen beseitigen. Dazu Glukosetoleranzfaktor: Chrom.

5. Vermeiden Sie Sauerstoffmangel und Minderdurchblutung des Gehirns:

Unser Biocomputer kann nur in dem Maße optimal funktionieren, wie ihm Sauerstoff, Glukose und die entsprechende Blutmenge zur Verfügung steht. Dies kann durch einige Übungen optimiert werden:

- Kurzer Dauerlauf um den Block hilft oft gegen Entscheidungsschwäche. »Zeige mir deine Beine, und ich sage dir, wer du bist – nein, ... wie du denkst«; dieser Ausspruch soll sagen, wie stark die Motorik sich doch auf unsere Gehirndurchblutung auswirkt. Laufen und tiefes Atmen verbessern die Sauerstoffzufuhr und die Durchblutung des Gehirns gleichermaßen. In diesem Zusammenhang ist auch aufrechte Haltung wichtig, nicht umsonst hatte Goethe ein Stehpult für schriftstellerische Tätigkeiten und zum Dozieren. Auch die Griechen übten ihre berühmte Memotechnik und ihre stundenlange Rhetorik während des Gehens. Aufrechte Haltung (D. Köppen-Weber: »die Alta-major-Methode«) und inneres Selbstwertgefühl entsprechen einander. Schlechte Durchblutung des Gehirns kann auch durch isometrische Spannungsübungen (Knie beugen und Liegestütze) und, wenn es vertragen wird, durch Liegen auf der Schrägbank oder Kopfstand behoben werden.

6. Öfter mal eine kreative Pause einlegen:

Wichtiger als in einem fort zu arbeiten und den toten Punkt zu ignorieren, ist es, eine kreative Pause einzulegen, in der Körperbewegungen und neue visuelle und auditive Eindrücke dominieren. Wie oft kommt es zu neuen Ideen, wenn man sich in einem ganz anderen Umfeld befindet. Das hängt damit zusammen, daß die rechte Gehirnhälfte sich dann »dazuschaltet«, wenn man Abstand von der Tagesproblematik gewinnt und sich neuen Eindrücken zuwendet.

Bekanntermaßen haben nicht nur Nobelpreisträger ihre Erkenntnisse oft im Schlaf und in der Straßenbahn gefunden – was den Wert nicht herabmindern soll, was aber zeigt, daß eine Synthese, ein Aha-Erlebnis, Archimedes' Heureka etc., alle einer kreativen Pause entsprangen.

7. **Verzichten Sie darauf, sich dauerhaft Stimulantien zuzuführen.**
Ich möchte hier nicht gegen Kaffeetrinken, Zigarettenrauchen und das Bier am Abend sprechen. Nur, die dauerhafte Zuführung von psychoaktiven Substanzen wie Nikotin, Koffein und Alkohol hat Konsequenzen für Ihren Körper. Ebenso wie – bekanntermaßen – ein Übermaß an Salz und Zucker (auch der versteckte) sind folgende – weniger bekannte – Gifte aus Ihrer Umwelt zu vermeiden (Punkte 8, 9, 10):

8. **Vermeiden Sie toximolekulare Einflüsse aus Lebensmitteln und der Umwelt:**

   - Vorsicht bei mikrowellengekochtem Essen
   - Kein aufgewärmtes Essen (vielleicht läßt sich dies trotz häufiger Überstunden mit der Ehefrau arrangieren)
   - Einen katalysatorbetriebenen Wagen zu fahren kann durch Platinemission Krebs verursachen (siehe dazu Dr. Niepers Veröffentlichungen in »Raum & Zeit« sowie diverse andere Studien)
   - Vermeiden Sie Saures aus Aluminiumdosen und -töpfen oder Colagetränke aus denselben wegen des Aluminiumgehalts. Des weiteren ist auch die Cadmiumbelastung durch Zigarettenrauchen und Bleivergiftung durch Autoabgase wohl weitestgehendst bekannt.

9. **Vermeiden Sie Elektrostreß:**
»Wollt ihr die totale Verkabelung?« Diese Worte stammen nicht vom Bundespostminister, sollen aber zeigen, daß der Mensch der High-Tech seinen Tribut zollen muß. Ich möchte hier kein Zurück propagieren, sondern den richti-

gen Umgang mit elektronischen Geräten, die aus unserer Umgebung nicht mehr wegzudenken sind. Doch frage ich mich: Muß mit diesen Errungenschaften die menschliche Lebensqualität leiden? Ich meine: Nein. Nachgewiesenermaßen führt das Schlafen oberhalb, unterhalb oder innerhalb eines elektronischen Kabelsalats bestenfalls zu Schlafstörungen, schlimmstenfalls zu Krebs. Hochspannungsmasten, Rundfunk und Satelliten tun das Ihrige, um das Bombardement an schädlicher Strahlung auf den menschlichen Körper fortzusetzen. Mittlerweile gibt es elektromagnetische Geräte, die in der Nähe des Körpers angebracht werden, um sich vor schädlichen Feldern zu schützen.

- Wer viel am Bildschirm arbeitet, kann durch elektrostatische Aufladungen Probleme mit der Gesundheit bekommen (neuste Erkenntnisse, vorgestellt von Dr. med Christoph Landerer bei der 35. Jahrestagung des Verbandes der Ergotherapeuten in Berlin). Zwischen Schirm und Benutzer baut sich ein Feld auf, in dem aufladbare Teilchen hin und her schießen. In Schweden dagegen gelten strengere Sicherheitsnormen für Bildschirmbenutzer. Dort wird es auch für erforderlich gehalten, die elektromagnetische Strahlung einzudämmen. Nach Aussagen von Wissenschaftlern sollen von den fünf bis sechs Millionen in der BRD installierten Computerbildschirmen höchstens 5000 strahlungsarm sein. Eine seit 1986 laufende Untersuchung des National Institute of Occupational Safety and Health (NIOS) in den USA soll unter anderem klären, inwieweit Bildschirmarbeit auch die Ursache für Fehlgeburten ist. Auf CEBIT wurden kürzlich strahlungsarme Bildschirme vorgestellt. Doch was wird aus den bereits installierten Computern? Ein Gutachten des Instituts für Baubiologie hat ergeben, daß durch nachträglich einzubauende, wartungsfreie Bildschirme den strengen schwedischen Sicherheitsnormen entsprochen werden kann. Die Nachrüstung reduziert außerdem störende Lichtreflexe und Spiegelungen und verbessert den Kontrast.

10. **Vermeiden Sie Lichtstreß:**
Untersuchungen haben ergeben, daß permanentes Arbeiten bei Neonlicht Aggressivität, Abgespanntheit und Nervosität mit sich bringen kann. In Verbindung mit Bildschirmarbeit kann der Vitaminbedarf auf das 10- bis 20fache ansteigen. Verwenden Sie daher Neonröhren mit einem ganzheitlichen Spektrum (True Lite).

11. **Hinwendung zu Mentalstrategien (wie im 2. Teil des Buches erwähnt):**

- »Ich kann deshalb nur warnen: Springen Sie nicht auf die jetzige *Psycho-Welle*, die zum Teil im Management beobachtbar ist. Wie ich schon einmal geschrieben habe, praktizieren besonders Großkonzerne in bedeutendem Umfang Trainings-Konzepte, die aus der Psycho-Ecke oder aus der New-Age-Ecke kommen. Vom Feuerlaufen über Schlauchboot-Überlebenstraining bis zu Sensitivitäts-Therapien mit Gruppen-Zwang.
Deshalb: Der eigentliche Trend läuft zu den *mentalen Instrumenten*. Also zu der Fähigkeit, mit seinem Gehirn konsequent und operativ umzugehen, d. h., wie die Amerikaner so schön sagen, *Mind* zum Instrument machen, um damit *Spirit* zu formen.« (Gerd Gerken)

TEIL 2

GEHIRN UND MANAGEMENT – MENTALE FITNESS ALS LEBENSPRINZIP

»Verhalten zu managen bedeutet,
sein Gehirn zu managen.
Was liegt näher, als sein Gehirn zu managen,
um Verhalten zu managen.«

Kapitel 5

Mentale Strategien als Lebensprinzip

»Nun liegt es aber auf der Hand, daß eine umfassende Gehirntechnologie – wenn sie intelligent eingesetzt wird – uns von jeder Form neurotischer oder irrationaler Sturheit befreien kann und wir unser Nervensystem genauso problemlos einschalten können wie unseren Fernseher und zwischen den verschiedenen Kanälen wählen können.«

R. A. Wilson

Im allgemeinen neigt der Mensch dazu, das zu sehen, was er erwartet, und alles beiseite zu schieben, was er nicht sehen möchte. Dieses Verhalten wird dann als Einstellung bezeichnet. Diese Einstellung setzt aber voraus, daß wir gewisse Bilder oder zumindest Eindrücke von der Sache haben, also eine Vorstellung davon haben. Infolge der Einstellung sind die Weltanschauung und das Urteil über andere stark subjektiv gefärbt, so daß ein jeder seine ganz persönliche Sichtweise hat, man sagt auch: seinen »Realitätstunnel« bewohnt. Jeder behält gerne das, was er vorrangig glauben will. Daher ist es auch nicht weiter verwunderlich, daß sich das einstellt, was wir am meisten wünschen oder am vehementesten ablehnen. Denn diese beiden Einstellungen sind mit Emotionen gekoppelt, die das jeweilige Erlebnis verstärken. Denn jeder Lernprozeß prägt sich um so stärker ein, je mehr er mit einem Gefühl gekoppelt ist. Wenn wir davon ausgehen, daß wir für die Ereignisse und Herausforderungen, die uns unmittelbar betreffen, selbst verantwortlich sind, also sie bis zu einem gewissen Grad beeinflussen können, so macht es Sinn, wenn wir durch eine gezielte mentale Voraussetzung eine tatsächliche Verwirklichung anstreben. Die Voraussetzung dafür ist, sich die Ziele klar vor Augen zu halten und sich lebhaft vorzustellen, sie seien schon eingetreten. Das kann vor allem in der medizinischen Behandlung gut funktionieren, um den »Plazeboeffekt« auszunutzen, der mehr und mehr von Ärzten anerkannt wird, um die Selbstheilungskräfte des Patienten zu »trainieren«. Diese mentale Strategie gewinnt in der Medizin als Immuntraining immer mehr an Bedeutung. Nicht nur im Sport ist Mentaltraining in den letzten Jahren von einer Geheimsache zur populären Strategie geworden, auch im Topmanagement setzt man mittlerweile auf Methoden der mentalen Fitneß. Wenn Boris Becker und Stefanie Graf einstimmig erklären: »Ein Spiel entscheidet sich im Kopf«, so sagt das etwas über ihre geistige Zielsetzung, das Selbstvertrauen und die innere Verfassung aus, oder aber über die eigenen Schwierigkeiten, gegen die man noch zusätzlich anzukämpfen hat. Nur zu häufig beobachtet man während eines Spiels, wie die geistige Tagesform ausschlaggebend für den Gewinn ist und wie manche Spielerpersönlichkeiten sich vom anderen stören und aus dem Rhythmus bringen lassen. »Fitneß« stammt ja auch ursprünglich aus dem Bereich der körperlichen Gesundheit und bezieht sich auch heute noch auf den möglichst guten Zustand des Körpers und seiner Organe. Folglich fand man auch Fitneß zuerst im Zusammenhang mit dem Leistungssport. Mittlerweile erkennt man aber immer mehr den Wert geistiger Fähigkeiten, um den besonderen Anspannungssituationen im Alltag gerecht zu werden und die geforderte Höchstleistung zu bringen. Neben dem allgemeinen Trend hat die Beschäftigung mit dem Gehirn einen hohen gesellschaftlichen und psychosomatisch/therapeutischen Wert. Die Therapie am Menschen – sei es nun Medizin oder Psychotherapie – sollte folgende beiden Säulen als wichtige Grundlage mentaler Fitneß betrachten:

- Mentalstrategien – zur Umprogrammierung alter Gehirnstrukturen
  und
- Gehirnleistungsnahrung – um kognitive Prozesse zu beschleunigen

Es scheint, daß viele mentale Unzulänglichkeiten (wie Ängste, Verstimmungen, etc.) auf einem Ungleichgewicht zwischen der Ursache und den Wirkprozessen in Denken, Handeln und Fühlen beruhen, wofür es in der Medizin einen akzeptierten Ausdruck gibt – die Homöostase, das Gleichgewicht. Wir pendeln also ständig um einen fiktiven Mittelpunkt, der uns in Balance hält und daher ein normales Funktionieren des psychischen Überlebens garantiert. Wir sind nach wie vor das Produkt der biologischen Evolution, die uns mit ein paar Wahrnehmungen ausgestattet hat und den Ahnen ermöglichte, sich erfolgreich in der Biosphäre dieses Planeten zu behaupten; ein direkter Zugang zu Mikrokosmos und Makrokosmos war nicht überlebensnotwendig. Wir erleben auch heutzutage immer nur eine artspezifisch interpretierte Wirklichkeit. Nach wie vor sind wir im allgemeinen auf die uns genetisch einprogrammierten Anschauungsformen unserer paar Sinne angewiesen, die schnelle Luftdruckschwankungen zu Tönen machen, die Anwesenheit bestimmter Aerosole zu Gerüchen, die reflektierte elektromagnetische Strahlung mit einer bestimmten Wellenlänge zu Farben. Unserer Introspektion sind also gewisse biologische Grenzen gesetzt. Die vielen, unzähligen Wahrnehmungsprozesse laufen darauf hinaus, ständig eine kognitive Homöostase zu erzeugen, wie Heinz von Foerster sagt.

- Die Formung und Programmierung hin zu einem einerseits flexiblen und autonomen Geist, der sich andererseits kooperativ an das kollektive Bewußtsein ankoppelt, mag daher ein anzustrebendes Ziel für den mentalen Manager sein.

> Mentale Fitneß hat in ihrer Grundüberlegung sehr viel mit Ganzheitlichkeit und der Balance von Körper und Geist zu tun. Es besteht sozusagen das Bedürfnis, ein dynamisches Gleichgewicht zwischen beiden aufrechtzuerhalten, um, von dieser Basis ausgehend, sich immer weiter zu entwickeln.

5.1 Der mentale Manager

Was ist so interessant an der Verbindung zwischen Mentalstrategie und Management? Nun, eine Führungspersönlichkeit ist jemand, der Kontrolle ausübt. Und wen sollte er kontrollieren? Nun, erst einmal sich, sein Denken und seine Emotionen, und dann seine Umgebung.

Das kann in einem großen Betrieb viele Menschen betreffen, die es gilt zu motivieren und zu führen, oder aber es geht im kleinen nur um einen selbst, die Familie, die Verwandtschaft oder den Verein. Auf jeden Fall geht es immer darum, jemanden zu beeinflussen, zu manipulieren und andere von der eigenen Meinung zu überzeugen. Selbst wenn Sie nicht aktiv kommunizieren, senden Sie eine Botschaft, und sei es nur die, daß Sie im Moment nicht kommunizieren wollen. Das Leben besteht aus Senden und Empfangen, darin, die Botschaft zu verarbeiten und wieder senden. Das, was die Nervenzelle im kleinen macht, nämlich Informationen aufzunehmen, zu modifizieren und zu steuern, das spielt sich auch im großen während der Kommunikation zwischen zwei Menschen ab. Unglücklicherweise funktioniert der Kommunikationszyklus zwischen zwei Menschen nicht immer so, wie es sein sollte.

Und sei es nur im häuslichen Betrieb; somit ist jeder mehr oder weniger ein Manager, der Dinge mit Hilfe seines Willens oder unter Einsatz anderer geistiger Hilfsmittel zu verändern sucht. Nur werden die Möglichkeiten nicht genutzt und mentale Strategien häufig dem Zufall überlassen; man wartet sozusagen ab, bis das Umfeld sich als günstig erweist oder der Leidensdruck so stark ist, bis eine Änderung sozusagen von außen erzwungen wird. So weit muß es aber nicht kommen.

> Mentalstrategien und Wege zur Introspektion können als Reise in die innere Welt dienen, um damit schöpferische Energien freizusetzen.

5.2 Mentale Fitneß

Magie hat viele Parallelen zur Wissenschaft, doch Wissenschaft nicht unbedingt einen Bezug zur Magie. Um Verbindungen der beiden Pole aufzuzeigen, bedarf es aber vorher einiger Erklärungen. Von außen gesehen macht die Wissenschaft den Eindruck der Stimmigkeit und Homogenität. Bei näherer Betrachtung läßt sich aber feststellen, daß ihr ein ganz wichtiger Faktor fehlt bzw. abhanden gekommen ist: das menschliche Bewußtsein. Magie hat sich im Gegensatz zur Wissenschaft nicht so weit vom Aspekt der »Menschlichkeit« entfernt. Die Handlungen werden im Kontext mit dem Geist des »Probanden« gesehen – und zwar in Verbindung als etwas größeres Ganzes. Die Wissenschaft hat einen ganz anderen Ansatz. Sie falsifiziert, legt ihre Absicht darauf, etwas zu widerlegen, indem sie die Beweise dadurch erbringt, die Dinge in immer kleinere Elemente zu zerlegen. Irgendwann entspricht ihr Produkt – das Ergebnis der Untersuchung – ihrer ursprünglichen Intention. Robert Anton Wilson nennt in diesem Zusammenhang zwei polare Anteile im Denken des Menschen, die ihn immer wieder darauf zurückwerfen, das zu glauben, was man glaubt. »Der Denker, der denkt, und der Beweisführer, der beweist« sind die beiden Instanzen, die unseren Realitätstunnel erschaffen, eine Realität, durch die wir uns selbst beweisen und bestätigen. Die Haltung des Wissenschaftlers ist im allgemeinen eine, die der Natur die Versuchsbedingungen aufzwingt und die Versuchsanordnung dementsprechend wenig objektiv gestaltet, da sie sich nicht einer höheren Intelligenz bedient.

> Der Wissenschaftler zwingt die Natur, ihre Geheimnisse preiszugeben, der Magier umwirbt sie, versucht im Einklang mit ihr zu handeln, um ihre Geheimnisse kennenzulernen.

Zunächst einige Definitionen zur Magie:

»Magie ist die Wissenschaft und Kunst, in Übereinstimmung mit dem Willen, eine Veränderung hervorzurufen.«
(Meister Therion, Zürich 1965)

»Magie ist die Kunst, willentlich Bewußtseinsveränderungen hervorrufen zu können.«

(Butler, 1976)

»Magie ist die Wissenschaft, sich selbst und seine Bedingungen zu verstehen. Sie ist die Kunst, dieses Verständnis in die Tat umzusetzen.«

(Meister Therion, Zürich 1965)

Mentale Strategien im Zusammenhang mit Wirkgesetzen der Magie:

- »*Wissen und Kontrolle:* Das fundamentalste Gesetz der Magie bezieht sich darauf, daß Verstehen Kontrolle bringt. Im engen Blickwinkel der Wissenschaft wird das rationalem Wissen gleichgesetzt, ohne zu verstehen, daß es auch noch transrationales Wissen gibt. Wissenschaft weist dem »Mythos« Magie jedoch ungerechterweise die Stellung des prärationalen Denkens zu, obwohl dies wohl für das New Age gilt. In der Magie werden verschiedene Denkarten (wie Intuition) angestrebt, die die Wissenschaft nicht gelten läßt. Das Gesetz des Wissens enthält einen wichtigen Unterpunkt, den der Selbstreflexion, des Wissens um sich selbst – »Erkenne dich selbst«.

- *Aktionszyklen und Handlung:* Zyklen beherrschen das Leben (Geburt, Altern, Tod) und beruhen auf Gesetzen/Metaprogrammen der Natur. Starten, Verändern, Stoppen kennzeichnet den evolutionären Verlauf. Ein Aktionszyklus im mentalen Sinne besteht aus Anfang, Weiterführung, Ende von Handlungen. Handlungszyklen bestimmen unser Leben. Manch einer besitzt den Mut und die Visionsfähigkeit, etwas Neues zu beginnen – kann also einen Aktionszyklus beginnen, aber vielleicht nicht fortführen oder beenden; er entwickelt enthusiastisch Ideen, an der Verwirklichung scheitert es. Ein anderer hat die Fähigkeit, mit Geduld und Konzentration etwas durchzuführen, sobald er mit den Ideen, die ein anderer entwickelt hat, etwas anfangen kann. Und ein dritter besitzt die Zähigkeit, etwas zu beenden, bleibt aber weitestgehend in dem Zustand der konservativen Bewahrerrolle. Gewisse Parallelen mit den vier Temperamenten – Sanguiniker (freundliche Stärke), Melancholiker (feindselige Schwäche), Choleriker (feindselige Stärke) und

Phlegmatiker (freundliche Schwäche) – als »fleischgewordene Metaprogrammierung« sind deutlich. Es gilt daher, die Schwächen und Stärken hinsichtlich einer allzu starren Vorliebe für einen Teil des Zyklus umzuprogrammieren, zugunsten von mehr Flexibilität, unkonditioniertem Lernen (Entlernen) und offenem Werden.

- *Die Fähigkeit zu Wissen und zu Nichtwissen:* Die Fähigkeit zu Wissen ist genauso wichtig wie die Fähigkeit zu Nichtwissen (= beides verursachendes Denken); und um lernen zu können, ist das Entledigen von altem Ballast und starren Programmen notwendige Voraussetzung. »Werdet wie die Kinder«: Die Entwicklungsfähigkeit und Flexibilität des Nervensystems (Plastizität) besteht in der Fähigkeit, vor allem in jungen Jahren – zu Zeiten der ersten Willensentscheidungen – aus der endlosen Anzahl der Möglichkeiten die biochemische Prägung zu wählen, die ein optimales Überleben in einer bestimmten Umgebung garantiert. Ein Kind ist genetisch gesehen dazu in der Lage, jede beliebige Sprache zu lernen, jede beliebige Fähigkeit zu erlernen. Über kurz oder lang wird es jedoch darauf abgerichtet (erzogen), die begrenzten Angebote seiner sozialen und kulturellen Umgebung anzuerkennen, sie zu übernehmen und nachzuahmen.
- *Kooperation – Gemeinsames Morphogenetisches Feld:* Die mentale Unterstützung/Ablehnung durch andere bleibt nicht ohne Auswirkung auf Sie. Fördern Sie daher die positive Kraft des gemeinsamen morphogenetischen Felds! Was andere von Ihnen halten und denken, ist nicht so ohne Belang. Je mehr Menschen an eine bestimmte Sache glauben, desto eher besteht die Möglichkeit, daß es Wirklichkeit wird. Die Untersuchungen der TM-Meditation beweisen dies. Dies ist auch bei Krankheit wichtig (z. B. Rituale wie Gesundbeten); oder um ein gemeinsames Ziel zu visualisieren, kann es wichtig sein, ein optimales mentales Set (geistige Einstellung) und Setting (Umgebung, wie Blumen, freundliche Farben, sakrale Gegenstände) zu schaffen.
- *Wahrnehmung umschalten von außen nach innen:* Abschied von äußeren Werten und dem suchthaften Verlangen danach, Hinwendung zu inneren Werten. Sie können nie

genug Macht und Prestige, Geld, Frauen/Männer, Erfolg und Weisheit haben; solange ein suchthaftes Streben Sie beherrscht, können Sie nie genug davon bekommen; es wird immer jemanden geben, der mehr hat, und dies setzt diesen unglückseligen Mechanismus fort. Nur die Umschaltung auf innere Werte erlaubt Zufriedenheit. Das soll nicht darauf beruhen, Sie auf einen manischen Zustand des positiven Denkens, einer glückseligen Illusion zu trainieren, sondern soll die Werte des Erkennens erkennen. Verstehen und Erkenntnis ersetzen hierbei die Rolle der Technik. Jedoch können Techniken wie Meditation und sensorische Deprivation (Isolationstank) auf dem Weg dahin hilfreich sein.

- *Weniger ist oft mehr!* Das gilt vor allem in der Anwendung mentaler Hilfsmittel. So hilfreich gewisse äußere Werkzeuge auch sein können, sie können sich unter falscher Anwendung (unklares Motiv, suchthafter Ersatz) mit der Zeit auch als nachteilig erweisen. Daher ist es wichtig, den Einsatz von mentalen Hilfsmitteln, die Sie bis zu einem gewissen Grad auch fremdbestimmt und abhängig werden lassen, zu minimieren, um einen mentalen Zustand auch »natürlich«, sprich: aus eigener Anstrengung erreichen zu können. Drogen, Mantren, Glücksbringer und andere Fetische sind übergangsweise hilfreich, um einen vorher nicht gekannten Zustand zu erreichen; es geht aber auch darum, sich ihnen beizeiten zu entledigen oder sich jederzeit über das Motiv im klaren zu sein. Ken Keyes hat in diesem Zusammenhang etwas sehr Wahres gesagt, nämlich daß alles erlaubt sei, es sei denn, man handelt nicht aus einem suchthaften Motiv heraus. Das Paradigma des mentalen Weltbildes: Abschied von dem, was Spaß macht (hedonistisches Weltbild) – da kurzsichtig –, daher Hinwendung zu dem, was langfristig Sinn macht und funktioniert (pragmatisches Weltbild).
- *Das Gesetz der Polarität:* Es besagt, daß alles in gegensätzliche Charakteristika gespalten werden kann, wobei jede Polarität die Essenz der anderen Polarität in ihrer eigenen Essenz enthält. Eines der bekanntesten Sprichworte der Magie, »So wie oben, so unten«, beginnt in der Wissenschaft modellhaften Charakter anzunehmen.

- *Das Gesetz der Synthese:* Es ist eng mit dem Gesetz der Polarität verbunden und besagt, daß die Synthese zweier oppositärer Ideen eine dritte Idee schaffen kann, deren Erkenntnisgehalt größer ist als der beider Ausgangsideen. Dies ermöglicht den Umgang mit konkurrierenden Aussagen, ohne Angst und Streß oder den Zwang, sich zu entscheiden oder eine der beiden Ideen zugunsten der anderen aufgeben zu müssen.
- *Das Gesetz der Balance:* Es besagt, daß alle Aspekte des Seins wie Denkmuster, Kommunikationsaustausch und alle Interaktionen in dynamischem Austausch und doch in Balance miteinander stehen sollen. Wichtig ist dabei, daß nicht eine statische Balance gemeint ist, sondern ein offenes Werden (siehe spiralförmige Entwicklung der Evolution) im Sinne des geistigen Wachstums. Ursache und Wirkung in harmonischer Beziehung. In gewisser Weise entsteht aus dem Gesetz der Synthese das Gesetz der Balance.
- *Das Spiel des Lebens* – von der Polarisierung zur Synergie: Abraham Maslow hat sich selbst verwirklichende Menschen untersucht, das heißt eine Gruppe von historischen und zeitgenössischen Personen, die durch Kreativität, Leistung und Charakter besonders hervorstachen. Dabei ist ihm aufgefallen, daß sie die seltene Eigenschaft besaßen, »Wertdichotomien« zu lösen. Er schreibt: »Der jahrtausendealte Gegensatz zwischen Herz und Kopf verschwand, wo beide eher synergetisch als antagonistisch wurden ... die Dichotomie zwischen Selbstsucht und Selbstlosigkeit verschwindet ... die von uns untersuchten Personen sind gleichzeitig sehr spirituell, heidnisch und sinnlich.«

Die Fähigkeit, Unterschiede zu transzendieren und Bewertungen aufzulösen, erlaubt es ein Multibewußtsein zu leben. Polarisierung und Synthese als Rückmeldungsschleife des Bewußtseins.

5.3 Das holographische Gehirn

Karl Pribram von der Stanford Medical School hat die Möglichkeit untersucht, ob das Speichern von Erinnerungen im Gehirn möglicherweise nach dem holographischen Prinzip erfolgt. In einem solchen Fall werden die einzelnen Erinnerungen nicht in spezifischen Netzen von Neuronen oder an spezifischen Synapsen gespeichert, sondern über das ganze Gehirn verteilt. Was genau ist nun ein Hologramm? Das Hologramm ist eine Art linsenloser Photographie, die Dennis Gabor entdeckte, wofür er 1971 den Nobelpreis erhielt. Eine normale Photoplatte speichert ein zweidimensionales Bild des abgelichteten Gegenstandes aus einer bestimmten Perspektive, eine holographische Platte dagegen speichert einen dreidimensionalen Code. Hierzu wird ein Laserstrahl (A) durch ein Prisma (B) gespalten, so daß die eine Hälfte des Strahls – der Referenzstrahl – auf die Platte (C) fällt, während die andere Hälfte – der Kontrollstrahl – das Objekt (D) beleuchtet, das wiederum sein Licht so auf die Platte (C) wirft, daß diese das Interferenzmuster beider Strahlen encodiert und einen dreidimensionalen Eindruck speichert:

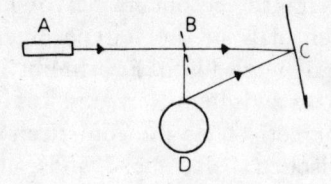

Abb. 6

Schaut nun das menschliche Auge durch eine holographische Platte, die wieder von demselben Laserstrahl belichtet wird, so sieht es das Objekt dreidimensional:

Abb. 7

Zur weiteren Verdeutlichung: Man stelle sich vor, man ließe zwei Steine in ein mit Wasser gefülltes Gefäß fallen und die Oberfläche, noch während die Steine am Boden auftreffen, im Schnellgefrierverfahren einfrieren, so daß eine gekräuselte Eisplatte entsteht, so erhält man eine Platte mit sich überschneidenden Interferenzmustern. Wirft man ein Laserlicht durch das Eis, dann zeigt sich ein holographisches Bild der beiden Steine. Die Bilder der Steine sind in jedem Teil des gekräuselten Eises eincodiert und können aus einem nur sehr kleinen Stückchen reproduziert werden:

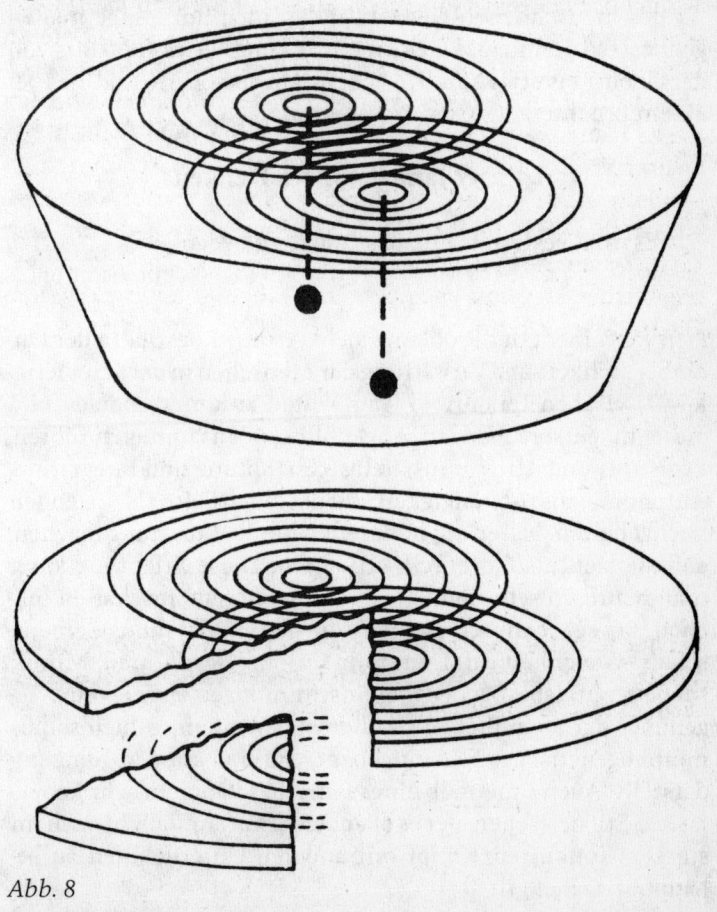

Abb. 8

Eine der bemerkenswertesten Eigenschaften des Hologramms wie auch des Gedächtnisses ist die riesige Kapazität. Ein einziger Kubikzentimeter eines photographischen Hologramms kann zehn Milliarden Informationsbits speichern. Das menschliche Gehirn ist aber 1500mal so umfangreich, wobei die Proteine bedeutend kleiner sind als die Silberkörnchen in einem photographischen Film. Die Kapazität des menschlichen Gedächtnisses ist wahrscheinlich mehrere tausendmal größer. Peter Russel hat in seinem Buch »Der menschliche Computer« folgende Rechnung aufgestellt: Würde die Kapazität des menschlichen Gedächtnisses auch nur einigermaßen genutzt, so könnte das Gehirn pro Sekunde etwa 1000 Bits von der Geburt bis etwa zum 75. Lebensjahr speichern, und dies bei einem Bruchteil des Gesamtpotentials.

5.4 Der Januskopf des Denkens

»Es muß gestattet sein, das Ganze zu bedenken!«
Luc Ciompi

Den Kern mentaler Probleme sieht Arthur Koestler in der Uneinheitlichkeit und Verwirrung der Menschen in der Schwierigkeit, zwischen Teilen und Ganzheiten zu unterscheiden und diese in entsprechenden Augenblicken zusammenzuführen. Egoismus und Altruismus, Selbstbehauptung und Integration, Autonomie und Abhängigkeit, auf der einen Seite als Tugenden hochgehalten, lassen auf höherer Ebene die Erfahrung machen, daß sie sich ins Gegenteil verkehren. Diese Erfahrung kann man häufig in sehr homogenen Religionsgemeinschaften machen, in sogenannten Sekten, die innerhalb ihrer Gemeinschaft Gleichheit in Kommunikation, Gestik und Mimik sowie realitätsbezogene Übereinstimmungen entwickeln. Gegenüber der »feindlichen« Außenwelt wird ein gemeinsames morphogenetisches Feld aufgebaut, das eine klare Abgrenzung darstellt. Auch innerhalb eines Betriebes kann ein sehr kooperativer Stil herrschen, der es aber der Firma ermöglicht, sich im starken Konkurrenzkampf mit anderen Unternehmen zu behaupten. Daher gilt:

Wer sich zur Spitze der menschlichen Holarchie bewegt, der trifft auf höhere Freiheitsgrade, wird aber gleichzeitig von seinen Bedürfnissen nach persönlicher und sozialer Integrität begrenzt. – »Kein Mensch ist eine Insel, jeder ist ein Holon.«

Unsere Realität – eine physikalisch-geistige Verbindung?

»Man sieht nur, was man weiß«.
C. F. von Weizsäcker

In der submikroskopischen Welt der Quanten verfügen Objekte nur dann über definierbare Positionen und Geschwindigkeiten, wenn man sie beobachtet. Andernfalls kann sich ein Objekt in jedem nur denkbaren Zustand befinden, je nach Beobachter, und die Aufgabe des Quantenphysikers besteht darin, die verschiedenen Möglichkeiten eines Objektes zu beurteilen, jeweils in einem bestimmten Zustand zu erscheinen. Wenn dies für die submikroskopische Welt zutrifft, so dürfte dasselbe für jene Welt gelten, in der sich unser alltägliches Leben abspielt. Der Umstand, daß wir uns unserer Welt bewußt sind, ist es, der uns zwingt, eine ganz bestimmte Realität hinzunehmen.

Mehrere Wissenschaftler behaupten, daß die Realität, so wie wir sie kennen, auf holographischen Grundsätzen aufgebaut ist. Der Physiker David Bohm hat die Hypothese aufgestellt, daß es sich bei der Realität um nichts anderes handelt als um bloße Schwingungen und Frequenzmuster. Danach ist jede Art Wahrnehmung der Welt eine Konkretisierung dieser »Realität«, die sich hinter der Kulisse verborgen hält. Wahrnehmungen des Gehirns sind nichts weiter als Rekonstruktionen jener unendlichen Zahl von Bildern, die im Hologramm gespeichert sind. Solche Bilder erscheinen uns real, weil wir zu einer bestimmten Zeit nur eine teilweise Manifestation erfassen können, und da das Hologramm alles durchdringt und beherrscht, fühlen wir uns gewöhnlich verpflichtet, die gleiche Realität zu erblicken wie jeder andere auch. Somit verwundert es auch nicht, wenn sich das Modell des Hologramms in gewisser Weise mit dem Phänomen der Synchronizität in Verbindung bringen läßt, wonach scheinbar unzusammenhängende Ereignisse oft eine verblüffende Übereinstimmung aufweisen. Obwohl wir rein rational nicht in der Lage sind zu erkennen, wie diese Dinge funktionieren, tauchen solche Symmetrien als unerklärbare Übereinstimmungen immer wieder auf.

Die vielleicht faszinierendste Überlegung hinsichtlich des Hologramms ist, inwieweit sich diese Theorie auf unser Verständnis vom menschlichen Geist auswirken kann. Nach Bohms Ansicht muß man das Gehirn als in einer unendlichen Wechselbeziehung mit dem Rest des Universums stehend betrachten, wo jedes Teilchen mit jedem anderen Teilchen verbunden ist. Eines der größten ungelösten Rätsel dabei ist das sogenannte Körper-Geist-Problem. Hier stellt sich die äußerst wichtige Frage: Ist Bewußtsein ganz einfach die Summe dessen, was in unserem Gehirn vor sich geht, oder ist es etwas, was sich von der Materie fundamental unterscheidet und deshalb fähig ist, den Tod und den physischen Körper zu überdauern? In der orthodoxen Wissenschaft ist Bewußtsein synonym mit dem Gehirn, und wenn das Gehirn stirbt, lösen sich alle Dinge auf, die mit Bewußtsein verbunden sind, wie Wahrnehmung und Selbstbewußtsein.

- In einem holographischen Feld ist die Ordnung des Gesamtfeldes in all seinen Teilen enthalten. So ist es durchaus möglich, daß die Ordnung des Makrokosmos in allen Mikrokosmen enthalten ist. Das würde bedeuten, daß wir in unserer Erlebniswelt tatsächlich etwas von dem Strukturprinzip des Ganzen erfassen. Allerdings ist die Ordnung des Makrokosmos gewöhnlich dem Bewußtsein im menschlichen Gehirn – oder außerhalb dessen – nicht bewußt, sondern nur eingefaltet, um den Ausdruck von David Bohm zu gebrauchen. Sie kann aber in Zuständen höherer Bewußtseinsentwicklung im menschlichen Gehirn entfaltet werden.

- Unternehmen und Arbeitnehmer, Wirtschafts- und Gesellschaftssystem zeichnen sich durch ihre Ganzheit aus und dadurch, daß sie miteinander vernetzt sind. Jeder Mitarbeiter im Unternehmen ist das Abbild des Unternehmens als Ganzheit und jedes Unternehmen das Abbild des Gesellschaftssystems, in dem es wirkt. Die Menschen, das Unternehmen, das Gesellschaftssystem, die Natur und das Universum sind als Hologramme eingegliedert in die »Holarchie«, ein sich hierarchisch organisierendes und selbstregulierendes, offenes System.

5.5 Der 99. Affe und das Gedächtnis der Natur

In den 50er Jahren ereignete sich in einer in Japan lebenden Kolonie von Affen auf der Insel Koshima vor der Ostküste von Kyushu ein ungewöhnlicher Vorfall. Während Forscher eine Affenhorde studierten, begannen sie sie mit Süßkartoffeln zu füttern und schütteten diese eimerweise an den Strand. Die Affen hatten zuvor niemals Süßkartoffeln gesehen, geschweige denn gegessen. In der Eile hatte man nicht bedacht, den Dreck und die Erde davon zu entfernen. Für die Affen bestand nun das Problem darin, sich dieser unangenehmen Situation zu stellen und die Kartoffeln genießbar zu machen. Die Forscher beobachteten, wie sich die Affen eine Weile mit dem Problem herumschlugen, dann plötzlich löste ein junges Affenweibchen die Aufgabe. Es entdeckte, daß die schmutzigen Süßkartoffeln nicht nur sauber wurden, wenn man sie im Meer badete, sondern zusätzlich dadurch einen neuen Geschmack bekamen. Das Weibchen zeigte den Trick ihren Spielkameraden, und langsam gewann die neue Verhaltensweise eine kleine Anhängerschar. Dann geschah etwas Bemerkenswertes: Es schien, als ob eines Morgens die Anzahl der Affen, die die neue Waschtechnik erlernt hatten, eine Art kritische Masse erreicht hätte, denn plötzlich wusch jeder Affe in der Kolonie seine Kartoffeln in der Brandung. Doch damit nicht genug. Zur gleichen Zeit bemerkten Forscher auf anderen Inseln, daß Affenhorden ganz spontan damit begannen, diese Waschtechnik zu praktizieren. Obwohl die Forscher nicht genau beobachtet hatten, bei welcher Anzahl von Affen diese kritische Masse erreicht war, sprach man von dem Affen, der das gesamte Affenvolk über die Schwelle brachte, als dem sprichwörtlich 99. Affen. Die Details dieser Beobachtungen wurden nicht allgemein bekannt gemacht, da diese für das allgemeine wissenschaftliche Vorstellungsvermögen zu ketzerisch gewesen wären.

Der Biologe Rupert Sheldrake stellt die Frage, ob die Natur ein Gedächtnis hat. Für ihn sind die typischen Naturgesetze Gewohnheiten der Natur, die sich durch Wiederholung herausgebildet haben. Die Natur ist abhängig von einem kollektiven Geist, dem morphogenetischen Feld. Die Natur formt diesen kollektiven Geist und ist zugleich wieder abhängig von ihm.
Nach Sheldrakes Auffassung funktioniert das menschliche Gehirn ebenso. Das menschliche Gehirn operiert wie ein Fernsehapparat, der von einem unsichtbaren Sender, dem kollektiven Geistigen, gespeist wird.

- Alles, was wir denken, beeinflußt das Programm. Und das Programm beeinflußt wieder unser Denken.
- Nach Sheldrake ist es möglich, die geistigen Felder, die unser Verhalten und Denken beeinflussen, ebenso zu beeinflussen, indem wir sie formen.
- Für das Busineß könnte das bedeuten: In jedem Unternehmen, ob groß oder klein, existiert durch Kooperation, Interaktion und Kommunikation immer so etwas wie ein spezifisches geistiges Feld.

Diese Erkenntnisse kann sich der Manager zu eigen machen:

- Die gemeinsame Zielsetzung und die Übereinstimmung in einem Betrieb erzeugen ein morphogenetisches Feld.
- Das Bewußtsein des gemeinsamen Kraftfeldes kann immer mehr die Quelle für neue Inspirationen und Instrumente im Management werden.
- Es gibt sozusagen ein exklusives »Spirit-Feld«, das nur dem Unternehmen gehört und nur für dieses Unternehmen seine Existenzberechtigung hat. Es kann und wird ständig durch die Mitarbeiter beeinflußt, weil es das Programm für alle Mitarbeiter ist, mit dem sich die Mitarbeiter identifizieren.

> Die kooperative Formung und Programmierung von einem gemeinsamen Bewußtsein wird sicherlich eine der kommenden Herausforderungen für die Führenden, die Elite in Wissenschaft oder Wirtschaft sein.

5.6 Die Umprogrammierung des menschlichen Biocomputers

Heutzutage gibt es viele Computerexperten, die genau wissen, welche Art von Programmen und Anwendungsmöglichkeiten ihrem technischen Kollegen optimale Funktionen entlocken, aber nur wenige, die es verstehen, mit ihrem eigenen Biocomputer in einer Weise umzugehen, die ihm nur im mindesten gerecht wird. Hier haben wir auch schon einen der fundamentalsten Unterschiede zwischen Computer und Biocomputer – die Programme des Computers arbeiten auf der Basis von Logik, die des Biocomputers auf der Basis von Verstehen, was ein Zusammentreffen von Emotion und Logik erforderlich macht. Nur wenn diese beiden Faktoren zusammentreffen, ist eine wirkungsvolle Umprogrammierung möglich, da Erkenntnis und Verstehen, höhere Einsicht, Intuition und Weisheit einen ganzheitlichen Prozeß von Gefühl und Ratio darstellen. Dazu eignet sich auch sehr, etwas über das menschliche Gehirn zu wissen, sowie, daß es biologische Strukturen in unserem Kopf gibt, die in Wechselwirkung mit unserem Verhalten stehen. So wie Sigmund Freud zu seiner Zeit von Bewußtsein und Unterbewußtsein gesprochen hat, L. Ron Hubbard den analytischen und reaktiven Mind klassifiziert, so sprechen wir analog dazu von dem Neokortex und dem limbischen System. Wichtig ist in diesem Zusammenhang, zu wissen, daß jeder Mensch mehr oder weniger von seinen rudimentären Anlagen (limbisches System = Unterbewußtsein = reaktiver Mind) beherrscht wird, aber jederzeit durch mentale Verhaltensstrategien der Umprogrammierung den Zugang zu den höheren Anteilen (Neokortex = Bewußtsein = analytischer Mind) finden kann. Dazu müssen wir wissen, daß wir nach wie vor anatomisch fast das gleiche Gehirn wie unsere Vorfahren mit uns herumtragen, allerdings in einer vollständig anderen Umgebung als etwa der Neandertaler leben. Die biologischen Funktionen des Gehirns von damals waren darauf ausgerichtet, die Gefahren des Dschungels zu überleben und genügend Essen für sich und seine Familie zu bekommen. Doch längst leben wir nicht mehr in der Steppe und im Dschungel, wo rasche Reaktionsfähigkeit auf feindliche Angriffe überlebensnotwendig war. Ist nicht unser »normales« Verhalten nach wie vor von Flucht- und Angriffsimpulsen beherrscht? Dieses Überlebensprogramm der individuellen und biologischen Angst und Aggression ist immer noch bei uns aktiv, obwohl die Aktivierung höherer Funktionseinheiten und neuronaler Strukturen angemessener wäre, angesichts der weniger existentiellen Bedrohung, sondern mehr globaler Gefahren und Probleme. Mehr und mehr kristallisiert sich eine Umprogrammierung unseres Biocomputers heraus, die folgender Forderung nach Ganzheitlichkeit Rechnung tragen sollte:

> Unser Überleben in der Welt hängt entscheidend davon ab, inwieweit es uns gelingt, Situationen in ihrer Gesamtheit und Ganzheitlichkeit zu erfassen, die allen Menschen in allen Aspekten gerecht werden lassen.

Deshalb ist es notwendig, zu begreifen, welche biologischen Strukturen uns beherrschen und vom ganzheitlichen Denken abhalten, denn im Vergleich zu unserem flexiblen Geist ist die Evolution ein recht träges Unternehmen von Jahrmillionen dauernden Umformungsprozessen. Sicherlich können wir auf die anatomischen Strukturen nur begrenzt Einfluß nehmen, doch die Wissenschaft erkennt, daß die Funktionen (wie neuronale Plastizität, Transmitterausschüttung und neuronale Verschaltung) veränderbar sind – und dies während unseres biologischen Lebens.
Ken Keyes, einer der wichtigsten Vertreter auf dem Gebiet ganzheitlichen Bewußtseins, beschreibt sehr anschaulich, wie dieser Umprogrammierungsprozeß vonstatten gehen kann; nämlich die Emotionen der niedrigeren und älteren Gehirnanteile des limbischen Systems zu transformieren in die hierarchisch höheren und evolutionsgeschichtlich jüngeren Anteile. Das deckt sich auch mit dem, was Francesco Varela anläßlich eines Workshops »Working with emotions« in Hamburg sagte, nämlich, daß das Bewußtsein die Mißemotionen (wie Angst, Wut, Eifersucht) immer erst dann erkennt, nachdem diese emotiona-

len Unterstützungen unsere Suchtforderungen in Gang gesetzt haben. »Wir reagieren auf Worte und menschliche Wechselwirkungen, als ob sie Tiger wären, die dabei sind, uns zu verschlingen. Bis wir uns zur optimalen Nutzung unseres Biocomputers erzogen haben, bleibt unsere bewußte Wahrnehmung ein obligatorisches Publikum unserer Sicherheits-, Sinnes- und Machtprogrammierung der unteren Ebenen.« (Ken Keyes)

5.7 Das Yin und das Yang der Gefühle

Die biologischen Funktionen des alten Anteils unseres Gehirns (Stammhirn und limbisches System) waren also darauf angelegt, unsere Vorfahren vor den Gefahren des Dschungels zu warnen, damit sie ihr Territorium verteidigten. Doch auch heute noch kontrolliert uns dieses System, indem die Emotionen als dominierender Stachel wirken, in Situationen, die alles andere als lebensbedrohend sind. Das liegt daran, daß in zwischenmenschlichen Situationen immer noch den Anweisungen der niedrigen Schaltkreise Folge geleistet wird, während es eigentlich darum ginge, die höheren Emotionen (wie Liebe, Enthusiasmus, Zuversicht) als Ratgeber zu benutzen und als Gradmesser unserer Handlungen anzulegen. In diesem Zusammenhang gibt auch Luc Ciompi zu bedenken, daß selbst noch ins sogenannte objektivste wissenschaftliche Denken unausweichlich affektive (emotionale) Anteile mit einfließen.

> Ganzheitliches Denken im Sinne von Kognition, Synthese, Bewußtsein und Einsicht verbindet Emotion mit Logik.

In dem Maße, wie man sich der Funktionsweise unserer Denkstrukturen bewußt wird, in dem Maße wird man auch zwischen dem Biocomputer und seinen Programmierungen zu unterscheiden wissen. Ein perfekter Computer – wie der Ihre – mag auch perfekt funktionieren, werden aber nur unzulängliche Programme eingegeben, so sind auch die Ergebnisse fehlerhaft. Unter dem Aspekt »mentale Umprogrammierungsmaßnahmen« sind zwei anatomische Strukturen im Gehirn ganz besonders wichtig:

- das limbische System
- die Hirnrinde (Neokortex)

Zwischen diesen beiden Strukturen findet eine ständige Interaktion statt: Das limbische System z. B. interagiert in der Weise mit der Hirnrinde, daß es Wahrnehmungen und Erinnerungen aufnimmt und sie der Hirnrinde zur Analyse zuspielt.

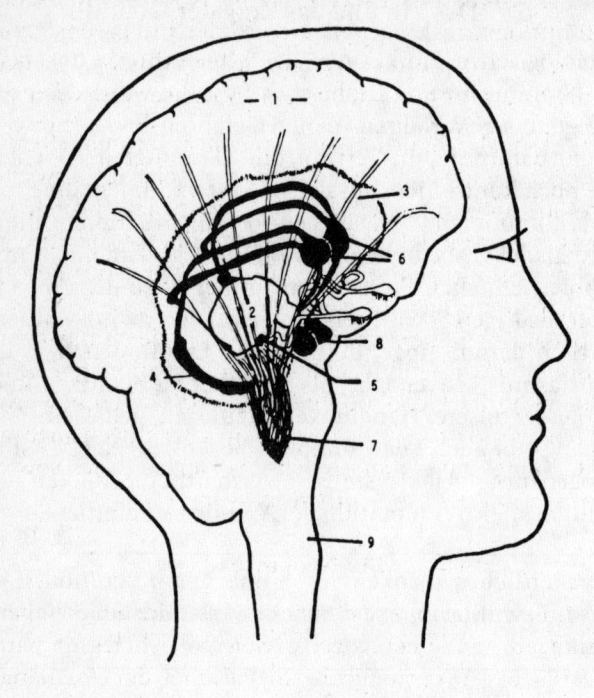

1. Hirnrinde
2. Thalamus
3. limbisches System
4. Hippocampus
5. Amygdala
6. Septal Region
7. retikuläres System
8. Hypothalamus
9. Hirnstamm

Abb. 9: Darstellung von Regionen der Emotion und des Suchtverhaltens

Das limbische System

Hier wird entschieden, was in Ihr Bewußtsein gelangt. Dieses Netzwerk kann Ihr Bewußtsein herunterschalten und Sie einschlafen lassen oder es anregen und Sie aufwecken. Diese Nervenstruktur führt eine Funktion aus, die oftmals als das »Ego« bezeichnet wird. Das limbische System ist ein Verarbeitungssystem des Gehirns, das eine wichtige Rolle bei der Erzeugung von Gefühlen spielt. Im einzelnen sieht das so aus, daß auch – wie Sympathikus und Parasympathikus – das limbische System funktional aus zwei polaren Anteilen mit gegensätzlicher Funktion besteht, die unser Verhalten beeinflussen. Die wichtigen Anteile des limbischen Systems für unser Verhalten sind:

- Die Amygdala: Funktioniert, um eine emotionale Reaktion zu verstärken, wenn die eingehenden Reize den erwarteten Mustern nicht entsprechen. Das heißt, daß, immer wenn etwas Neues und Unerwartetes geschieht, die Amygdala damit beginnt, emotionale Reaktionen wie Besorgnis, Angst, Wut etc. zu erzeugen.
- Das Septum: So heißt der andere Anteil des limbischen Systems, er spielt beim Nachlassen der emotionalen Reaktionen eine Rolle. Wenn Sie ihre Aufmerksamkeit bewußt darauf lenken, so bewirkt das ein rasches Beruhigen angespannter Gefühle, ein Verlangsamen des Herzschlages sowie die Verringerung des Adrenalinausstoßes.

Der Neokortex

Wenn unser Biocomputer von bewußtseinsbeherrschenden Forderungen und suchtartigen Zwängen beherrscht wird, so wird der Neokortex ständig über Situationen der Unzulänglichkeit grübeln und vergangenes Versagen dramatisieren. Anders dagegen, wenn die Präferenzhaltung eingeübt wird, dann kann der Neokortex eine »Hierarchie von oben« ausüben und die Probleme analytisch und der Situation gemäß emotional angehen.

5.8 Suchtforderung oder Präferenzhaltung

Zunächst einmal eine kleine Geschichte:
Ein alter Mann und sein Sohn besaßen einen kleinen Hof und ein einziges Pferd. Eines Tages lief das Pferd fort. »Wie schrecklich«, sagten die Nachbarn, »welch ein Unglück.« »Wer weiß«, erwiderte der alte Bauer, »ob Glück oder Unglück?« Eine Woche später kehrte das Pferd aus den Bergen zurück, es brachte fünf wilde Pferde mit in den Stall. »Wie wunderbar«, sagten die Nachbarn«, »welch ein Glück.« »Glück oder Unglück? Wer weiß«, sagte der Alte. Am nächsten Morgen wollte der Sohn eines der wilden Pferde zähmen. Er stürzte und brach sich ein Bein. »Wie schrecklich. Welch ein Unglück!« »Glück? Unglück?« Die Soldaten kamen ins Dorf und holten alle jungen Männer in den Krieg. Den Sohn des Bauern konnten sie nicht brauchen, darum blieb er als einziger verschont. »Glück? Unglück?«

Was möchte diese kleine Geschichte aussagen? Daß eine gleichmütige emotionale Geisteshaltung von äußeren Geschehnissen unabhängig macht? Um die Problematik zu begreifen, muß man das Suchtverhalten analysieren.

Eine Sucht ist eine Programmierung, die unangenehme emotionale Reaktionen auslöst und Sie roboterhaft reagieren läßt, wenn die Welt sich nicht den programmierten Mustern Ihres Verstandes fügt. Für eine Suchtforderung gilt:

- Sie können alles tun, was Sie mögen, solange es zu keiner suchtartigen Forderung wird.
- Das, was Sie emotional vermeiden, ist genauso ein Suchtzwang wie das, was Sie emotional begehren.
- Suchtforderungen verursachen früher oder später immer Unzufriedenheit, und wenn eine Suchtforderung nicht befriedigt wird, ist man unglücklich.
- Ken Keyes schreibt: »Es gibt keine Suchthaltung ohne Unglücklichsein, obwohl Sie durch die höheren Suchtforderungen (Liebe und Wachstum des Bewußtseins) weniger Leid ertragen müssen als mit den auf der niederen Ebene angesiedelten nach Sicherheit, Sinnesreiz und Macht.«

Solange Sie suchtartige Forderungen haben, wird Ihr hervorragender Biocomputer von dem vergeblichen Versuch dominiert, Ihnen zum Glück zu verhelfen, indem er Ihr Umfeld manipuliert, damit es zu Ihren Suchtzwängen paßt. Ein durch Suchtforderungen dominierter Verstand ist nicht in der Lage, Menschen und Dinge ganzheitlich, also intuitiv, analytisch und emotional zugleich, wahrzunehmen.

Nur Ihre emotionale Programmierung legt fest, ob etwas eine suchtartige Forderung ist oder eine Präferenzhaltung. Eine Suchthaltung aufzugeben bedeutet, die Umprogrammierung des Teils des Gehirns vorzunehmen, der Ihnen keine Ruhe gewährt, Sie aufwühlt und unglücklich macht, wenn eine Forderung nicht erfüllt wird.

- Sobald Sie Ihre Suchtforderungen in Präferenzhaltungen umwandeln, mag sich einiges in Ihren Lebensgewohnheiten ändern müssen. Die einzelnen Schritte dazu beschreibt Ken Keyes in seinem Buch »Das Handbuch zum höheren Bewußtsein« (Goldmann). Die Bewußtseinsentwicklung, die sich einstellt, bewirkt eine Persönlichkeitsentfaltung, die durch Weisheit, Kohärenz und Eins-Sein gekennzeichnet ist.

Das Ergebnis höheren Bewußtseins:

- mehr Energie, bessere Wahrnehmung
- mehr und authentischere Kommunikation
- höhere und stabile Emotionsstufe

5.9 Der Manager zwischen Information und Bewußtsein

In unserer heutigen Informationsgesellschaft sind Daten wichtig. Immer wieder bekommt man zu hören, wie wichtig ein frühes Informiertsein, korrekte Analysen und Statistiken seien. Doch inzwischen gibt es auch hier ein klares Umdenken. In unserer datenexplodierenden Leistungsgesellschaft hat sich eine paradoxe Situation ergeben, man leidet unter dem »Informationsstreß«, den der ständige Informationszuwachs erzeugt.

Was vor einigen Jahren noch richtig war, sich möglichst viel Information anzueignen, stimmt so nicht mehr. Immer mehr ist eine ganz persönliche mentale Fähigkeit gefragt: Wie erschaffe ich ein Bewußtsein, das Selbst-Information erzeugt? Der Unterschied ist also mehr ein qualitativer denn ein quantitativer – also wie erreiche ich »Weisheit« (quervernetzendes Wissen, Aha-Effekt, Intuition) und die damit verbundene »Gewißheit«, die Daten richtig anwenden zu können? Das setzt sicherlich erst einmal die Fähigkeit voraus, sich gegen die »semantische Umweltverschmutzung« zu rüsten, indem ausgewählt wird, welche Information am geeignetsten ist, den Bewußtseinsprozeß zu unterstützen. Wer in einem Betrieb sich und andere ständig umfassend informieren will, verhindert durch die wachsende Informationsdichte den Bewußtseinsprozeß des selbstbezüglichen und selbstverantwortlichen Denkens. Derjenige, der es innerlich akzeptiert, all seine Informationen aus fremder Quelle zu beziehen, macht sich zur Wirkung eines einseitigen Lernprozesses, der damit endet, daß am Ende Verwirrung hinsichtlich selbstzuerschaffendem Bewußtsein, Kreativität und Information besteht.

»Betrachtet man die neuen Trend-Signale, so zeigt sich eine deutliche Nachdenklichkeit in bezug auf den Wert von Information. Immer mehr Vordenker erkennen, daß es gewaltige Unterschiede gibt zwischen Information und Bewußtsein.« (Gerd Gerken)

Dazu weiter:

- Viele Menschen leiden im Grunde nicht an zuwenig guter Information, sondern an der Tatsache, daß die meisten Führungskräfte und Unternehmer nicht in der Lage sind, das kollektive Bewußtsein in den Unternehmen so zu formen, daß ein Großteil der benötigten Information selbst organisiert werden kann. Bewußtsein steuert Selbst-Information.

5.10 Paradigma des Mentalismus

- Information wird ersetzt durch Bewußtsein!
- Bewußtsein als Fähigkeit des Geistes zu »ent-lernen«, um Neues zu lernen, und zu »Nicht-Wissen«, um neues Wissen zu schaffen.
- Verhaltensstrategie: disziplinierte Naivität (Trefzer).
- Bewußtsein als Fähigkeit des Geistes, zu reflektieren (vergangenes Geschehen wiederzuerschaffen) und zu postulieren/Visionen zu entwickeln (Zukünftiges zu kreieren).
- »Mindlessness« (Mitroff/Bennis) ist die Fähigkeit des Geistes, aus sich selbst auszubrechen, sich leerzumachen, um nicht ewig auf die konstruierte Realität von gestern hereinzufallen.
- »Obnosis« (= observing the obvious – die Beobachtung des Offensichtlichen) Die Fähigkeit des absichtslosen Schauens, der nichtwertenden Wahrnehmung.
- Erzeugen einer »kognitive Homöostase«: Beachte das Yin und das Yang des Fühlens und Denkens (nach Ciompi Affektlogik), des Lernens und Entlernens (Gerken), des Handelns und Nicht-Handelns.

> Das, was wir als einen Bewußtseinsprozeß bezeichnen, ist eine Art »wiederentdecken« des Vorhandenen.

5.11 Mentalstrategien

Was ist zu empfehlen? In den USA berichtete die Zeitschrift »Publishers Weekly« davon, daß sich das New Age (oder das, was sich dafür hält) auf dem Wege zu einer starken Veränderung befindet. Im Moment gibt es eine große Anzahl von Veröffentlichungen von wissenschaftlichen New-Age-Sachbüchern. Dies bedeutet, daß es zur Synthese kommen wird zwischen Emotion und Ratio – dazu John Naisbitt: »Wir werden die emotionale Seite von uns selbst wiederentdecken« – sowie zwischen Theorien aus östlicher Philosophie und denen der neuesten wissenschaftlichen Forschung. Davon wird sicherlich auch das Management profitieren, indem es sich nicht Psychotrainings und esoterischen Zirkeln zuwendet, sondern Mentalstrategien anwendet. Wie Maturana schrieb, ist es ein Skandal, daß im Westen nicht über das Denken nachgedacht werden darf. Die eigentliche Tabuzone von heute betrifft das Gehirn und unser Bewußtsein. Dies zu verändern gilt als manipulativ und als unberechenbar. Die 90er Jahre werden aber, wie Gerken schreibt, durch die Fähigkeit gekennzeichnet sein, durch Denken und Mind dasjenige kohärente Bewußtsein herzustellen, das an die Stelle starrer Order-Strukturen und Bürokratien tritt.

Bewußtseinsmanagement: Denken wie ein Delphin – handeln wie ein Japaner

Delphine können nützliche Modelle für Manager liefern, wenn es darum geht, Fähigkeiten für strategisches Denken erwerben zu wollen. »Das Geheimnis der Delphine liegt in der fast übermenschlichen Fähigkeit, die Denkweise zu verändern, wenn es nicht von selbst weitergeht«, so Dudley Lynch, Präsident der Brain Technologies Corporation. »Wenn Delphine nicht die von ihnen erwarteten Resultate erhalten, beginnen sie fast unmittelbar neue Verhaltensweisen zu erfinden, die scheinbar auf neuen Sichtweisen basieren.« Somit haben uns die Delphine viel zu lehren:

- Um bei geschäftlichen Disputen Lösungen zu finden, würden Benutzer der »Delphinstrategie« allgemeine Visionen und »Wahrheiten« zwischen allen Beteiligten finden. Die Betonung liegt darauf, über den Meinungsstreit hinauszugehen, um die wahren und höheren Interessen aller zu identifizieren. Dies führt zur Metakommunikation.
- Das Training im Ozeanischen Institut auf Hawaii gibt einen vielversprechenden Aufschluß über das Verhalten der Delphine und ihren Zugang zur Ebene der Metakommunikation: Zunächst belohnt der Trainer die Delphine für bestimmte Verhaltensweisen. Dann wird aber plötzlich dieses Verhaltensmuster abrupt eingestellt, und der Delphin wird nur noch für neues Verhalten belohnt. Das bedeutet, daß er nur noch für die Tricks, die der Trainer vorher nicht mit ihm zusammen geübt hat, Aufmerksamkeit findet. Der Delphin

wundert sich dann eine kurze Zeit darüber, wenn die Wiederholung alten Verhaltens unbelohnt bleibt, doch dann scheint er zu verstehen, was verlangt wird, und zeigt ein reichhaltiges Repertoire an Weiterentwicklungen und variiert sein Verhalten ständig neu. Die Forscher stellen sich damit eigentlich die Frage, ob der Delphin die Sparte des Verhaltens namens »Spiel« kennt und auch etwas, das »neu« bedeutet. Die Antwort ist: ja.

Der Delphin zeigt damit, daß er aus den Gefängniszellen der aristotelischen Logik auszubrechen vermag. Der Mensch und sein Geist sind paradox strukturiert – so paradox wie die Tatsache, daß jeder weitere Trick, den der Delphin zeigt, dem vorausgegangenen sowohl ähnlich als auch unähnlich ist. Er zeigt viele Varianten des »Multi-Mind« (nach Robert Ornstein) – er handelt nach einem Gesetz, und doch zufällig, konform, und doch originell. Wir würden das vielleicht mit Flexibilität im Denken bezeichnen. Oder sogar als Chaos-Strategie?

Die Japaner haben nicht etwa bessere Manager als wir, sondern lediglich eine bessere mentale Fitneß, diese bezieht sich vor allem auf:

- ihre ganzheitlichere Gehirnorganisation
- ihre Denkstrategien
- ihr kollektives Bewußtsein
- eine ständige Interaktion zwischen privatem Bewußtsein und Gruppenkonsens

Nicht nur die mentale Einstellung der Japaner ist anders als die im Westen, auch Gehirnorganisation und -funktion unterscheiden sich von der unsrigen. Zunächst einmal bleibt festzuhalten, daß die Spezialisierung der beiden Hirnhälften bei den Japanern nicht so aussieht, wie sie im allgemeinen bei Menschen in der westlichen Welt anzutreffen ist:

- Bei den Japanern analysiert die linke Hemisphäre auch, wie bei uns, die Sprachinformation, doch nimmt sie zusätzlich eine sprachliche Analyse von Reizen vor, die bei uns keine haben, wie das Rauschen der Wellen, der Gesang der Vögel, das Rascheln der Blätter etc.

- Die linke Hemisphäre der Japaner ist nicht nur auf Konsonanten spezialisiert, wie dies auch bei den europäischen Sprachen der Fall ist, sondern darüber hinaus auch auf die Analyse der Vokale, die ein ganz wesentliches Element der japanischen Sprache darstellen. »Wenn die Vokale eine nicht so sehr verbale, sondern vielmehr eine emotionale Bedeutung haben, werden sie bei uns durch die rechte Hirnhälfte analysiert. Im Japanischen dagegen hat die gesamte Welt der Laute, die der Natur und die der Menschen, eine verbale Bedeutung und einen Gefühlswert. Die linke Hemisphäre verarbeitet daher mehr Informationen, sowohl verbaler als auch emotionaler Art.« (Luciano Mecacci)

Wie der Experte Karel van Wolferen in seinem Buch »Vom Mythos der Unbesiegbaren« (München 1989) beschreibt, hat die japanische Kultur seit vielen hundert Jahren einen anderen Umgang mit Wirklichkeit trainiert. Wenn man so will, haben die Japaner einen mentalen Vorsprung uns gegenüber, weil sie eine Als-ob-Realität (virtuelle Realität) ebenso gut planen und gestalten können wie die faktische Realität. Jetzt, wo der Westen gerade »Virtual Reality« als neue Chance für den Umgang mit erhöhter Komplexität erkennt, stellt man zugleich fest, daß die Japaner schon immer besser waren beim Herstellen dieser künstlichen Realitäten und beim bewußten Nutzen der Unschärfen der unterschiedlichen Wirklichkeiten. Die Mentalkultur der Japaner ist ganz offensichtlich eine hyperrealistische Kultur. Typisch dafür die Aussage von van Wolferen: »In Japan verhindert die künstliche Realität das Chaos.«

Ganz offensichtlich sind die Japaner für den jetzt kommenden Mental-Wettbewerb der 90er Jahre besser gerüstet als die Deutschen mit ihrer traditionellen Überbetonung der Vernunftlogik, der linearen Rationalität und der preußischen Disziplin.

japanisches Denken	westliches Denken
mehr intuitives Denken	mehr logisches Denken
nicht materiell ausgerichtete Kultur	materiell ausgerichtete Kultur
kooperatives Verhalten	Wettbewerbsverhalten
Erkenntnis des Geistigen	Erkenntnis des Universums
Energie nach innen gerichtet	Energie nach außen gerichtet
Ethik ist ausgerichtet nach geistiger Ästhetik	Ethik ist ausgerichtet auf persönliche Rechte
Bewußtsein für die Gemeinschaft	Bewußtsein für die Intimsphäre
offenes Weltbild	dualistisches Weltbild

Die Entwicklung von Geist und Gehirn

Sinne sind spezialisierte physiologische Aufnahmeapparate (Rezeptoren) des Menschen, die es gestatten, Reize aus der äußeren Umwelt und aus dem Inneren des Organismus aufzunehmen und deren Energie in Nervenimpulse umzuwandeln, die über Nervenbahnen der Hirnrinde zugeleitet werden und unter bestimmten Bedingungen zur Entstehung von Empfindungen und Wahrnehmungen führen. Die Sinnesorgane verbinden den Menschen mit der Umwelt und gestatten ihm, sie in subjektiver Form abzubilden, sich ihr anzupassen oder sie zielstrebig zu verändern.

Im Zusammenhang mit den steigenden Anforderungen an Orientierungs- und Anpassungsvermögen erfolgte eine starke Zunahme »rezeptorischer Apparate« im Kopf, und neben den

bereits vorhandenen Kontaktrezeptoren bildeten sich Distanzrezeptoren wie Auge, Gehör und Geruchsorgan.
Die weitere biologische Entwicklung führte parallel zur weiteren Differenzierung des Nervensystems, zur Vervollkommnung der einzelnen Rezeptoren und zur Bildung des ganzen Sinnessystems, wie es der Mensch aufweist.

> Funktions- und Strukturänderung der Sinnesorgane ist nicht nur genetisch zu verstehen, sondern auch als Produkt der kulturellen und psychischen Entwicklung während eines Lebens.

»Der Mensch und sein Nervensystem stellen ein ›wandelndes Museum‹ der Psychoarchäologie dar, und seine Entwicklung ist noch nicht abgeschlossen.«

T. Leary

Daß wir in den ersten vier Schaltkreisen die Reste vergangener Evolutionsstufen mit uns herumtragen, zeigt sich tagtäglich durch unser Verhalten. Danach halten bestimmte neuronale Prägungen den Zyklus des menschlichen Lebens aufrecht: Geburt, oraler Schaltkreis, Kindergarten mit Prägung territorialer Spiele, Schule und Prägung eines sprachlichen Realitätstunnels, Pubertät und Prägung eines soziosexuellen Schaltkreises, dabei Übernahme der Erwachsenenrolle. Die Erziehung der Kinder erfolgt annähernd nach den gleichen Prägungen und Konditionierungen, so daß übereinstimmende Realitätstunnel erzeugt und an die Kinder weitergegeben werden.
Unter gewissen Voraussetzungen treten doch hie und da Aktivierungen der vier höheren Schaltkreise auf. Sie bilden die Grundlage für einen umfassenden Lerneffekt und Kreativität und eine progressive mentale Evolution, wie sie sich in Jahrmillionen nicht ergeben hat:

Mentale Evolution – die nächsten Stufen zur Entwicklung von höheren Bewußtseinsschaltkreisen

- Anstatt durch äußere und körperliche Signale (Umwelt und Körperchemie) programmiert zu werden, lernt das Gehirn, sich selbst zu programmieren. Man spricht vom »kybernetischen Bewußtsein«. Vom Gehirn glaubt man, daß es $10^{2\,700\,000}$ mögliche Kombinationen aus den ihm zugeführten Inputs herstellen kann. Natürlich kann der metaprogrammierende Schaltkreis nicht bewußt mit soviel Realitäten umgehen, doch kann er wesentlich mehr Verknüpfungen herstellen als auf den vergleichsweise primitiven Schaltkreisen.
- Der amerikanische Physiker Jack Sarfatti beschreibt das Universum als eine Reihe von Computern, die Computer enthalten, die wiederum Computer enthalten, ähnlich den chinesischen Schachteln in der Schachtel. Das Universum als solches ist der größte »Computer«. Unsere Gehirne sind mittelgroße Computer. Die kleinsten bekannten Energiesysteme, die Quarks, sind Mini-Mini-Computer. Nach diesem Modell ist die »Hardware« jedes Computers lokal – sie existiert in einem bestimmten Intervall in der Raum-Zeit, während die »Software« nichtlokal oder überall vorhanden ist.
- Die »Gaia-Hypothese« des Biologen J. Lovelock und die »morphogenetischen Felder« nach R. Sheldrake umfassen in ihrer Aussage weit mehr als im Vergleich dazu der sehr mechanistische Darwinismus. Die Empfindungen und Wahrnehmungen der höheren Schaltkreise sind zu vielen Menschen in vielen Kulturkreisen begegnet, um als Halluzinationen und abweichendes Denken abqualifiziert werden zu können. Der Mensch scheint von seinem Nervensystem her dazu in der Lage, Zugang zu haben zum evolutionären Wissen, zum Hologramm des Planeten oder zur Entwicklung der kosmischen Intelligenz. Dies setzt keine »Seele« voraus, wie in vorwissenschaftlichen Metaphern aus New-Age-Kreisen oft verlautet, indem diese von Körper zu Körper springt, sondern einen Code innerhalb der Neuronen, der zwischen neurologischer (persönlicher) und evolutionärer (genetischer) Organisationsebene vermittelt.

Kapitel 6

Gehirn und Kreativität

»Ich drehte meinen Lehnstuhl dem Feuer zu und döste ein. Im Traum wirbelten wieder Atome vor meinen Augen herum, die kleineren Gruppen diesmal bescheiden im Hintergrund. Mein geistiges Auge, durch viele derartige Visionen geschärft, konnte nun größere Strukturen mannigfaltiger Anordnung unterscheiden, lange Reihen, zum Teil eng geschlossen, alle in schlangengleicher Bewegung verschlungen und verflochten. Aber siehe, was war das? Eine Schlange hatte ihren eigenen Schwanz erfaßt, ihre Gestalt wirbelte spöttisch vor meinen Augen. Wie vom Blitz getroffen wachte ich auf ...«

(Arthur Koestler, 1966)

Diese wohl berühmteste traumhafte Problemlösung widerfuhr August Kekule, Professor der Chemie, an einem regnerischen Februartag im Jahre 1865. Sie führte zur Entdeckung des Benzolrings und zum Nobelpreis – seither gelten die sich in den eigenen Schwanz beißenden Schlangen als Sinnbild für Kreativität.

Arthur Koestler versteht das Wissen und die Evolution des Menschen als Prozesse des kreativen Wachstums. Kreativität ist für ihn nichts Seltenes oder Großartiges, sondern einfach die Fähigkeit, beim Denken verschiedene Bezugsrahmen zu integrieren und dabei ständig neue persönliche Lösungen zu entdecken. Koestler hat für dieses paradox anmutende Geschehen den Begriff der Bisoziation geprägt – das Denken in einem »doppelsinnigen Übergangszustand eines labilen Gleichgewichts«.

Kreativität ist zum Schlagwort in der Öffentlichkeit geworden. Dabei ist eine genaue Aussage, was kreatives Denken eigentlich ist, zugunsten verschiedener Interpretationen, wie sie die Gesellschaft sieht, gemacht worden. Analysiert man die Gedanken, stellt man fest, daß hinter dem gleichen Begriff sehr verschiedene Auffassungen verborgen sind. Die bedeutenden Werke in Wissenschaft und Kunst können nicht einfach als Produkte einer einmaligen genialen Eingebung erklärt werden. Bei der Lösung von alltäglichen wie wissenschaftlichen Problemen sind logisches und kreatives Denken keineswegs Gegensätze; ganz im Gegenteil erlauben Denkstrategien mit ganzheitlichem Ansatz (siehe de Bonos laterales Denken), die die Neurophysiologie des rechten und linken Gehirns berücksichtigen, Ergebnisse im Sinne einer Problemlösung und Ideenfindung.

6.1 Die Neurobiologie der Kreativität

Wissenschaftler versuchen derzeit allerorten hinter das Geheimnis der Kreativität zu gelangen. Andere Forscher hingegen sind sehr kritisch, ob wir jemals die Kreativität vollständig verstehen werden. Intuition ist die Kraft, die Intelligenz beeinflußt, aber andererseits braucht man keinen hohen Intelligenzquotienten, um intuitiv zu sein. Intuition bezieht sich mehr auf Gefühle und selbsterschaffene Metaphern als auf verbales und kognitives Denken – zu dieser Erkenntnis kam der Psychologe Frank Baron von der University of Santa Cruz. Kreativität schließt die Fähigkeiten der Intelligenz ein, geht aber darüber hinaus: Insbesondere die Wahrnehmung und Formulierung vorher unerkannter Beziehungen zwischen verschiedenen Erkenntnissen formt die Basis der Kreativität.

Was allgemein unter der Inkubationsphase im Prozeß der kreativen Problemlösung verstanden wird, meint zwar in erster Linie nicht das Traumgeschehen, das den Schlafenden ereilt – wie eingangs bemerkt –, wohl aber eine Phase reduzierten Wachbewußtseins. Hier ist das reduzierte Wachbewußtsein gemeint, aus dem sich durch Nachlassen jeglicher bewußten und zielstrebigen Konzentration auf das Problem die Lösung desselben plötzlich und unerwartet in einer Bildergestalt ergibt.

- Scheinbar beziehungslose Bildpartikel schießen zu einer neuen Gestalt zusammen und werden unmittelbar wichtig.
- Charakteristisch ist dabei, daß die neue Gestalt plötzlich

und überraschend zutage tritt und nicht über den analytisch linearen Vorgang des Denkens erreicht wird.

Hinsichtlich der beiden Hemisphären gibt es keine generelle Klassifizierung von Musik- und Mathematikverständnis, so der Psychologe David Perkins, beide Hemisphären kooperieren auf sehr komplexe Weise miteinander. Auch der bekannte Neurophysiologe Karl Pribram hat verlauten lassen, daß sich Kreativität nicht in rechts oder links einordnen lasse, sondern vielmehr anatomisch gesehen, wohl in vordere und hintere Gehirnregion eingeteilt werden müsse. Die Erkenntnisse Pribrams decken sich mit dem, was Candace Pert vom National Institute of Mental Health herausgefunden hat. Ihren Forschungen zufolge hat sie Bestätigungen dafür gefunden, daß der frontale Schläfenlappen die Sektion des Gehirns ist, die für Kreativität am bedeutungsvollsten ist. In diesem Bereich des Gehirns existieren bis zu 30mal mehr Opiatrezeptoren als in den übrigen Schläfenlappen. Sie hält den biochemischen Aspekt für die Kreativität für viel wichtiger als die Unterteilung in rechte und linke Hemisphäre. Schließlich filtern die Rezeptoren die ankommenden sensorischen Informationen. Solch eine subjektive Realitätsfilterung ist vermutlich sehr hilfreich und wichtig für die Kreativität. Die Ausschüttung von Endorphinen steigt während Kreativitätsübungen und anderer physischer Aktivitäten relativ stark an und führt somit zu »endorphinenergetisierenden Bewußtseinszuständen«. Man nennt diese euphorische Erscheinung auch kreatives Hoch. Das menschliche Gehirn ist der Empfänger, aber nicht die Quelle der Informationen für unsere Kreativität, und so vermutet Candace Pert, daß Kreativität »aus dem spirituellen Bereich, kollektiven Bewußtsein kommt«. Verschiedene wissenschaftliche Untersuchungen belegen, daß sich das Wellenmuster des Gehirns während eines Aha-Erlebnisses drastisch verändert. Auch die biochemische und physiologische Basis im Gehirn verändert sich innerhalb einer Kreativitätsphase.

Hierzu diese Graphik:

kreative Gruppe	Kontrollgruppe
• Cortisol-Aktivität sinkt • Anstieg der Alpha-Wellen	• genau das Gegenteil • genau das Gegenteil

Während des Schlafs macht das Gehirn auch mehrere Kreativitätsphasen durch. Träume sind von sogenannten REM-Phasen (Rapid Eye-Movements = schnelle Augenbewegungen) begleitet und Phasen, in denen keine Augenbewegungen stattfinden (Non-REM-Phasen). Während der Non-REM-Phasen des Schlafs ruht das Gehirn und der Stoffwechsel senkt seinen Energieverbrauch. Während der REM-Phasen hingegen steigt der Stoffwechsel in emotionalen und motivierenden Bereichen des Gehirns stark an – dies geschieht verstärkt in der linken Hirnhemisphäre. Auch der Glukoseverbrauch steigt in den REM-Phasen in der linken Hemisphäre stärker an als in der rechten. Wie schon des öfteren in diesem Buch erwähnt, führt mangelnde Energieversorgung des Gehirns zu reduzierter Kreativität. Niedrige Glukosewerte lassen uns unkonzentriert und depressiv erscheinen und begünstigen im Extremfall Schizophrenie, manisches oder depressives Verhalten. Auch hier spielt der frontale Schläfenlappen wieder eine sehr wichtige Rolle, da er für die Planung und Organisation von Verhalten zuständig ist. Die Neuroanatomin Marilyn Diamond von der University of Berkeley fügt zur Kreativität noch hinzu: »Wir dürfen keine Region des Gehirns für den Kreativitätsprozeß ausschließen.« Sie fand z. B. heraus, daß gesteigerte Kreativität zur Vermehrung der Gliazellen im Kortex führt. Dieser Aspekt wurde bei den anderen Studien bisher nicht berücksichtigt. Zusammenfassend hat David Perkins zum Thema Kreativität sechs Charaktereigenschaften aufgestellt:

1. Mentale Mobilität: Die Bereitschaft, immer etwas Neues aufzunehmen. Stichwort: Entlernen.
2. Risikobereitschaft: Je mehr der Mensch erschafft, desto größer ist der Pool für etwas wirklich Wichtiges.

3. Komplexität: Synthese und Ergebnis entstehen oftmals nur durch Chaos.
4. Innere Realität: Schaffung einer eigenen inneren Wirklichkeit, ohne direkten Bezug zur Umwelt.
5. Exzellente Problemlösung: Hierzu gehört das gute Zusammenspiel von rechter und linker Gehirnhälfte.
6. Innere Motivation: Der Katalysator für Kreativität ist Spaß, Freude und Herausforderung. Ohne diese Eigenschaften ist keine Kreativität möglich.

Die Plastizität des Gehirns, also seine Fähigkeit, sich ständig zu verändern, hat ebenso sehr viel mit Kreativität zu tun: Die Entwicklung des Nervensystems ist nicht starr vorprogrammiert, sondern durch seine eigene, beginnende Funktion mitgeformt. Mit anderen Worten, der Informationsfluß im Nervensystem beeinflußt die Bildung der Netzwerke. So kann die Plastizität im Erwachsenengehirn, und damit das Langzeitgedächtnis, als eine Fortsetzung eines Entwicklungsprozesses angesehen werden. Die Erkenntnis der Plastizität ist verknüpft mit der Tatsache großer Neuronen- und Synapsenzahlen. Tatsächlich besteht das menschliche Nervensystem, wie wir schon wissen, aus einer sehr großen Anzahl von Nervenzellen (über 10 hoch 10), die verknüpft sind mit einer noch viel größeren Zahl von Kontakten, den Synapsen (über 10 hoch 14). Durch gleichzeitiges Funktionieren vieler paralleler Schaltungen und relativ unabhängiger Schaltkreise haben wir schon auf biochemischer Grundlage die Möglichkeit, neue, kreative Prozesse zu erleben. Im menschlichen Gehirn mit seiner großen Hirnrinde ist die Möglichkeit besonders gut gegeben, gespeicherte Informationen gleichzeitig abzurufen und miteinander zu vergleichen. Außerdem sind die neuronalen Schaltkreise modulierbar, so daß die Assoziationen zwischen verschiedenen Erfahrungsbereichen unter günstigen Bedingungen vermutlich erleichtert und ausgedehnt werden können.
Wir sehen also, daß Kreativitätsprozesse erst dann vollständig verstanden werden können, wenn wir deren biochemischen, physiologischen und psychologischen Wurzeln entschlüsselt haben.

6.2 Die vier Stadien der kreativen Problemlösung

- Präparation: Erkennen des Problems und Analysieren der Problemstruktur in vielerlei Richtungen. Formulierung und Entwicklung vorläufiger Lösungen.
- Inkubation: Die lineare, zielgerichtete Strategie wird beiseite gelegt, unbewußtes und ungesteuertes Denken über das Problem herrscht vor.
- Illumination: Plötzliche Einsicht oder das Gefühl, auf dem richtigen Weg zu sein.
- Verifikation: Ausarbeiten der Lösung, Überprüfung der festgelegten Kriterien und motorische Umsetzung.

6.3 Kreative Prozesse des Gehirns im EEG

Das Elektroenzephalogramm des menschlichen Gehirns gehört zur Klasse kooperativer, d. h. sich selbst organisierender Prozesse, die in Systemen von gleichförmigen Elementen mit entsprechenden Interaktionen auftreten. »Das EEG ist somit keineswegs nur ein Abfallprodukt der Maschine Gehirn, wie man lange dachte, eine Art Hirnlärm, sondern es enthält Information« (Petsche). Während man früher versuchte, das EEG aus dem Verhalten der einzelnen Nervenzellen heraus zu deuten, so versucht man heute mehr und mehr, vom Gesamtphänomen her, von den globalen Eigenschaften des EEG und unter Berücksichtigung der Kortexstruktur dessen Entstehungsmechanismus aufzudecken.

Wenn sich zwei Menschen ineinander einfühlen, gleichen sich ihre Gehirnwellen an. Die erstaunliche Entdeckung, daß Empathie eine physiologische Grundlage hat, machten zwei Psychologen der Nationalen Universität von Mexiko City (Journal of Neuroscience 36/1987, 41–53). Jacobo Grinberg-Zylberbaum und Julieta Ramos bildeten aus 26 erwachsenen Versuchspersonen Zweiergruppen. Um äußere Einflüsse möglichst vollständig auszuschalten, wurde jedes Paar in einen abgedunkelten, schalldichten Faraday-Käfig eingeschlossen, dessen metallische Umhüllung gegen elektromagnetische Strahlung abschirmt. Ungefähr einen halben Meter saßen die Pro-

banden voneinander entfernt. Die Anweisung lautete: »Machen Sie es sich möglichst bequem. Bleiben Sie dann still und bewegungslos sitzen. Sie dürfen Ihr Gegenüber weder ansprechen noch berühren. Schließen Sie die Augen. Versuchen Sie jetzt, geistig Kontakt zueinander aufzunehmen, indem Sie sich die Gegenwart Ihres Partners bewußt machen. Geben Sie uns ein Zeichen, sobald sie den Eindruck haben, daß Ihnen dies gelungen ist!« (dazu hatten die Versuchspersonen einen Knopf zu drücken). 15 Minuten dauerte jede Sitzung. Unterdessen zeichnete ein Elektroenzephalograph die Gehirnströme der Testpersonen auf. Würden sie widerspiegeln, was Menschen während solcher »direkten Kommunikationen« subjektiv erleben?
Die 26 erhaltenen Hirnstromkurven legten Grinberg und Ramos daraufhin in allen möglichen Zweierkombinationen unabhängigen Sachverständigen vor. Diese sollten »blind« begutachten: Von wem die Daten stammten, wußten sie nicht. Zu 70 Prozent konnten sie die Paare trotzdem einander richtig zuordnen. Manche EEG-Muster waren vorübergehend nahezu deckungsgleich geworden – auffällig oft bei Partnern, die hinterher von einem Gefühl berichteten, sie seien während des Versuchs regelrecht »ineinander aufgegangen«, »miteinander verschmolzen«. Einige Paare gaben an, sie hätten starke körperliche Empfindungen wie Wärme oder ein Kribbeln erlebt, während sich in ihr Gegenüber einfühlten. Manchen kam es so vor, als hätten sich ihnen Gedanken und Vorstellungen des anderen aufgedrängt. Ob sich die Betreffenden zuvor schon kannten oder sich erstmals begegneten, spielte dabei anscheinend keine Rolle. Dagegen wichen ihre Hirnströme vor und nach den viertelstündigen Sitzungen deutlich voneinander ab. »Mit zunehmender Langeweile, Ermüdung oder Gewöhnung läßt sich nicht wegerklären, warum sich die EEG-Muster anglichen«, stellten Grinberg und Ramos klar. Als sie mehrfach dieselbe Versuchsperson nacheinander mit drei verschiedenen Partnern »direkt kommunizieren« ließen, trat das Phänomen immer wieder aufs neue auf. Dabei waren die Entsprechungen für jede Zweiergruppe spezifisch: Jedesmal traten Merkmale auf, die bei keinem zweiten Paar wiederkehrten. Die Anwesenheit eines Dritten störte offenbar: Als die mexikanischen Psy-

chologen mit vier Dreiergruppen experimentierten, schwächte sich der Effekt deutlich ab. Erstaunlicherweise synchronisierte sich bei den Testteilnehmern zeitweilig auch die elektrische Aktivität der beiden Hirnhälften – der »analytisch-rationalen« linken und der eher »emotional-intuitiven« rechten Hemisphäre –, die sich ansonsten auf dem EEG recht verschieden abbilden. »Wir fanden synchrone Muster, wie sie gewöhnlich nur in tiefer Meditation und anderen höheren Bewußtseinszuständen auftreten«, berichten Grinberg und Ramos. Die beiden Forscher sehen damit eine Theorie bestätigt, die sie erstmals vor acht Jahren ausführlich vorgetragen haben (in dem bisher nur auf spanisch erschienenen Buch »El Espacio y la Consciencia«, Mexico City 1981): Menschen können untereinander »neuronale Felder« aufbauen, über die ihre Gehirne direkt aufeinander einwirken und Informationen austauschen. Diese Felder könnten auch »Gedankenübertragung«, Telepathie, ermöglichen.

Das bereits erwähnte mentale Konzept von Ken Keyes, das limbische System und den Neokortex zur Deckung zu bringen bzw. »neurophysiologisch zu transformieren«, um negative Emotionen zu überwinden, scheint interessanterweise gut in Koestlers »Modell der Holarchien« und zu dessen Ansichten zur Kreativität zu passen:

- Bei all unseren geistig-seelischen Möglichkeiten der Problemlösung und Ideenfindung gibt es doch einige Arten der Verbindung, die uns konstitutionell schwerer fallen, so daß, wie Koestler annimmt, ganze Holarchien (Hierarchien von Ganzheiten) in tödlicher Feindschaft voneinander getrennt sind.

Holons bestehen aus dem »whole«, dem Ganzen, und dem »atom«, dem Atom. Der Name wurde gewählt, weil sich jemand an einem Verbindungspunkt in der Holonstruktur sowohl als Scheitel- als auch als Endpunkt wahrnehmen kann oder aber als Teil der ganzen Struktur.

- Die konstitutionell vorliegende quasi schizophrene Spaltung zwischen Vernunft und Gefühl – wie auch Julian Jaynes schon feststellte – liegt in der Uneinheitlichkeit der Zusammenarbeit von älteren Hirnanteilen und neuem Gehirn (Neokortex).

> Die große Möglichkeit eines kreativen Bezugsrahmens aber liegt im funktionalen Umtrainieren dieser beiden Gehirnstrukturen.

Möglichkeiten politischer und gesellschaftlicher Konsequenz:

- Die Bisoziationen, die es uns ermöglichen könnten, ganzheitlicher zu denken und zu handeln, um einer gegenseitigen Vernichtung und Zerstörung des Ökosystems zu entgehen, sind noch zu schwach und auf seltene Augenblicke beschränkt, als daß sie einen morphogenetischen Impuls setzen könnten, um das kollektive Bewußtsein zu verändern. Doch der Keim zu jeglicher politischen und kulturellen Transformation liegt in der Koppelung von biologischem Erbe und kreativem Denken.
- Holarchien miteinander zu verbinden kann bedeuten, daß Gewohnheiten und Denkweisen, die bisher als unverständlich und unvereinbar galten, plötzlich eine harmonische Verbindung erfahren.

6.4 Modelle des Geistes

Sechs weise Männer aus Indien trafen auf einen Elefanten. Sie tasteten sorgfältig seine Gestalt ab, denn sie waren alle blind. Der erste befühlte den Stoßzahn: »Mir scheint, daß dieses Prachtstück von einem Geschöpf sehr stark einem Speer ähnelt.« Der zweite tastete die Flanke der Kreatur ab, die sich hoch und flach anfühlte. »Aha!« rief er und kam zu dem Schluß: »Dieses Tier ist wie eine Wand.« Der dritte hatte ein Bein ergriffen und meinte: »Ich weiß schon, was wir da alle vor uns haben; dieses Geschöpf ist wie ein Baum.« Der vierte bekam den Rüssel zu fassen und sprach: »Dieser sogenannte

Elefant ist in Wirklichkeit nur eine Schlange.« Der fünfte hatte das Ohr des Tieres in den Händen und ließ seine Finger darübergleiten. »Ich hab' die Antwort: Dieses Wesen ist wie ein Fächer!« Der sechste stieß auf den Schwanz und tastete ihn ab: »Hört meine Entscheidung, dieses Geschöpf ist wie ein Seil.«
Und so stritten die Männer, die nicht sehen konnten, lange und heftig über die Gestalt des Elefanten, und obwohl jeder teilweise recht hatte, irrten sie alle.
Dieses Beispiel vom Elefanten ist in mancher Hinsicht typisch für die Beschreibung wissenschaftlicher Probleme. Selbst dann, wenn man sich auf eine Ebene einigen sollte – wie im Falle der blinden Männer auf die Fühlebene –, so ist dies doch nur ein Ausschnitt aus dem Spektrum des Bewußtseins.
Möchte man den Menschen in seiner Ganzheitlichkeit erklären (was zweifellos unmöglich ist), so schaut man am besten verschiedene Ebenen an, die das komplexe Gehirn-Geist-Psyche-Geschehen in seiner Interaktion zur Umwelt erfassen. Dabei kann man von der einfacheren zur komplexeren Ebene vorgehen, da dies dem Organ Gehirn – als komplexestem Organ des Universums – am ehesten gerecht würde. Charles Hampden-Turner definierte in seinem Buch »Modelle des Menschen« neun verschiedene Interpretationsebenen:

Ebene 1:
Auf der ersten und untersten Ebene kämpfte der Geist um seine Befreiung aus der Knechtschaft der Götter sowie gegen die Gesetze Newtonscher Mechanik, die ein deterministisches Universum propagieren. Er befreit sich aus der Bevormundung durch Wissenschaftler, die »puritanischen Agenten des göttlichen Uhrmachers.«

Ebene 2:
Auf der psychoanalytischen Ebene wird versucht, die hintersten und geheimsten Winkel des Geistes auszuleuchten, wo das Bewußtsein ins Vorbewußte und Unbewußte übergeht. Auf dieser Ebene werden oft entscheidend die Weichen gestellt für das Denken und Verhalten des Menschen.

Ebene 3:
Auf der physiologischen Ebene der Gehirnfunktionen wurden in der letzten Zeit bahnbrechende Entdeckungen gemacht, die unser Verständnis über den Geist stark beeinflussen. Diese Erkenntnisse zeigen, daß Denken und Verhalten sowohl physiologische und anatomische als auch psychologische Grundlagen haben.

Ebene 4:
Auf der Ebene des kreativen Geistes wird die Fähigkeit untersucht, Informationen und geistige Strukturen zu kombinieren, umzuordnen und neu zu organisieren. Hier erfolgt auch die geistige Synthese, die mehr ist als die Summe ihrer Teile. Der kreative Geist transzendiert das mechanistische Menschenbild.

Ebene 5:
Auf der Ebene der psychosozialen Entwicklung beschäftigen wir uns damit, wie der Geist von den anderen Menschen und der Umwelt lernt und zu ihnen in Beziehung tritt. In diesen Prozeß sind die vorausgegangenen Ebenen mit einbezogen.

Ebene 6:
Auf der Ebene von Kommunikation, Sprache und symbolischer Interaktion wird der Geist mittels linguistischer, visueller und emotionaler Strukturen beschrieben, die die Grundlage unseres gegenseitigen Verstehens bilden. Sprache und Kommunikation gehören zu den höchstentwickelten menschlichen Fähigkeiten; man hat sie analysiert und dabei Muster und Strukturen gefunden, die offensichtlich auch in sehr unterschiedlichen Kulturen gleich sind. Die Betrachtung des Geistes geht auf dieser Ebene über dessen Kern, der in den vorangegangenen fünf Ebenen dargestellt wurde, hinaus und umfaßt auch die erweiterte Erfahrung durch die Kontaktaufnahme mit dem Geist der anderen.

Ebene 7:
Auf der Ebene der Psychobiologie wird der Geist als ein natürlicher Organismus mit den Begriffen der Ökologie lebender Systeme definiert und verstanden und im Kontext der Umwelt er-

forscht. Es ist dies auch die kybernetische Ebene, weil jede Handlung des Organismus durch ihre Rückmeldung (Feedback) auf dessen Gleichgewicht und Verhalten zurückwirkt.

Ebene 8:
Auf der paradigmatischen Ebene werden die A-priori-Annahmen über die Natur der menschlichen Intelligenz und deren Verbindung zum Universum in das Konzept des Geistes mit einbezogen. Dies ist die psychologische Ebene, auf der das Bewußtsein über das eigene Selbst aus den vorausgegangenen Ebenen einer empirischen Prüfung unterzogen wird: Welche Methoden und welche Erkenntnistheorien führen zu welchen Fakten und Mustern? Wie beeinflußt der Geist seine Entdeckungen?

Ebene 9:
Auf dieser Ebene wird der Geist als Bestandteil von Mythen, Institutionen und Kulturen betrachtet. Kultur heißt Teilhabe an gemeinsamen mythischen Mustern. Die Kultur ist somit der ausbuchstabierte, manifeste Geist, der uns unbewußt formt, wenn wir nicht begreifen, wie wir unsererseits die Kultur formen können.

6.5 Das Bewußtsein des Menschen

Unser Bewußtsein ist eine subjektive Widerspiegelung einer objektiven Realität mit Hilfe unseres zentralen Nervensystems. Es umfaßt die Gesamtheit der sinnlichen, rationalen und intuitiven Wahrnehmungsformen sowie den Bereich der menschlichen Emotionen und des Willens.
Sicherlich ist das Bewußtsein auch ein bedingt reflektorischer Prozeß, das heißt, daß sich die psychischen Vorgänge nach den Gesetzen der höheren Nerventätigkeit vollziehen. Das Gehirn selbst stellt nach heutiger Erkenntnis nicht die Quelle des Bewußtseins dar, sondern ist lediglich das Empfängerorgan, sprich: die Hardware für die Software Bewußtsein.
Das Bewußtsein wird durch die Welt und das Universum bestimmt. Da das Bewußtsein die subjektive Widerspiegelung der Welt ist, kann es keinen selbständigen Inhalt besitzen. Das Be-

wußtsein kann nie etwas anderes sein als das bewußte Sein. Das Bewußtsein ermöglicht uns, Zielvorstellungen zu ersinnen, Handlungen und praktische Tätigkeiten gedanklich vorwegzunehmen und Resultate vorauszusehen. Ohne Bewußtsein wäre ein typisch menschliches Leben nicht möglich. Es ist auch ein aktiver und wandelbarer Prozeß, der der ständigen Aneignung und Anpassung an die Umwelt durch den Menschen bedarf. Bewußtsein ist von vornherein schon mehr ein gesellschaftliches Produkt, da es mit Sprache zusammenhängt, wie wir z. B. in der Unterschiedlichkeit des japanischen und des europäischen Gehirns deutlich sehen können. Auch wirkt die japanische Schrift gegenüber einer anderen mehr als Bild. Hier liegt vermutlich auch der Grund für das Verschwimmen des Hemisphärenmodells, welches bei den Japanern nicht so genau paßt. Das japanische Gehirn unterscheidet nicht so deutlich zwischen links Logos und rechts Pathos, wie das etwa beim westlichen Gehirn ist. Intuitive und rationale, abstrakte und konkrete, deduktive und schöpferische Dimensionen fluktuieren anders als beim Westler zwischen rechts und links hin und her. Beim japanischen Denken ist Intuition, Kreativität und Logik eine Einheit.

Modelle im wissenschaftlichen Denken

»Die gegenwärtigen Vorstellungen von der Beziehung zwischen Geist und Gehirn stellen einen völligen Bruch mit der althergebrachten materialistischen und behavioristischen Doktrin dar, die jahrzehntelang die Neurowissenschaft beherrschte; statt das Bewußtsein abzulehnen oder zu ignorieren, wird in dieser neuen Interpretation die Vorrangigkeit des inneren Bewußtseins als kausale Realität voll anerkannt.«
Roger Sperry in »Changing Priorities«

Die sogenannte objektive Wissenschaft hat mit ihrem Anspruch des zuverlässig Meßbaren häufig wichtige Parameter wie Subjektivität und Bewußtsein ausgeklammert. In bezug auf diese Punkte gleicht die Geschichte der Wissenschaft der altbekannten Geschichte von dem Betrunkenen, der seinen Hausschlüssel im Dunkeln auf der Straße verloren hat und ihn unter der Straßenlaterne an der Ecke sucht, weil da das Licht besser ist. Aus verständlichen Gründen spielte sich die neue Suche nach der Wahrheit, »empirische Wissenschaft« genannt, in ihren Anfängen dort ab, wo das Licht besser war – nämlich bei der Erforschung der quantitativ meßbaren Aspekte der physischen Umgebung –, wobei die für Geisteswissenschaft und Religion zentralen Fragen des menschlichen Geistes und der Psyche ausgelassen wurden. Da die Wissenschaft sich nach und nach ein Prestige erwarb, folgerte man zunehmend, daß es einfach nichts anderes zu sagen gäbe. Das ist so, als ob der oben erwähnte Schlüsselsucher schließlich zu der Überzeugung gekommen wäre, daß es außer dem von der Laterne erleuchteten Stück Straße keine andere gäbe.

Das metaprogrammierende Gehirn

Jeder Mensch hat eine Reihe von Glaubenssätzen, mit deren Hilfe er seine Erfahrungen, seine Vorstellungen und sein Bild von der Zukunft ordnet. Diese Glaubenssätze prägen nicht nur das Individuum, sondern reifen auch in Gruppen in Form von Übereinstimmungen heran. Die Welt der Wissenschaft wurde bisher von dem mechanistischen und hierarchischen Weltbild beherrscht, das auf dem Prinzip des Reduktionismus beruhte. Der Forscher sah sich eingeordnet in eine Hierarchie, die im mikroskopischen Bereich aus Atomen – die sich in Molekülen zusammenschließen, in biochemischen Verbindungen und biologischen Strukturen ordnen – Organismen bildet, die sich wiederum in Gesellschaften zusammenschließen. Der grundlegende Bezugsrahmen eines Wissenschaftlers ist es, das Höhere in den Begriffen des Niederen zu erklären. Und Willis Harman folgert: »So hat bei uns im Westen die Vernachlässigung der Bereiche subjektiver Erfahrungen zu einer ernsten Verunsicherung in den geltenden Wertmaßstäben geführt. Denn letztendlich hat jede Kultur die Basis für ihre höchsten Wertvorstellungen und für ihre Sinngebung in eben diesem Bereich des Subjektiven, Transzendenten und Spirituellen gefunden.«

Vom Informations- zum Bewußtseinsmodell

Die Entwicklung im Verständnis von Gehirn und Bewußtsein macht derzeit »eine zweite kopernikanische Wende« (N. Harman) durch. Die Spiritualität wird wissenschaftlicher und die Wissenschaft spiritueller. Was bisher allenfalls Adepten, Gnostikern oder »Psychonauten« vorbehalten blieb, findet jetzt auch seine wissenschaftliche Anerkennung: die Kartographie der inneren Räume mit Hilfe des Bewußtseins. Die Schwierigkeit, »dem Denken denkend auf die Spur zu kommen«, lag bisher den völlig verschiedenen Ansätzen von Wissenschaft und Religion zugrunde: Die eine Sichtweise »trennte«, um zu »widerlegen«, und die andere »verband«, um zu »verwirklichen« – immer mit dem Anspruch, die Realität abzubilden.

	Naturwissenschaft	*Geisteswissenschaft*
Motiv:	Wirkungszusammenhänge oder Symptome erkennen	Ursachen und Sinnzusammenhänge erkennen
Ziel:	das Regelhafte finden	das Einzigartige finden
Methode:	analytisch-experimentell	intuitiv-ganzheitlich

Die Art und Weise, wie Weltanschauungen und ihre Grundbegriffe sich gegenseitig begründen, hat zur Folge, daß Anhänger einer Weltanschauung mit den Grundbegriffen einer anderen Weltanschauung nicht sinnvoll umgehen können. Denn: *Jedes Modell bestätigt sich selbst.* Unsere Weltanschauung beeinflußt unsere innere Einstellung und unsere Erwartungen – diese beeinflussen das äußere Geschehen, das wiederum zu unseren Erwartungen und unserer Weltanschauung paßt. Wir halten die Grundbegriffe der anderen für gedankliche Konstruktionen, denen in der Wirklichkeit keine Bedeutung zukommt. Dies bewirkt ein starres Festhalten an alten Denkstrukturen und Realitäten. Wenn wir lernen, mit komplementären Weltanschauungen zu arbeiten und unseren eigenen Standpunkt zu relativieren, können wir unser Bewußtsein für neue Inhalte erweitern.

> Mit neuen Denkmodellen können wir neues Bewußtsein entfalten.
> Mit neuem Bewußtsein können wir bessere Denkmodelle erschaffen.

Die neue Medizin von Biologie und Metaphysik (Synthese)

Die schicksalhafte Krankheit, die den Menschen hilflos ereilt, die gibt es nur unter dem Aspekt der historischen Philosophie. Wenn der moderne Mensch es auch noch heute so empfindet, so deshalb, weil die heutige Wissenschaft sich immer noch auf diese klassische Vorstellung bezieht. Nach Otto Mennerich läßt das Verständnis hinsichtlich der Organsymbolik für Sympathikus und Parasympathikus folgenden Schluß zu: »Die beiden Anteile verhalten sich *nicht* als ›Gegenspieler‹, sondern als eine autonome Funktionseinheit, die 1. im Sinne eines in sich gebundenen Tonus – Werden – und 2. in einer ordnungsgebundenen Richtung – Sein – reagiert.« In seinem faszinierendem Buch »Zeitwende« beschreibt er, wie gerade in dieser Vorstellung elementar sichtbar wird, welche Unterschiede zwischen »psychisch« und »dynamisch« bestehen. »Es ist für den Menschen wahrlich nicht gleichgültig, ob er glaubt, dem Schicksal ausgeliefert zu sein, oder ob er es unter der Sinngebung des Seins gestalten kann. Wenn der Mensch infolge seiner nerveninsuffizienten Verfassung verlernt hat, die autonome Ordnung als Sein zu denken und wenn die landläufige Auffassung dahin geht, als ob es z. B. das Schicksal ›Angst‹ oder ›Krebserkrankung‹ für den einzelnen Menschen als etwas Unentrinnbares gäbe, so hat der Mensch durch die bisherigen ›Führer des Geistes‹ niemals erfahren, daß wir durch Änderung des Werdens – also durch Änderung des Funktionsvollzugs – die Voraussetzung zu einer derartigen Erkrankung beseitigen können.« Eine Stabilisierung der Nerven-Kreislauf- und Drüsenfunktion kann nicht über Psychoanalyse bewirkt werden, sondern durch eine Beeinflussung des Nerventonus. Hierbei erhält der Organismus durch entsprechende Mineralsubstanzextrakte, Biokatalysatoren und Organsubstrate die in ihnen gebannte Mannigfaltigkeit der unmittelbar verwertbaren Energien über die autonomen Ordnungsbahnen des Sympathikus und die Parasympathikus, die im Zusammenklingen eine Einheit in bezug auf Werden und Sein verwirklichen.

Die Rolle des Bewußtseins in der Verhaltensmedizin

Es existiert eine besondere Vorstellung von Gesundheit, die man nicht erreichen kann, erwerben, fördern oder entwickeln – jedenfalls im herkömmlichen Sinne –, denn sie ist nicht das Ergebnis aktiver medizinischer Konzepte. Sie ist nicht das Produkt wirksamer Vorsorgemaßnahmen und den gewöhnlichen Interventionen so unähnlich, das wir sie am besten als »Nichtgesundheit« umschreiben können. Nichtgesundheit bezieht sich auf eine Qualität der Bewußtheit, die selbst die »Einheit von Körper, Geist und Seele« übersteigt, jenes idealistische Metaprogramm holistischer Gesundheit. Sicherlich kennt jedermann das Beispiel des sterbenden alten Mannes, dessen Körperfunktionen am Versagen waren, aber dessen Humor und Klarheit eine andere Art von Gesundheit ausstrahlten. Von Vertretern alternativer Heilmethoden wird häufig derselbe Fehler gemacht, weiterhin mit dem Dualismuskonzept von Ursache und Wirkung umzugehen, wie materielle Ursachen in der konventionellen Medizin vorherrschend sind. Ganzheitliche Sichtweisen, wie sie von holistischen Ärzten vertreten werden, »projizieren« Störungen aufwärts auf eine einzige mentale, geistig-seelische Ursache. »Man verbreitere den Kontext, in welchem Heilung stattfindet, indem man Emotion und Intention eine Rolle zuschreibe«, so Larry Dossey. Die meisten Patienten, die holistische Ärzte aufsuchen, nehmen ihre alte Einstellung mit in die neue Zeit; sie denken daran, den Körper zu überlisten oder mit ihm zu kämpfen. Für den Wunsch nach Gesundheit ist es wichtig, sein Motiv zu kennen. Macht könnte für viele Menschen die treibende Kraft für das Streben nach Wohlergehen sein. Sich selbst ins Recht zu setzen und andere ins Unrecht kann einen leicht auf Krankheit hin programmieren. Der zwanghafte Wunsch kann ein Risikofaktor sein, da er isoliert und die Augen vor der Ganzheitlichkeit des Lebens verschließt. So überraschend wie das für viele klingen mag: Wir benötigen gelegentlich Krankheit. »Wir können lernen, an Kummer und Schmerz zu partizipieren aus einer gänzlich neuen Perspektive, einer Perspektive, welche die Bedeutung modifiziert, die wir der Erfahrung zuweisen«, sagt L. Dossey. Dazu müssen wir den Gesundheitsbegriff modifizieren und erweitern. Wichtige Schlüsselbegriffe sind: Klarheit der Motive, lebendige Interaktion und Verantwortung für andere und die Fähigkeit, sich mit negativen Einflüssen des Lebens zu konfrontieren und diese zu transzendieren.

Die Rolle des Bewußtseins in der Neurowissenschaft

Es gibt viele Ähnlichkeiten zwischen der Quantenphysik und den Verbindungen in unserem Gehirn. Beide beschäftigen sich mit den Ebenen der Organisation, in denen das Verhalten von getrennten, geschlossenen Systemen, Synapsen oder Partikeln durch das Kollektiv bestimmt zu werden scheint. Beide beinhalten die Übermittlung eines Signals und einen scheinbaren Informationsaustausch. In beiden verhalten sich die getrennten Systeme so, als ob sie miteinander verbunden wären. Orthodoxe Wissenschaftler haben immer daran festgehalten, daß der DNA-Code alle Informationen enthält, die dafür notwendig sind, biologische Systeme zu formen und zu organisieren. In seinem Buch »The Fields of Life« schlägt Dr. Burr einen mehr teleologischen Ansatz vor, wonach elektrodynamische Felder die Struktur von lebenden Einheiten sind.

Die Schaltkreise des Bewußtseins

Die Großhirnrinde (Kortex) des Menschen besteht zu ca. 90 % aus Neuronen, die in die Klasse der erregenden Neuronen eingeordnet werden, hemmende Neuronen kommen zu ca. 10 % vor. Diese statistische Verteilung sollte z. B. bei der Konzeption von Lernsystemen Berücksichtigung finden, d. h., die Information sollte so aufbereitet sein, daß sie der Verarbeitung in positiv rückgekoppelten Resonatoren entgegenkommt, also päferentiell in Bildform oder positiv formulierten Texten übermittelt wird. Jede Verneinung in einer semantischen Struktur verläßt sich, was das Verständnis der Sache angeht, auf eine 10%ige Minderheit in der Masse »andersdenkender« Neuronen im Gehirn.

Leider sind Umgangs- und Lehrsprachen häufig mit Worten wie »nein«, »nicht«, »ohne«, »un-« etc. gespickt. Sie nutzen nur 10% des geistigen Potentials Ihrer Zuhörer, wenn Sie eine Info im negativen Kleid verabreichen. Gelingt es aber (z. B. mittels einer guten Grafik), die Mehrheit der Neuronen im Gehirn zu engagieren, ist dies meist von auftretenden Lernlustgefühlen begleitet, was einer weiteren positiven Verstärkung entspricht.

»Das Gehirn ist eines der am schwersten zu erforschenden Forschungsobjekte. Der Schädel scheint die Aufgabe zu haben, das Gehirn nicht nur vor Verletzungen zu schützen, sondern vor allem vor den neugierigen Augen der Neurowissenschaftler.« Und wenn man dann endlich »hineingelangt«, dann haben die erkennbaren Strukturen anscheinend nicht viel mit den Prozessen, die im Gehirn ablaufen, zu tun. Sonst gibt es oft eine offensichtliche Beziehung zwischen der biologischen Struktur und ihrer Funktion: Das Herz z. B. sieht aus wie eine Pumpe und arbeitet wie eine. »Das Gehirn sieht aus wie nichts anderes und arbeitet wie nichts anderes.« (Robert Ornstein) Der älteste Teil unseres Gehirns gleicht dem gesamten Gehirn von Reptilien und sieht aus wie das Gehirn eines Krokodils. Dieser Hirnstamm entwickelte sich zu seiner jetzigen Form vor ungefähr 500 Millionen Jahren. Er ist weitgehend für unsere allgemeine Alarmbereitschaft und für die grundlegenden Lebensprozesse in unserem Organismus und im Kontakt mit der Umwelt verantwortlich. Er liegt unterhalb der anderen Ebenen des Gehirns, die im Verlauf der Evolution entwickelt worden sind, und obwohl die Steuerung der grundlegenden Lebensfunktionen von entscheidender Bedeutung ist, kann man kaum sagen, daß er ein Zentrum dessen ist, was wir im allgemeinen »Geist« nennen.

6.6 Die Verkehrsregeln der Evolution

Wir entwickeln Evolutionsstrategien. Nicht alle Möglichkeiten werden ausprobiert. Was vielversprechend ist, findet man wiederum nur über Ausprobieren heraus, über Mutations-Auslese-Zyklen. Auch Evolutionsstrategien durchlaufen – wie eben alles – eine fraktal-darwinistische Evolution. Sie führt zu geregeltem Verhalten: zu Verkehrsregeln, zu Strategien, zu sozialen Regeln, zu Umgangsformen, zu politischen Regeln, zu physikalischen Gesetzen, zu biologischen Gesetzen und zu Denkregeln, zur Logik. Letztlich sind all dies Evolutionsstrategien. Man kann sie auch Naturgesetze nennen, denn es sind Gesetzmäßigkeiten, nach denen sich die Natur verhält. So wie alle Dinge erst durch Evolution entstanden sind, sind auch ihre Verhaltensweisen durch kreative Prozesse entstanden. Diese Behauptung ist am schwersten für die physikalischen Naturgesetze zu beweisen, denn wir wissen fast nichts über deren Entstehung. Es spricht jedoch vieles dafür. Unsere Naturgesetze sind extrem gut ausbalanciert. Würde man daran nur minimal etwas verändern, bräche die gesamte Evolution unserer Materie und damit des Lebens in sich zusammen. Dies ist ein bisher ungeklärtes Phänomen, im Licht des fraktalen Darwinismus aber einleuchtend. Wir versuchen deshalb in einer kleinen Arbeitsgruppe, unsere physikalischen Naturgesetze auf einfache darwinistische Prinzipien zurückzuführen, und haben damit auch schon Teilerfolge erzielt. Auch Mutation und Selektion sind fraktal. Wir als einzelne Person verändern uns ständig und müssen uns innerhalb einer Gesellschaft bewähren. Die Gesellschaft mutiert ebenfalls ständig und durchläuft Bewährungsproben. Unsere Organe zeigen das gleiche Verhalten. Ein Bein, in Gips gesperrt, also unter veränderten Umweltbedingungen, paßt sich der neuen Situation an. Das gleiche gilt für Zellen. Dieses gesamte Gebilde unserer Welt kommt mir mit dem Modell des fraktalen Darwinismus sehr lebendig vor. Ich möchte es deshalb überspitzt ein fraktales Lebewesen nennen. Es wäre zu wünschen, daß dieses Lebewesen weiterhin wächst und gedeiht und wir Menschen weiterhin daran teilhaben dürfen.

»Fraktal« ist nicht unbedingt ein Begriff unserer Umgangssprache, es ist ein Begriff der modernen Geometrie und wurde vor einigen Jahren von Benoit Mandelbrot eingeführt. Er ist geeignet, um damit gebrochene, zerrissene Strukturen – wie z. B.

eine Küstenlinie – zu beschreiben. Auch in der scheinbar chaotisch rauhen und zackigen Küstenlinie kann man Ordnung erkennen. Geht man eine solche Linie entlang, so kommt es darauf an, mit welcher Schrittlänge man dies tut, ob ein kürzerer oder längerer Weg dabei herauskommt. Geht man entlang einer relativ glatten Küstenlinie, so wird man beim Halbieren der Schrittlänge zwar doppelt soviel Schritte, aber insgesamt eine ungefähr gleiche Weglänge zurücklegen müssen. Bei einer gezackten Küste kann man mit kleineren Schritten auch an den feineren Unebenheiten der Küste entlanggehen und legt dabei, sagen wir, einen um die Hälfte längeren Weg zurück. Diese Zunahme des Weges kann man als ein Maß für die Rauheit der Küste ansehen. Nun ist interessant zu beobachten, daß bei vielen realen Küstenlinien ein Riese mit Siebenmeilenstiefeln, ein Mensch und eine Ameise zu den gleichen Ergebnissen kämen: Beim Halbieren der Schrittlänge nimmt die Weglänge um einen bestimmten Prozentsatz, also z. B. um 50%, zu. Das heißt, die Rauheit der Küstenlinie ist unabhängig von der Skala. Riese, Mensch und Ameise messen die gleiche Gezacktheit. Dies ist eine Ordnung, die man der Küstenlinie nicht durch bloßes Hinsehen entnehmen könnte.

6.7 Systemdenken

Illusionen und Verzerrungen unserer Wahrnehmung werden immer wieder durch die hierarchischen Strukturen unserer Begriffssysteme erzeugt. Sie reflektieren nicht die Wirklichkeit, sondern ergeben sich aus der linearen Folgerichtigkeit unseres Denkens. Diese sogenannte »Metaerkenntnis« liegt im Systemdenken offen zutage, da hier zwei komplementäre Betrachtungsweisen entwickelt worden sind: Die Ebene des Gesamtsystems und die Ebene der Einzelprozesse können beide als primär betrachtet werden, beide Betrachtungsweisen sind sinnvoll und erfolgreich. »Wir erkennen daran unmittelbar, daß wir die Wirklichkeit verfälschen, wenn wir die Phänomene der einen Ebene für Ursachen halten, die der anderen für die Wirkung ...« (Peter Henningsen in »Werkzeuge der Erkenntnis«) Damit erweist sich das Systemdenken als die erste wissenschaftliche Betrachtungsweise der Wirklichkeit, die nicht reduktionistisch ist. Keine der verschiedenen Seinsebenen wird mehr als ursprünglicher oder wichtiger als eine andere angesehen. Das ist ein Fortschritt, dessen Bedeutung kaum überschätzt werden kann.

Was wir in bezug auf die Selbstorganisation unseres Bewußtseins wahrnehmen, ist sicherlich auch mit der Fähigkeit verbunden, sich auf den »kosmischen Informationshintergrund« einzustimmen. Mit anderen Worten, was wir an uns selbst und anderen als verschiedenes Maß von Selbstbewußtsein wahrnehmen, ist zum Teil ein Anzeiger für die Summe der Verbindungen, die wir innerhalb der Informationsdynamik des gesamten Universums zu jedem beliebigen Zeitpunkt erschaffen. Daraus folgt, daß jedes selbstorganisierende System die Möglichkeit hat – egal wie primitiv –, plötzlich und unerwartet ein völlig neues Selbstbewußtsein oder eine völlig neue Eigenschaft des Geistes an den Tag zu legen, vorausgesetzt

> der entsprechende Gabelungspunkt wird erreicht – durch die entsprechende Zufuhr von Energie und/oder Information.

Es scheint, daß uns in der Wissenschaft eine bedeutende Synthese bevorsteht, die immer mehr die Verbundenheit und nicht die Unterschiede der Disziplinen sieht und fachübergreifende Informationen zu schätzen lernt – um die Einheit in der Vielheit zu erkennen. Viele Denker der unterschiedlichsten Richtungen haben zum Ausdruck gebracht, daß die Information gegenüber Materie und Energie vorrangig ist und wie mit zunehmendem Verständnis für diese ursprüngliche Information die Struktur der Materie verstanden werden könnte. Dies zeigt sich auch an den immer komplexer werdenden Modellvorstellungen vom Menschen als multifaktorielles Wesen, das als Ausdruck seiner Verwobenheit und Interaktion mit allen nur erdenklichen Faktoren dieses Universums steht. Angefangen von den ersten primitiven Vorstellungen, das Gehirn funktioniere wie eine Wachstafel, ein Uhrwerk oder eine Maschine, erschuf man bald den Begriff des »Multimind« (Ornstein). Die Erkenntnis der Geist-Gehirn-Verbindung machte Eccles in seinem Drei-Welten-Modell deutlich wie Sheldrake in den morphogenetischen Feldern.

Kapitel 7

Das Tao des Gehirns – Warum wir denken, wie wir denken

»Wenn das menschliche Gehirn so simpel wäre, daß wir es verstehen könnten, wären wir so simpel, daß wir es nicht könnten.«

(Emerson Pugh)

»Wer einmal sich selbst gefunden, kann nichts auf dieser Welt mehr verlieren; und wer einmal den Menschen in sich begriffen, der begreift alle Menschen.«

(Stefan Zweig)

»Stell dir einen Wachsblock vor ...«, schrieb der griechische Philosoph Plato vor mehr als 2000 Jahren, um die Funktionsweise unseres Gehirns zu beschreiben. Seither haben die Gelehrten vieler Generationen unser Gehirn-Geist-System mit Uhren, Röhrensystemen, mit Telefonzentralen, Computern und Modulen verglichen – oft aus dem mechanistischen Verständnis ihrer kulturellen Errungenschaften heraus. Nachdem die antiken Mediziner das Denken und Fühlen noch im Zwerchfell oder im Herzen angesiedelt sahen, hat sich im Laufe der Generationen doch ein drastischer Wertewandel ergeben. Die Kognitions- und Neurowissenschaft erkennt, daß das Gehirn plastischer und flexibler ist, als allgemein angenommen, und ein einfaches Modell ihm nie gerecht würde. Diese Erkenntnisse treten nun an die Öffentlichkeit, und als Folge entsteht die Bereitschaft, die Wichtigkeit unseres »Biocomputers« gezielt in Wirtschaft, Wissenschaft und Technik einzusetzen. Hier kann nun auch in der Pädagogik, als Arbeit mit gehirngerechten Modellen, oder in der Vorsorgemedizin bei Krankheiten wie Depressionen, Alzheimer und AIDS (Immunstimulation und Mentaltraining) dem Rechnung getragen werden, was bisher nur rein somatisiert oder psychologisiert – oder »im Zeichen des Wassermanns« ideologisiert – wurde. Die Tatsache, daß das menschliche Gehirn in allen Bereichen des Lebens wirksam ist, macht eine interdisziplinäre Sichtweise erforderlich, um seiner multiplen Aufgabenstellung gerecht zu werden. Die Neurophysiologen unserer Tage wissen nun um die Vielfältigkeit der Verflechtungen zwischen Nerven und Körper. Die Neurobiologen zeigen die Verbindung von Gehirn, Gen und Immunsystem auf, die Psycho- und Ethnopharmakologen die Verbindung von Chemie und Psyche. Kognitionswissenschaftler sind dem Denken auf der Spur. Gebiete wie der »radikale Konstruktivismus« bilden sich heraus, und Gehirnstrategien wie das Neurolinguistische Programmieren (NLP) halten in den obersten Managementetagen Einzug. Selbst visionäres Denken soll erlernt werden (Loyle, Ferguson), und nicht von ungefähr kommt der Beschluß des amerikanischen Kongresses, das Gehirn zum Organ der 90er auszurufen. In einer Zeit des politischen und soziokulturellen Umbruchs ist es mehr denn je wichtig, sich »vom Hirnbesitzer zum Hirnbenutzer« zu wandeln, wie die Pädagogin Vera F. Birkenbihl so treffend sagt – zur echten Problemlösung und Ideenfindung.

Hierzu einige wichtige Fragen:

- Stimmt es, daß wir nur 5 bis 10 % unserer verfügbaren Hirnkapazität nutzen?
- Gibt es tatsächlich geschlechtsspezifische Unterschiede, die männliches und weibliches Verhalten erklären?
- Inwieweit ist Intelligenz genetisch festgelegt oder im Laufe eines Lebens durch äußere Faktoren modifizierbar?
- Sind die Gehirnzellen regenerationsfähig, oder ist altersbedingter Abbau unvermeidbar?
- Welche Gehirnfunktionen sind es, die uns grundsätzlich von den Säugetieren unterscheiden und zu dem machen, das eine Vormachtstellung im Tierreich legitimiert?
- Inwieweit wird es möglich sein, daß die künstliche Intelligenz der Neuro-Computer die menschliche Intelligenz simulieren, erweitern oder gar ersetzen kann?

Diese und ähnliche Fragen ließen sich beliebig lange fortsetzen. Ebenso wie die grundsätzlichen Fragen nach den immateriellen Vorgängen, die sich auf morphologische und physiologische Strukturen unseres Gehirns auswirken. Um Aufschluß über diese Fragen zu erhalten, bieten sich Modelle an, auf deren wichtigste ich hier eingehen möchte:

7.1 Das zweigeteilte Gehirn

Die beiden Gehirnhälften zeigen rein äußerlich keine Unterschiede, in der Arbeitsweise jedoch recht gegensätzliche Merkmale: Die linke Hälfte denkt: analytisch, rational, sequentiell und zeitorientiert und beherbergt Sprache, Schreiben und Rechnen.
Die rechte Gehirnhälfte denkt visuell, ganzheitlich, intuitiv und zeitlos; sie ist der Ort, wo »Heureka-Erlebnisse«, Syntheseerfahrung und Einsicht stattfinden. Die Überbetonung der linken Gehirnhälfte bei uns Mitteleuropäern hängt stark mit dem Gebrauch der rechten Hand und der Wichtigkeit rationaler Denkinhalte zusammen. Linkshänder haben erwiesenermaßen einen besseren Zugriff zu Intuition und Kreativität, wie berühmte Künstler gezeigt haben (Leonardo da Vinci, Michelangelo). Bekannte Mystiker und Lehrer haben ihre Schüler immer wieder dazu angehalten, mit beiden Händen zu schreiben, zu malen und zu musizieren, um eine Synchronisation der Gehirnhälften zu erzielen und eine Überbetonung eines Teils zu vermeiden. Der Dualismus des Wechselspiels hat sich in Philosophien und psychologischen Welterklärungssystemen manifestiert, so in alten esoterischen Lehren, als Yin und Yang des Taoismus oder im Tonal-Nagual-Prinzip von Castanedas indianischem Medizinmann Don Juan. Goethe, der sich zeitlebens intensiv mit dieser Problematik beschäftigte, drückte es treffend so aus: »Zwei Seelen wohnen, ach, in meiner Brust.«

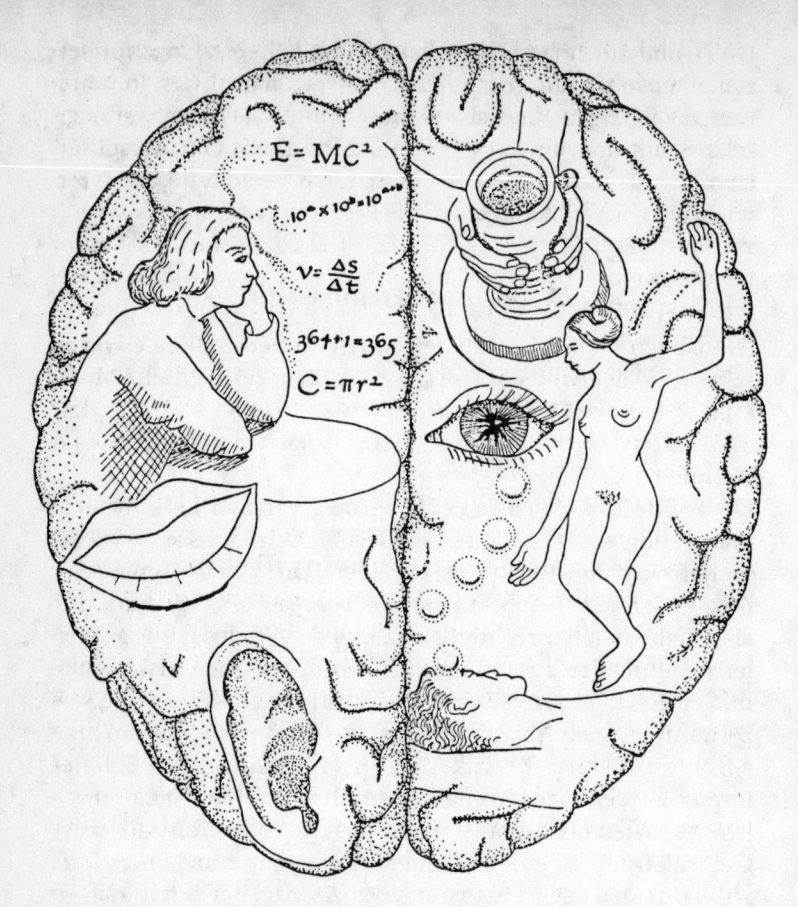

Abb. 10: Die beiden Gehirnhälften und ihre Funktionen

7.2 Das Zweikammernbewußtsein der Psyche

Der amerikanische Psychologieprofessor Julian Jaynes beschreibt seine aufsehenerregende These vom »Bicameral Mind« folgendermaßen: Bis vor 3000 Jahren besaß der Mensch eine »Zweikammernpsyche« und noch kein Bewußtsein in unserem Sinne; die rechte Gehirnhälfte »sagte« der linken, was diese zu tun oder zu unterlassen hatte. Daraus Schlußfolgerungen zu ziehen bzw. in einer neuen Situation durch konsequentes Nachdenken eine Lösung zu finden, das war diesen Menschen noch nicht möglich. Die Folge: Der Mensch hörte Stimmen und mußte den Geboten dieser Stimmen folgen. Und da er nicht wußte, woher die rätselhaften Stimmen in seinem Kopf stammten, ordnete er sie übermächtigen Wesen, also den Göttern zu. »Die Welt der Ilias, ja alle bekannten Zeitalter vor 1500 v. Chr., in denen theokratische Gott-Könige regierten, waren beherrscht vom Zweikammernsystem der Psyche. Dieses Gehirn bestand aus zwei Teilen, mit einer rechten Hälfte, dem leitenden, direktiven Teil, der Gott genannt wurde, und einer linken Hälfte, dem ausführenden Teil, genannt der Mensch.« Das Ende der Zweikammerkultur könnte eine Folge von Schwierigkeiten gewesen sein, die dieses System nicht kannte: Naturkatastrophen wie z. B. Vulkanausbrüche im 2. Jahrtausend v. Chr., in deren Gefolge die Hälfte der damals bekannten Erdbevölkerung zu Flüchtlingen wurde, könnten eine Abkehr von dem »Glauben an die Stimme der Götter« bewirkt haben. Auch der Zusammenstoß von auf verschiedene Sprachen »Programmierten« ergab große Konflikte, die biblischen Geschichten vom Turmbau zu Babel könnten sich darauf beziehen. Mit Verbreitung der Schrift gab es dann keine Rückkehr zum verlorenen Paradies der rechten Hemisphäre mehr. Die akustischen Befehle wurden zugunsten der visuellen Eindrücke immer mehr in den Hintergrund gedrängt. Die unterschiedlichen Sprachen, die Städte, die Fremden und die Schrift waren da, und ein neues Bewußtsein mußte sich herausbilden.

Die neue Art der bewußten Wahrnehmung zeichnet sich dadurch aus, daß der Mensch nicht mehr hört, was er zu tun hat, sondern er sieht. Der Vorteil dieses Niveaus liegt klar auf der Hand: Was man sieht, muß nicht unmittelbar befolgt werden, die Betrachtung schafft genug räumliche und zeitliche Distanz, um erst einmal darüber nachzudenken. Von nun an funktionierten die beiden Gehirnhemisphären als Einheit von Intuition und Intelligenz, von analogem und digitalem Denken. Die Arbeitsweise des Gehirns berücksichtigt ein Modell, das eine metaphorische Interpretation der Forschungsergebnisse R. Sperrys und Paul McLeans (Drei-Eines-Gehirn) darstellt:

7.3 Das Herrmann-Dominanz-Instrument (HDI)

Dieses Modell führt zu einer Aufteilung der Gehirnfunktionen in vier Quadranten:
Linke und rechte Hemisphäre einerseits sowie Großhirn und Zwischenhirn (limbisches System) andererseits. Als metaphorisch bezeichnet der Entwickler Ned Herrmann sein Modell deshalb, weil eine enge Bindung an tatsächliche neurophysiologische Vorgänge für die Validität nicht ausschlaggebend ist. Das Modell behält auch dann seine innere Gültigkeit, wenn neuere Erkenntnisse der Gehirnforschung Korrekturen am heutigen Wissensstand notwendig machen. Die Quadranten der Modelldarstellung werden mit A (= cerebral links), B (= limbisch links), C (= limbisch rechts), D (= cerebral rechts) bezeichnet. Verkürzt kann man sich die Beschreibung der Quadranten durch vier große F merken: A = Fakten, B = Form, C = Fühlen, D = Fantasie (für Phantasie). Die Denk- und Verhaltensstile der jeweiligen Quadranten beeinflussen die Art und Weise, wie wir miteinander kommunizieren, Die Art der Tätigkeiten, die wir suchen bzw. vermeiden, und sie haben eine große Bedeutung für unser Lernen. Die Auswertung des Fragebogens zum HDI ergibt ein individuelles Profil der bevorzugten Denk- und Verhaltensstile. Auf der Achse jedes Quadranten werden die Werte abgetragen, die sich aus der Auswertung von 120 sehr unterschiedlichen Fragen ergeben – etwa nach bevorzugten Schulfächern, nach der Schreibhaltung, nach Merkmalen der Arbeit, nach Hobbys, Beruf und Ausbildung. (Eine genaue Beschreibung des HDI findet sich in Spinola/Peschanel, Das Gehirn-Dominanz-Modell, und in Peschanel, Linkshänder sind besser, s. Literaturangaben)

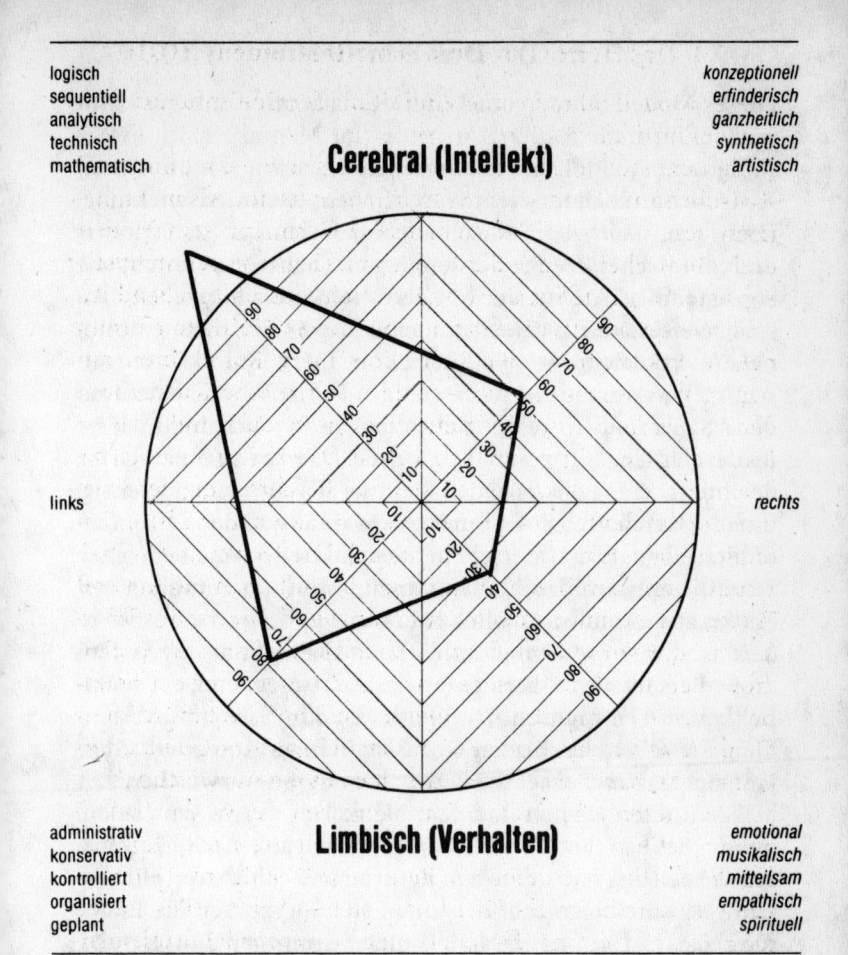

logisch	konzeptionell
sequentiell	erfinderisch
analytisch	ganzheitlich
technisch	synthetisch
mathematisch	artistisch

Cerebral (Intellekt)

links — rechts

administrativ	emotional
konservativ	musikalisch
kontrolliert	mitteilsam
organisiert	empathisch
geplant	spirituell

Limbisch (Verhalten)

Abb. 11: Muster eines Dominanzprofils

7.4 Das Drei-Eine-Gehirn

Dieses Modell wurde vom Leiter des Laboratoriums für Hirnentwicklung am National Institute for Mental Health in Washington, Paul McLean, entworfen. Er identifizierte drei unterschiedliche Stadien der menschlichen Gehirnentwicklung. Diese drei Gehirne unterscheiden sich deutlich in Struktur und chemischer Zusammensetzung und haben eine prinzipiell eigenständige Arbeitsweise. Das alte Säugetierhirn ist beispielsweise dadurch gekennzeichnet, daß es sich mehr emotional äußert, Affekte wie Schmerz, Wut, Liebe und Ekstase registriert, kurzum eine »Intelligenz des Fühlens« offenbart. Das neue Säugetierhirn scheint eher für die Bewältigung unserer modernen Umwelt geschaffen zu sein. Gerade heutzutage ist die Entwicklung dieses neuen Gehirns ausgesprochen wichtig, um die Botschaften des alten Gehirns richtig zu deuten, einzuordnen, aber auch Unterscheidungen zu treffen und sich einer ständig verändernden Umwelt anzupassen. Im Bemühen um ein kreatives und sinnvolles Leben gilt es daher, herauszufinden, welches »Gehirn« dominiert und bewußt als eigenständige »Personen« zu betrachten, mit entsprechenden Persönlichkeiten. Das menschliche Gehirn ist durch die große Verbindung zwischen den beiden Gehirnhälften gut integriert. Aber läßt sich das auch über die vertikale Integration zwischen den beiden älteren Hirnen und dem Neokortex sagen? Wir leiden, meint McLean, an einer »Schizophysiologie«, einer anatomischen Spaltung zwischen dem neueren und den älteren Hirnen. Diese »zwei Seelen ach in meiner Brust« erzeugen die Erfahrung, daß tief in uns ein ganz anderer, stummer, dunkler und doch mächtiger Geist sitzt, der uns an ein Über-Ich der Vorfahren bindet und fest an Symbole heftet, die seine Gefühle ausdrücken. Tatsächlich gibt es nur wenige direkte Verbindungen zwischen dem limbischen System und dem Neokortex, um eine ganzheitliche Erfahrung von den Gegebenheiten der Welt abbilden zu können.

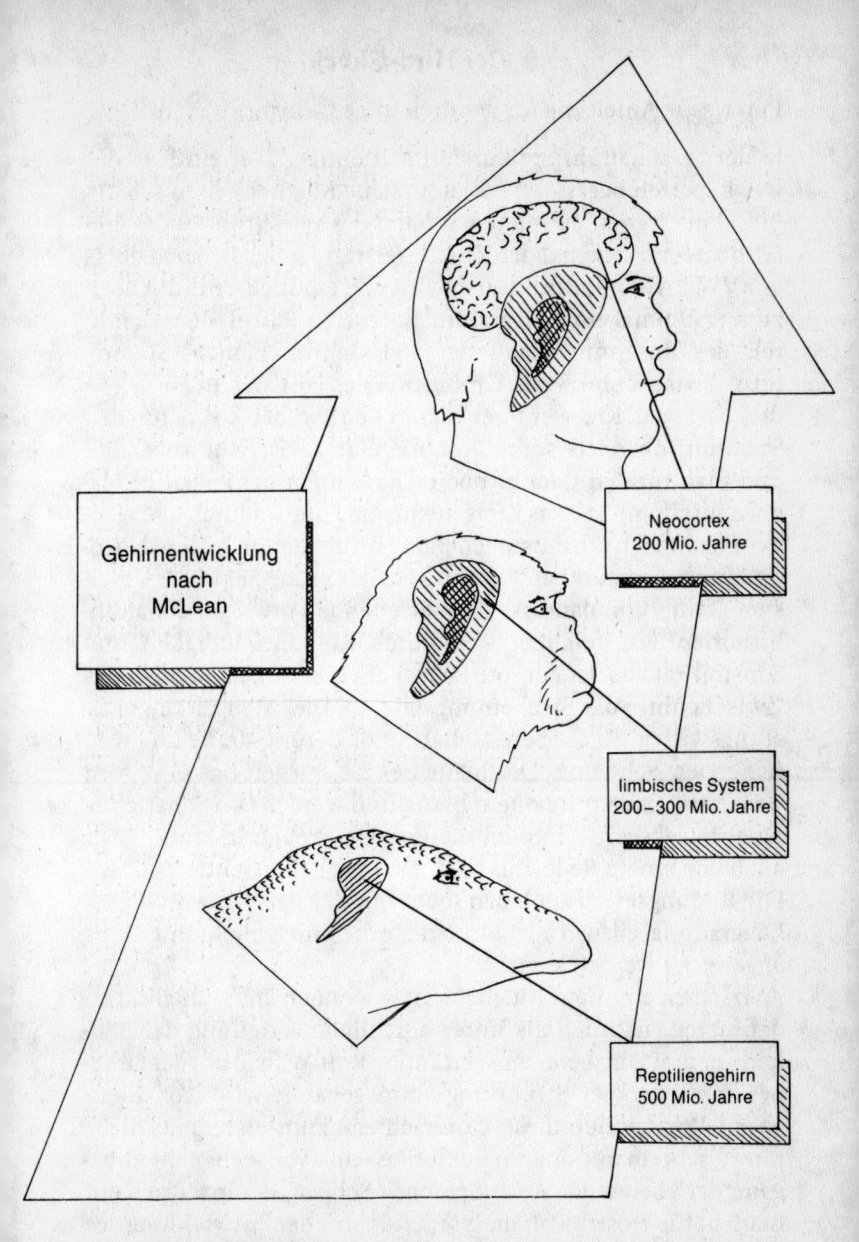

Abb. 12: Das dreigeteilte Gehirn in seiner Zeitentwicklung

7.5 Der Hirn-Check

Praktische Anleitung für das dreieinige Gehirn:

In der Personalführung kursiert seit einiger Zeit ein Test, der, wie Experten begeistert erklären, neue Möglichkeiten schafft, Individualität zu definieren anhand des Verhältnisses der drei Hirnbereiche zueinander. Die Begeisterung der Personalchefs von VW, BAT und anderen erscheint verständlich, enthüllt doch zum erstenmal ein relativ simpler Test das Rätsel Mensch mittels des Zusammenspiels der drei Gehirnregionen: Stammhirn, Zwischenhirn und Großhirn. Dies läßt sich in Form von drei farbigen Kreissektoren darstellen, wobei Grün für den Stammhirnbereich steht, Rot für den Zwischenhirnbereich und Blau für den Großhirnbereich. Je mehr der jeweilige Flächenanteil am ganzen Kreis ausmacht, um so durchschlagender macht sich die entsprechende Hirnregion im Leben des Individuums bemerkbar. Nimmt also der grüne Sektor den meisten Raum ein, dann ist der Betreffende vorwiegend stammhirnorientiert, zeichnet sich durch Kontaktfreudigkeit und Sensibilität aus. Ist der rote Sektor am größten, dann prägt das Zwischenhirn das Erscheinungsbild, und der Mensch zeigt Leistungswillen, Risikobereitschaft, Profilierungsdrang und mitreißenden Schwung. Der blaue Sektor spiegelt das Großhirn wider. Personen mit hohem Blauanteil werden von Scharfsinn, Qualitätsehrgeiz, intellektueller Überzeugungskraft, aber auch von einem Bedürfnis nach Distanz beherrscht.

Die Bildungsexperten loben nicht nur den Aussagewert dieses Diagramms, ebenso beeindruckt sie die Einfachheit, mit der es angefertigt werden kann.

»Wir haben eine neue Möglichkeit gewonnen, Individualität zu definieren, nämlich als unterschiedliche Verteilung der Stärken der drei Hirnbereiche«, erläutert Rolf W. Schirm, der Urheber des Tests, der Strukturogramm genannt wird. Vor allem aber: »Wir können diese Unterschiede zum erstenmal nicht nur beschreiben, sondern auch messen.« Vor sechs Jahren begann der »beratende Anthropologe« Schirm, der in Zürich ein Institut für Biostrukturanalyse leitet, mit der Entwicklung des Verfahrens. Bei dem Versuch, die Eigenschaften besonders erfolgreicher Menschen ausfindig zu machen, hatte er festgestellt, daß es weder den idealen Vorgesetzten noch den richtigen Führungsstil oder die optimale Verkaufstechnik gebe. Erfolgreich seien vielmehr jene, deren Manieren und Tätigkeiten mit ihrer Persönlichkeit in Einklang stünden; solche, die durch »Stimmigkeit« und »Echtheit« imponierten. Deshalb, so überlegte der studierte Psychologe und Anthropologe damals, sei es notwendig, ein Instrument zu schaffen, das jedermann erlaube, seine individuellen Möglichkeiten, aber auch Begrenztheiten zu erkennen. Da Schirm in der Psychologie keine überzeugende Lehre von der Persönlichkeit des Menschen vorfand, machte er sich die Erkenntnisse des Hirnphysiologen Paul McLean zu eigen. Dieser hatte, wie wir bisher bereits schon erfahren haben, entdeckt, daß für den Menschen nicht ein, sondern drei Gehirne maßgeblich seien. »In seiner Entwicklung hat das menschliche Gehirn an Größe erheblich zugenommen, dabei aber die menschlichen Züge von drei Systemen beibehalten, die unsere angestammte Verwandtschaft mit den Reptilien, den frühen und späteren Säugetieren deutlich widerspiegeln«, stellte McLean fest. »Völlig verschieden in Aufbau, chemischen Reaktionen und – gemessen an der Gesamtzeit der Evolution – unzählige Generationen voneinander entfernt, bildeten sie eine Hierarchie von drei Gehirnen.« Daraus ist zu folgern, daß wir psychologisch eine Verbindung von drei völlig verschiedenen Mentalitäten sind. Im Strukturogramm ist nun eine Anzahl von Fragen zusammengestellt, um auf der Basis des Hirnmodells in dem Zusammenspiel der Nervenzellen die Gesetzmäßigkeiten erkennen zu können, die menschliche Reaktionen verständlicher machen. Interessant ist vor allem: Welchen Anteil hat jeder Hirnbereich am Verhalten eines Menschen?

- Dominiert das Stammhirn, der Sitz der Instinkte, der biologische Erfahrungen von Millionen Jahren beherbergt, oder
- das Zwischenhirn, das den starren, vergangenheitsorientierten Programmen des Stammhirns die Emotionen hinzufügt, und die Fähigkeit, in der Gegenwart spontan zu handeln, oder

- das Großhirn, der entwicklungsgeschichtlich jüngste Teil mit den Fähigkeiten des planenden Handelns, des abstrakten Denkens und der Sprache? Jedoch
- jeder Hirnteil ist wichtig! Ohne Stammhirn würde der Mensch nicht überleben, ohne Zwischenhirn antriebslos dahinvegetieren, ohne Großhirn ziel- und planlos reagieren. Nur dominiere im Regelfall ein Hirnbereich, habe ein zweiter eine korrigierende Funktion, während der dritte kaum in Erscheinung trete. Die drei Gehirne sind selbständige, eigenwillige Organe, die bei ihrem notwendigen Zusammenspiel oft in Widerstreit geraten – hieraus erklären sich manche Komplikationen und Widersprüche im menschlichen Verhalten.

Schirm ermittelte 102 Fragen, welche die Wirkungsweise der drei Hirne erfassen. 24 stellte er für die Selbstanalyse zusammen. Mehr als 60000 Mitarbeiter haben inzwischen herausgefunden, ob sie ein Grün-, Rot- oder Blautyp sind, und leben und arbeiten daher nicht mehr im Widerspruch zu ihrer »neurophysiologischen Natur«. Die Wirklichkeit, die der Mensch für wahr hält, ist nicht das Ergebnis rationaler Einsicht. Die Inhalte des Bewußtseins werden vielmehr vom Stammhirn selektiert, vom Zwischenhirn vorzensiert und vom Großhirn manipuliert. Die Wirklichkeit sieht deshalb aufgrund der Wirkungsweise des Nervensystems bei jedem Menschen anders aus.

TEIL 3

**ERNÄHRUNG FÜRS GEHIRN
– DIE KOGNITIVEN UND NUTRITIVEN
BEZIEHUNGEN –
EINE SYNTHESE IN THEORIE UND PRAXIS**

Kapitel 8

»Mindstyle statt Lifestyle«

8.1 Von vertikalem und lateralem Denken

Der Lehrbeauftragte und Kreativitätsforscher Edward de Bono hat den Begriff »laterales Denken« geprägt; als Autor von 35 Büchern stellt er in diesen immer wieder die Grundprinzipien der westlichen Denkstruktur, die Logik, in Frage. Er vergleicht sie mit der Starrheit eines Felsens und fordert dagegen die Entwicklung einer denkerischen Flexibilität, die der Beweglichkeit des Wassers gleicht. Das laterale Denken weist dieselben Merkmale auf, die der rechten Hemisphäre zugeschrieben werden. Es ist zeitlos, diffus, ganzheitlich, und es prüft intuitiv Muster und Stücke und sucht gleichzeitig nach Möglichkeiten, sie zusammenzufügen, unabhängig von der Reihenfolge, in der sie auftauchen.

Charles Hampden-Turner gibt zu bedenken: »Wer sich weigert, auf laterales Denken umzuschalten, wenn das vertikale Denken versagt, kann auf eine Stufe gestellt werden mit dem, der nur lateral herumspielt, ohne sich je die Technik zunutze zu machen.« Und Oscar Wilde bemerkte einmal, daß ein ständig offener Geist nicht besser sei als ein ständig offener Mund. Wir müssen auch mal kauen. Lateral und vertikal, rechte und linke Hemisphäre sollten zusammenarbeiten.

Abschied vom Modell – das Gesetz des Überschreitens

»Die Menschen haben immer die Tendenz, irgendein möglichst kompliziertes und ausgeklügeltes System zu ihrem Wohle zu erdenken; daher sind sie immer auf der Hut: Sie achten auf dieses, zittern vor jenem. Das ist Menschensatzung – das große Gesetz will nur Glauben; und es wird alles für uns vollbringen.«

Prentice Mulford

8.2 Die Problematik und Möglichkeit unserer Zeit – die psychosoziale, geistig-seelische und ernährungsbedingte Mangel/Überflußsituation

ÜBERSICHT UND PRAXIS

8.2.1 Problem Nr. 1: Die ernährungsbedingte Mangelsituation

Warum kann heutzutage in den meisten Fällen die Ernährung den Bedarf an Nährstoffen nicht decken?

Mangelnde Kenntnisse über die Zusammenhänge (Wirkmechanismen, Zusammenspiel, Antagonismus) von Ernährung und Gesundheitspflege:
Trotz einer Fülle von Informationen sind die Kenntnisse bezüglich Ernährung und Gesundheitspflege beim Durchschnittsbürger sehr oberflächlich, da diese Themen früher überhaupt nicht und heute erst vereinzelt in den Schulen gelehrt werden. Es ist bezeichnend, daß die Mehrheit der Bevölkerung der Meinung ist, sich ausgewogen und gesund zu ernähren – die Statistiken sprechen eine andere Sprache.

- Einseitige Ernährung:
  Bestimmte Bevölkerungsgruppen ernähren sich erfahrungsgemäß einseitig. Schüler (aus sozialen und finanziellen Gründen), Frauen (Schlankheitsdiäten), Berufstätige (Auswärts- und Geschäftsessen), ältere Leute (Einsamkeit, Krankheit, Probleme usw.) bilden Risikogruppen für Nahrungsdefizite.

- Prozessierte Nahrung:
  Die Menschheit hat im Laufe der Zeit zwei grundlegende Entwicklungsschritte gemacht, welche die Lebensbedingungen und damit auch die Ernährung wesentlich veränderten. Vor 6000 bis 10000 Jahren vollzog sich der Wandel vom Jäger und Sammler zum seßhaften Ackerbauern. Blättert man in Kochbüchern des letzten Jahrhunderts, so sieht man, daß Gerichte aus Kartoffeln, Erbsen, Bohnen, Linsen, Getrei-

debrei und Kohlrezepte im Vordergrund standen. Daß Fleisch täglich auf den Tisch kommt, ist erst seit den 60er Jahren möglich. In den letzten 30 Jahren hat sich auch das Angebot explosiv vergrößert. Immer mehr industriell gefertigte, von der Natur entfremdete Nahrung wird auf dem Markt angeboten. Um die Nahrung auch für lange Transportwege haltbar zu machen und um sie dem Konsumenten möglichst attraktiv und verführerisch anbieten zu können, wird eine Vielzahl an Lebensmittelzusatzstoffen wie Konservierungsmitteln, Aromastoffen, Farbstoffen, Emulgatoren, Bindemitteln, Geschmacksverstärkern, Pökelsalzen, Antiklumpmitteln usw. verwendet. Eine amerikanische Studie hat ergeben, daß wir durchschnittlich jährlich etwa 2,5–3 kg solcher Additive einnehmen. Zwar sind akute und chronische Toxizität dieser Additive heute zum größten Teil bekannt, doch kann kein Pharmakologe oder Chemiker heute die möglichen Interaktionen mit dem Mineralstoff-, Spurenelement oder Vitaminstoffwechsel oder den Enzymsystemen abschätzen. Zahlreiche Studien haben gezeigt, daß solche Lebensmittelzusätze von einer immer größer werdenden Bevölkerungsgruppe nicht mehr toleriert und vertragen werden. Allergien, Verhaltensstörungen, Magen-Darm-Probleme können die daraus entstehenden Folgen sein.

- Zu lange Transportwege, falsche Lagerung von Obst und Gemüse führen zu Nährstoffverlusten:
Die immer länger werdenden Transportwege führen dazu, daß Obst und Gemüse oft vor deren vollständigen Reife geerntet werden. Nach womöglich mehrtägiger Lagerung in den Verkaufsregalen wird die Ware vom Konsumenten gekauft. Da viele Hausfrauen heute nicht mehr täglich einkaufen, wird die »Frischkost« bis zum Verzehr zusätzlich einige Tage zu Hause gelagert, ein großer Anteil der Vitamine ist bereits verlorengegangen. Falsches Zubereiten der Nahrung, zu langes Waschen, zu lange Kochzeiten, zu hohe Kochtemperaturen, zu viel Kochwasser führen zu weiteren Nährstoffverlusten, so daß anstatt einer reichhaltigen eine ausgelaugte Nahrung eingenommen wird.

- Genußmittel:
  Übermäßiges Rauchen, übermäßiges Trinken von alkoholischen oder koffeinhaltigen Getränken wie Kaffee, Schwarztee oder kolahaltigen Limonaden können zu verschiedenen Nährstoff-Ungleichgewichten führen.

- Resorptionsstörungen:
  Nicht nur eine ungenügende Zufuhr, ein erhöhter Bedarf oder eine vermehrte Ausscheidung von Nährstoffen können zu Mangelzuständen führen, sondern auch Resorptionsstörungen, Organfunktionsstörungen wie ungenügende Magensäureproduktion, Unterfunktion von Pankreas, Leber, Galle, Veränderungen der Darmschleimhaut usw. können vor allem im Alter zu einer ungenügenden Nährstoffverfügbarkeit führen. Aber auch veränderte Stoffwechsellagen, wie z. B. nach der Menopause (Kalziummangel, Osteoporose!), können zu einer defizitären Situation bei verschiedenen Nährstoffen führen.

- Erhöhter Bedarf bei Streßsituationen:
  Es ist wissenschaftlich belegt und anerkannt, daß während der Schwangerschaft, während der Stillzeit, nach Krankheiten und Operationen, im Wachstum, bei intensiver sportlicher Betätigung, bei starker psychischer und physischer Belastung usw. der Nährstoffbedarf (nicht nur der Vitaminbedarf!) stark ansteigen kann. Unter dem Begriff »Streß« ist nicht nur die Hetze von Termin zu Termin, Nervosität und Anspannung zu verstehen, sondern alle äußeren und inneren Einflüsse, die einen erhöhten Nährstoffbedarf nach sich ziehen beziehungsweise die das empfindliche Stoffwechselgleichgewicht stören können. Streßsituationen sind dabei nicht nur die obenerwähnten wie Schwangerschaft, Stillzeit, Wachstum, Sport, körperliche und geistige Belastungen, sondern auch falsche Ernährung, übermäßiger Genuß alkoholischer Getränke, Rauchen, Umwelteinflüsse, ungenügende Schlafqualität, Medikamente, Krankheiten, Operationen, negative Lebenseinstellung usw. Nährstoffe, die gezielt bei solchen Streßsituationen eingesetzt werden, sind in der

Lage, kausal das Gesundheitsgeschehen zu beeinflussen und die Möglichkeiten zu Entgiftung und Resistenz auszuschöpfen. Mehr und mehr bürgert sich hinsichtlich der immer stärker werdenden Chemisierung unserer Umwelt der Begriff »oxidativer Streß« ein, der entsteht, wenn der Körper dem Bombardement von freien Radikalen ausgesetzt ist. In einem Artikel des »Health Magazine« »Bestways«, wird mit der Überschrift »Nutrition against Stress – Ernährung gegen Streß« empfohlen, Vitamin-B-Komplex, Vitamin C, Kalzium, Magnesium und Kalium als die besten streßreduzierenden Mittel einzunehmen.

8.2.2 Problem Nr. 2: Die psychosoziale Mangelsituation

Welche gesundheitlichen (psychisch/körperlich/ökologisch) und sozialpolitischen Folgen ergeben sich aus der schlechten Ernährungslage?

- Psychische (neurovegetative) Schäden:
  Das Brain Bio Center in den USA erhebt folgende Statistiken und therapeutische Möglichkeiten:

  – 30% der als schizophren bezeichneten Patienten haben nur einen Mangel an Zink und Vitamin B_6 (die Krankheit heißt Pyrolurie) und können mit Zink, Mangan und Vitamin B_6 behandelt werden.

  – 20% der als schizophren bezeichneten Patienten sind histadelisch (= hohe Histaminwerte im Blut) und können mit der Aminosäure Methionin mit Kalzium und Phenytoin behandelt werden.

  – 50% der als schizophren bezeichneten Patienten leiden an zu hohen Kupferwerten und sprechen auf Zink, Mangan, Vitamin C, Niacin und Vitamin B_{12} an.

  – 4% der als schizophren bezeichneten Patienten haben lediglich eine Allergie gegen das Weizengluten in ihrer Nahrung. Weizenprodukte sollen hier komplett gemieden werden.

- 75 % der Selbstmorde bei jungen Menschen treten auf bei den sogenannten histadelisch-pyrolurischen Biotypen, die einen Mangel an Zink, Mangan und Vitamin B_6 haben.

- 75 % der drogenabhängigen Patienten, besonders Heroinsüchtige, sind histadelisch und profitieren von einer Behandlung mit Methionin, Kalzium und Phenytoin.

- 50 % der als manisch-depressiv bezeichneten Patienten mangelt es an Zink, Mangan und Vitamin B_6, dafür weisen sie zu hohe Kupferwerte auf.

- 50 % der Patienten mit der Krankheitsbezeichnung endogene Depression haben lediglich hohe Histaminwerte und hohe Kupferwerte.

- 50 % der Patienten mit der Krankheitsbezeichnung Alzheimersche Krankheit haben hohe Aluminium- und Kupferwerte und einen Mangel an Magnesium, Vitamin B_6, B_{12}, Zink und Mangan.
- 50 % der Patienten mit der Diagnose multiple Sklerose sind nur pyrolurisch und haben einen Mangel an Zink, Mangan und Vitamin B_6. Mit der Therapie wird der Prozeß häufig zum Stehen gebracht.
- Autismus und Hyperaktivität werden nach Ansicht der orthomolekularen Psychiatrie hauptsächlich mit Aluminium-, Kupfer- und Bleivergiftung in Verbindung gebracht; der Kranke spricht überraschend gut auf Vitamin C, Zink, Mangan, Kalzium, Magnesium, Vitamin B_6 und Omega-6-Fettsäuren (Nachtkerzenöl) an.

- körperliche Schäden:
  - schlechte Haltung
  - flache Atmung
  - Muskelverspannung
  - Herz- und Kreislauferkrankungen

Tip:
- Goethe benutzte ein Stehpult, um besser denken zu können. – Bei Entscheidungsprozessen tief durchatmen oder um den Block rennen.
- Entspannte Muskeln – flexibler Geist

• soziale Probleme und Kostenexplosion im Gesundheits- bzw. Krankheitswesen:
Die orthomolekulare Medizin stellt aus mehreren Gründen einen kostensparenden Faktor im Gesundheitswesen dar. Derzeit steigen die Kosten für den Unterhalt des Gesundheitswesens ins Unermeß-liche. Die Alterskurve entwickelt sich äußerst ungünstig:
- Immer mehr ältere Menschen ab 65 (ca. jeder dritte) leiden in der einen oder anderen Form an einem dementiellen Syndrom (Alzheimer, Parkinson etc.).
- Immer weniger junge Menschen müssen immer mehr erwirtschaften.
- Immer mehr junge Menschen werden Opfer der Umweltverschmutzung und leiden unter psycho- und neurovegetativen Störungen. Mit dem orthomolekularen Konzept, das die Erhaltung der Gesundheit vor die Behandlung von Krankheiten stellt, sowie einer genauen Analytik kann der Entstehung von Krankheiten entgegengewirkt werden. Stoffwechselveränderungen können erkannt werden, bevor es zum Ausbruch der Krankheit kommt.

8.2.3 Problem Nr. 3: Die spirituelle (geistig-seelische) Mangelsituation

Was ist echte Lebensqualität?

Lebensqualität besteht aus Überleben und Sinn. Sie geht über den biologischen Prozeß weit hinaus, indem sie Überlebenshandlungen optimiert und Schmerzen minimiert. Durch den Sinn (mit Sinn ist nicht das Gehirn gemeint, sondern die Fähigkeit, Probleme zu lösen und Ziele zu visualisieren) kann man auf das ganze Wesen rückschließen, das Vergängliche und Unvergängliche an ihm und seine eindeutige Persönlichkeit und deren Eigenschaften. Wenn nun also der Sinn gut funktioniert und die Lösungen in entsprechendes Tun umgesetzt werden, ist das Überleben des Organismus gesichert. Der Sinn strebt das Überleben nicht nur für den eigenen Organismus an, sondern auch für die Familie, Kinder, zukünftige Generationen usw. Unser Sinn muß also fähig sein, in demselben Maße für sich selbst und das physikalische Universum (Materie, Energie, Raum und Zeit), für zukünftige Generationen, für Familie, Gruppe, Tiere und Pflanzen Schmerz zu vermeiden und Freude zu finden. Da jeder einzelne Organismus im Leben anderer Organismen eine Rolle spielt, ist qualitativ hochwertiges Leben die erfolgversprechende Voraussetzung zu wechselseitiger Abhängigkeit und Zusammenarbeit.

Tip:
– Authentische Kommunikation (Mißverständnisse klären)
– Echte Werte und grundlegendes Ziel herausfinden
– Altruistisch oder egoistisch?
– Gruppendynamik versus Eigendynamik

8.3 Auswege und Alternativen – orthomolekulare Substitution

Substitution ist die Behandlung durch Zufuhr dem Körper normalerweise zur Verfügung stehender Substanzen.
Durch starke Umweltbelastung ist eine dauerhafte Zufuhr wichtiger Nährstoffe notwendig geworden, um »oxidativen Streß« oder »zerebrale Minderfunktion« auszugleichen. Nachfolgend einige Beispiele von Substanzklassen und Einzelstoffen.

- Somatensische Drogen

  Linienpiloten ist die Einnahme gewisser Arzneimittel vor Arbeitsbeginn untersagt, dazu gehören u. a. Tranquilizer,

Stimulanzien auf Amphetamin-Basis, Barbiturate und Steroide. Während des Flugs werden die Piloten mit Kaffee »wachgehalten«. Koffein ist jedoch ein begrenztes Stimulans, das – insbesondere in großen Mengen genossen – auf die Leistung eher dämpfend denn fördernd wirkt. Eine Droge mit somatensischen Eigenschaften böte hier größere Sicherheit. Dasselbe gilt für den Straßenverkehr, wo zahlreiche Unfälle aufgrund irgendwelcher Medikamente zu verbuchen sind. In der Sowjetunion wird den Fernfahrern Eleutherococcus als Stimulans empfohlen.

Somatensische Wirkstoffe könnten bei zahlreichen Gelegenheiten die bisherigen Stimulanzien und den Kaffeekonsum ersetzen: Bei Examen, Langläufen, hartem Klima, intensivem Körpertraining, im Hochgebirge und auf Expeditionen. Aber wäre es nicht an der Zeit, daß für solche Fälle eine neue Form von »Überlebensnahrung« auf den Markt gelangt? Im Zeitalter höchster medizinischer Raffinessen ist es leicht befremdlich, wenn dem Bergsteiger zur Unterstützung seiner Energie bloß Traubenzucker zur Verfügung steht.

- Somatensische Drogen sind vor allem:
  - Ginseng
  - Ma-Huang
  - Fo-ti-tieng
- Nootrope (den Gehirnstoffwechsel anregende) Substanzen:
  - Lecithin
  - Gingko biloba
  - Cholin und Inositol
- Neuromodulatoren – das Zusammenspiel von Sympathikus und Parasympathikus, harmonisierende Stoffe:
  - negative Ionisation (wie im Hochgebirge und an der See)
  - Geruchs - und Aromastoffe
  - Farben
- Energetisierende, harmonisierende und den Bewußtseinsprozeß anregende Heilmittel:
  - Bachblüten (wie unter Kap. 4.8 beschieben).
    Ein homöopathieähnliches Heilverfahren, das Störungen des seelischen Gleichgewichts auffangen kann.

Hierzu einige Beispiele der seelischen Symptome und eine Kurzdarstellung der Pflanzen in einer Systematik, die insgesamt eine Auswahl von 38 Blütenessenzen repräsentiert:

Pflanzenessenz	seelische Komponente
Rotbuche	Kritiksucht, Arroganz, Intoleranz, Verurteilung anderer ohne Einfühlungsvermögen
Ulme	das Gefühl seiner Aufgabe oder Verantwortung nicht gewachsen zu sein
weiße Kastanie	bestimmte Gedanken kreisen unaufhörlich im Kopf, innere Dialoge und Selbstgespräche
Lärche	Erwartung von Fehlschlägen, Mangel an Selbstvertrauen, Gefühl der Minderwertigkeit
Stechginster	völlig verzweifelt, ohne eine Hoffnung
Eiche	der niedergeschlagene und erschöpfte Einzelkämpfer, der trotz allem nie aufgibt
Tausendgüldenkraut	Schwäche des eigenen Willens, die Gutmütigkeit wird ausgenutzt, man kann nicht nein sagen

Das Programm zur körperlich-geistigen Entgiftung

Es besteht aus:
- Sauna (mindestens drei Gänge)
- Laufen (mittlere Strecke genügt)
- Vitalstoffen (B_3, Magnesium, Zink, Selen)
- Ölen als Austauschfaktor (kaltgeschlagen, ungesättigt)

Mentalstrategien:

- Emotionsregie

Das »Brain/Mind Bulletin« vom März 1989 veröffentlichte dazu
die zwölf nachfolgenden Punkte:
1. Beobachtung der zynischen Gedanken
2. Bekennen, daß Feindseligkeiten bestehen
3. Eigenverantwortung für alle Situationen übernehmen
4. Alle zynischen Gedanken eliminieren
5. Sich selbst in andere Persönlichkeiten versetzen können
6. Lernen, über sich selbst zu lachen
7. Lernen, sich zu entspannen
8. Vertrauen praktizieren
9. Zuhören lernen
10. Bestimmtes und gezieltes Auftreten
11. Sich immer vor Augen führen, daß dies der letzte Tag im Leben ist
12. Vergeben können

Diesen Stufenplan zur emotionalen und mentalen Selbstregie empfiehlt Redford Williams – unter Berücksichtigung aller zwölf Punkte werden persönliche und physiologische Faktoren gleichermaßen unterstützt.

Nützliche Verhaltensstrategien beziehen sich auf folgende Punkte:
- Kommunikationszyklen (eine Kommunikation anfangen, weiterführen und beenden)
- Bedürfnishierarchie (nach Alexander Maslow)
- Aktionszyklen (Aktionen planen, durchführen, beenden)
- Synergieprozesse (Affektlogik, die Dynamik systemischen Denkens und Handelns)

- Mind-Set-Methoden

> Aktive Techniken:
> Kognitiv: Biofeedback, Autosuggestion, Meditation, Entspannung
> Körperlich: Lauf- und Muskeltraining, Kampfsport, Atemtraining
> Verhalten: Verhaltens- und Psychotherapie, Kreativitätstraining

> Passive Techniken:
> Kognitiv: Hypnose, Halluzinogene, Placeboeffekt
> Körperlich: Massage, Isolationstank

Zivilisationskrankheiten und Nährstofftherapie am Beispiel von Unterzuckerung (Hypoglykämie) und Überzuckerung (Diabetes)

Der Mensch kann einen hohen Blutzuckerspiegel relativ lange ertragen, ein niedriger Blutzuckerspiegel führt jedoch innerhalb kürzester Zeit zu schwerwiegenden Folgen. Während der Diabetiker meist sofort und intensiv behandelt wird, bleibt die Hypoglykämie ein Stiefkind der Medizin – da häufig unerkannt –, obwohl mindestens dreimal soviel Menschen an Hypoglykämie leiden wie an Diabetes:

Symptome	Therapie
Nervosität, Reizbarkeit, Vergeßlichkeit, Erschöpfung, Zittern, Kopfschmerzen, Herzklopfen, Allergien, Depressionen, antisoziales Verhalten, Schlaflosigkeit	Konsequentes Weglassen von Zucker und Weißmehlprodukten, 6 kleine Mahlzeiten statt 3, reichlich Protein, Gemüse und zuckerarmes Obst essen, Alkohol, Kaffee und Tee meiden, wichtige Sublemente: Vitamin-B-Komplex, Chrom, Zink, Selen

Diabetes mellitus und die therapeutischen Schritte

1.	Basisernährung	Vermeiden von Zucker und Weißmehl. Keine konzentrierte, sondern komplexe Kohlehydrate-Zufuhr ballaststoffreich und fettarm eiweißreich ernähren (15–20 %)
2.	Glukosetoleranzfaktoren	Chrom, Mangan, Zink, Niacin, Vit. C, Lecithin und Vitamin-B-Komplex
3.	Verhinderung der diabetischen Neuropathie	Vitamine B_6, B_{12}, Niacin, Inositol
4.	Verhinderung der Retinopathie	Magnesium, Antioxidantien, Zink, Selen, Vitamine A, C, E
5.	Bei Wundheilungsstörungen	Zink, Vitamin C
6.	Weitere Empfehlungen	Genügend Bewegung! Vermeiden von Übergewicht. Regelmäßige Kontrolle des Blutzuckers

8.4 Neue Möglichkeiten in der Diagnose – die Haaranalyse

Eine Haarlocke aus dem Jahre 1821 sollte viele Jahre später für erheblichen Wirbel sorgen – viele Historiker wollten ihretwegen die Geschichtsbücher umschreiben; doch der Reihe nach: Gehen wir in der Geschichte zurück in das Jahr 1821, genauer zum 5. Mai, dann befinden wir uns im Lazarett der Festung Longwood auf der Insel St. Helena. Napoleon Bonaparte war gestorben, und nachdem sein Leibarzt Datum und Uhrzeit in ein

Büchlein eingetragen hatte, schnitt einer der wachhabenden Offiziere – zur Erinnerung – dem toten Kaiser eine Haarlocke ab. In der Zwischenzeit gab es immer wieder Gerüchte, daß Napoleon nicht eines natürlichen Todes gestorben sei. Weil diese Stimmen nicht verstummen wollten, entschloß man sich im Jahre 1962, von der Locke eine winzige Haarprobe zu opfern, um sie zu analysieren. Noch im gleichen Jahr erschien in der Londoner Zeitschrift »Nature« ein Artikel, der in der Folge bis heute für Schlagzeilen sorgte. Die Probe von Napoleons Haaren, mit allen zur Verfügung stehenden Analysemethoden untersucht, enthielt einen auffällig hohen Anteil an Arsen.

Die Untersuchung der im Haar enthaltenen Mineralien besteht in einer Laboranalyse, die als vorbeugende medizinische Maßnahme zur Beurteilung unausgeglichener Mengenverhältnisse und der anwesenden Gifte im menschlichen Körper angewandt wird. Diese diagnostische Technik erlaubt mit großer Genauigkeit eine Aussage über die betreffenden Mineralien und giftigen Metalle im Körper:

essentielle Mineralen		toxische Metalle
Kalzium	Phosphor	Aluminium
Magnesium	Zink	Cadmium
Chrom	Nickel	Blei
Eisen	Kobalt	Quecksilber
Natrium	Kupfer	
Kalium	Mangan	
Selen	Lithium	

Schwermetallbelastung – Ursachen, Folgen und Therapie

Element	Ursachen	Folgen	Therapie
Aluminium	Antazida, Düngung, saurer Regen, Alu-Geschirr	Krämpfe, Hyperaktivität, M. Alzheimer	Magnesium, Vitamin B_6
Kadmium	Rauchen, Abgase, Düngemittel	Nierenschädigung, Bluthochdruck	Zink, Vit. C, Kalzium, Methionin
Blei	Autoabgase, Bleiglas, Rauchen	Kopf- und Gliederschmerzen, Blutarmut, Verhaltensstörungen	Vit. C, Kalzium, Methionin
Quecksilber	Amalgam, Fische, Thermometer	Gewichtsverlust, ZNS-Störungen	Vit. C, Selen, Pektin, schwefelhaltige Aminosäuren

Die Wirkung von Genußmitteln auf das Vitalstoffgleichgewicht

Genußmittel	Auswirkung	erhöhter Bedarf
Nikotin	erhöhte Cadmiumwerte	Vitamin C, schwefelhaltige Aminosäuren wie Methionin und Zink
Koffein	erhöhte Kaliumausausscheidung	Kalium
Alkohol	gestörte Resorption, erhöhte Ausscheidung, gestörte Leberfunktion, Mangel an Vit. B_1, B_3, B_6, B_{12} und Folsäure Störung des Kohlehydrat-, Fett-, Proteinstoffwechsels	Vitamin-B-Komplex, Magnesium, Omega-6-Fettsäuren

8.5 Gehirn, Ernährung und Psyche

Die Gehirnleistungsdiät – »Du bist, was du ißt ...«

– Frühstücken wie ein Kaiser, vor allem mit viel Protein
– Rohkost vor dem Essen
– Antioxidantien, Enzyme und Vitamine nach Bedarf und Lebensweise
– Vermeiden Sie Unterzuckerung
– Nutzen Sie die Farben der Nahrungsmittel (Orange zur Anregung und bei Depressionen, Blau und Grün zur Beruhigung)
– Lecithin, Primärhefe und Weizenkeime als wertvolle Vitalstofflieferanten nutzen
– Nüsse und Sojabohnen: lecithinreich
– »Pep-up« – die tägliche Supernahrung

Gehirnpflege – Gehirngymnastik

- Wildes Denken: Denken Sie in der Früh, wenn Sie aufstehen, zehn völlig verrückte Gedanken
- Entlernen Sie sich, so daß Sie nicht mehr werten und beurteilen
- Überschreiten Sie Grenzen
- Literatur zum Thema: »Stroh im Kopf« von Vera F. Birkenbihl, »Brainpower« von Bambeck/Wolters, »Geist – das Geheimnis der neuen Führung« von Gerd Gerken, »Das Neue Gehirn« von Johannes Holler (s. Literaturverzeichnis)

- Praktische Tips zur Gehirnernährung:

- NÜSSE und EIDOTTER erhöhen die Gedächtnisleistung durch LECITHIN
- GETREIDE, wegen der B-Vitamine, aber vor allem Hafer wirkt sich auf die PSYCHISCHE Verfassung vorteilhaft aus.
- SALATE und GEMÜSE VOR dem Essen verhindern Müdigkeit (Verdauungsleukozytose)
- AUSTERN und MORCHELN steigern die SEXUELLE LEISTUNGSFÄHIGKEIT (durch den Zinkgehalt)
- Gekeimte SOJABOHNEN verbessern die KONZENTRATIONSFÄHIGKEIT
- GINSENGPRODUKTE haben APHRODISIERENDE und LEISTUNGSSTEIGERNDE Wirkung
- VANILLE und KAKAO verbessern die KONZENTRATIONSFÄHIGKEIT
- GRASSAFT (Extrakt aus Weizengras) wirkt ENTGIFTEND und versorgt den Körper mit Sauerstoff
- Fermentierte Milchprodukte, wie Joghurt, wirken sich positiv auf die Darmflora aus, so daß die gehirnwirksamen B-Vitamine gebildet werden können.
- WICHTIG: die Farben der Nahrungsmittel: Rot (Kirschsaft) wirkt anregend, Grün (Weizengrassaft) wirkt beruhigend, ebenso Pflaumensaft, die gelbe Farbe der Zitrone ist gut für die Konzentrationsfähigkeit.

8.6 Einsatzmöglichkeiten wichtiger orthomolekularer Substanzen

Nährstoff	Einsatzmöglichkeiten
Beta-Carotin	Schleimhautschutz bei Rauchern
Vitamin A	Nachtblindheit, Infektanfälligkeit, Akne
Vitamin B_1	Depressionen, Müdigkeit, Gedächtnisstörungen, Appetitlosigkeit
Vitamin B_6	Anämie, Arthritis, vegetative Dystonie, Depressionen, mangelnde Traumerinnerung
Vitamin B_{12}	Depression, Müdigkeit, neurovegetative Störungen, Anämie
Vitamin C	Infektionen, Zahnfleischbluten, Depression, Schwermetallbelastung, Verstopfung
Vitamin E	neuromuskuläre Erkrankungen, Akne, Wechseljahrbeschwerden, oxidativer Streß
Magnesium	Herzbeschwerden, Muskelkrämpfe, Streß, Alkoholismus, Schlaflosigkeit
Zink	Infektionsanfälligkeit, Diabetes, weiße Flecken auf Fingernägeln, Akne
Selen	Steigerung der körpereigenen Abwehr, Krebsabwehr, Herzinfarktprophylaxe

8.7 Vitaminprofil und Nährstoffbedarf – unter besonderen Belastungen

Zufuhr von verarbeiteten Kohlehydraten (Stärke und Zucker, Weißbrot, Teigwaren, Kuchen, Konfekt, Kekse):

- Weniger als einmal die Woche: sehr gut.
- Ein- oder zweimal die Woche: o.k.

- Jeden Tag:
  Erhöhen Sie Vitamin B_1 um 30 mg, B_5 um 20 mg, B_6 um 10 mg, Magnesium um 50 mg, Kalium um 20 mg, Mangan um 5 mg, Chrom um 50 µg.
- Zu den meisten Mahlzeiten:
  Erhöhen Sie Vitamin B_1 um 50 mg, B_5 um 30 mg, B_6 um 10 mg, Folsäure um 100 µg, Mangan um 5 mg, Chrom um 100 µg.

Zufuhr von gesättigten Fetten:

- Sowenig wie möglich: sehr gut.
- Durchschnitt (in Fleisch, Butter, Käse): o.k.
- Viel Gebratenes (Speck, Spiegeleier):
  Erhöhen Sie Vitamin B_6 um 5 mg.
- Fettes Fleisch, Bologna-Wurst, Hamburger:
  Erhöhen Sie Vit. B_6 um 10 mg, C um 250 mg, Bioflavonoide um 25 mg.
  Fügen Sie 500 mg Lecithin dazu.
- Vorzugsweise fette Nahrungsmittel:
  Erhöhen Sie Vitamin B_6 um 10 mg, C um 500 mg, Bioflavonoide um 50 mg.
  Fügen Sie 1000 mg Lecithin und 400 mg Linolsäure dazu.

Zufuhr von Salz:

- Wenn Sie auf Salz in Ihrer Nahrung weitestgehend verzichten: Erhöhen Sie Jod um 100µg.
- Wenn Sie das Essen salzen, ohne es vorher probiert zu haben, und Salz im allgemeinen reichlich zuführen: Erhöhen Sie Zink um 10 mg, Kalium um 25 mg.

Unregelmäßige Malzeiten:

- Wenn Sie eine Mahlzeit ausfallen lassen, kommt es dann bei Ihnen zu Zittern, Übelkeit, Unruhe, Schwindel und Schwächegefühl? Wenn ja: Erhöhen Sie Vitamin B_3 um 50 mg, B_6 um 20 mg, Inositol um 500 mg, Vitamin C um 500 mg, Bioflavonoide um 50 mg, Kalzium um 200 mg, Magnesium um

100 mg, Zink um 10 mg, Mangan um 5 mg und Chrom um 100 µg.

Genußgifte:

- Wenn Sie mehr als fünf Tassen Kaffee, Tee, Cola oder Kakao trinken: Erhöhen Sie Vitamin B_6 um 20 mg und Kalium um 50 mg.
- Die Wirksamkeit von Eisenpräparaten kann durch bestimmte Nahrungsmittel zunichte gemacht werden – in diesem Fall vor allem durch die in Kaffee und Tee enthaltenen Gerbstoffe. Gefördert wird die Eisenaufnahme hingegen durch die Zufuhr von Vitamin C.
- Zu Alkohol, Rauchen und Nährstoffen (siehe Kapitel 4.16).

Häufig wiederkehrende Erkältungen:

- Wenn Sie wiederholt – sozusagen bei jedem geringsten Anlaß – an Erkältungskrankheiten leiden: Erhöhen Sie Vitamin A um 1000 IE, B_3 um 50 mg, B_5 um 20 mg, B_6 um 200 mg, Vitamin C um 2000 mg (Linus Pauling empfiehlt sogar, täglich über 10 g zu nehmen; die Toleranzgrenze liegt aber bei dem Auftreten von Durchfall), Bioflavonoide und Kalzium um 200 mg, Magnesium um 100 mg und Zink um 10 mg.

Häufig kalte Füße und Hände:

- Wenn Sie mehr als andere Menschen frieren und unter kalten Füßen und Händen leiden: Erhöhen Sie Vitamin B_1 um 10 mg, B_2 um 10 mg, B_3 um 25 mg, B_6 um 5mg, B_{12} um 10 µg, Folsäure um 50 µg, Vitamin C um 1000 mg. Meiden Sie bestimmte Gemüsearten wie Kohl, Steckrüben und Brunnenkresse.

Unruhige Beine, eingeschlafene Gliedmaßen, Krämpfe und Muskelzucken:

- Wenn Sie vor allem nachts häufiger Krämpfe und Muskelzuckungen bekommen oder unter eingeschlafenen Giedmaßen leiden, erhöhen Sie Vitamin B$_1$ um 10 mg, B$_5$ um 25 mg, B$_6$ um 5 mg,

Für Managerinnen und andere Damen der Schöpfung:

- Wenn Sie Menstruationsbeschwerden haben oder prämenstruelle Krämpfe, dann erhöhen Sie drei Tage vor und während der Periode: Vitamin B$_6$ um 50 mg, Vitamin E um 100 IE, Kalzium um 250 mg, Magnesium um 250 mg, Eisen um 10 mg und Zink um 20 mg. Als besonders lindernd empfunden und hochaktuell ist das Nachtkerzenöl.
- Nehmen Sie empfängnisverhütende Mittel - dann erhöhen Sie Vitamin B$_1$ um 30 mg, B$_2$ um 30 mg, B$_6$ um 10 mg, B$_{12}$ um 30 µg, Folsäure um 100 µg, Vitamin C um 1000 mg, Vitamin E um 200 IE, Zink um 5 mg und Chrom um 25 µg.

8.8 Managerkrankheit Nr. 1: Der Herzinfarkt und seine Verhütung/Behandlung

Im Jahre 1958 hat der Streßforscher Hans Selye über die Möglichkeiten berichtet, dem Absterben von Herzmuskelzellen mit Kalium- und Magnesiumchlorid zu begegnen. Wie Dr. med. Hans A. Nieper berichtete, hängt die von Selye beschriebene Wirkung mit der Aktivierung entscheidender Zellenzyme durch Kalium- und Magnesiumionen zusammen. Er schreibt: »Deshalb war es logisch, Verbindungen zu entwickeln, die in der Lage sind, Kalium und Magnesium vermehrt und gezielt in die Zellen einzuschleppen. Es entstand schließlich das Kalium- und Magnesiumaspartat. Dieses wurde von Laborit und Mitarbeitern und von Nieper unabhängig voneinander 1958 in die Therapie eingeführt, die Synthese erfolgte in Deutschland durch Köhler. Das Kalium-Magnesiumaspartat hat inzwischen Geschichte gemacht, die Annahme, daß es dem Kalium-Magnesiumchlorid überlegen sei, hat sich vollauf bestätigt, die überlegene Wirkung beruht auf einem direkten Zelltransport. Das Aspartat dringt durch die Zellmembran in die Zellen ein und wird erst an der Innenseite der äußeren Zellmembran metabolisiert.«

In etwa 2000 wissenschaftlichen Mitteilungen sind die Wirkungen von Kalium-Magnesiumaspartat dokumentiert:
- wesentliche Erhöhung der Resistenz des Herzmuskels gegenüber Sauerstoffmangel,
- wesentliche Verbesserung der Nekroseresistenz
- etwa 75%ige Verminderung der Toxizität von Strophantin und Digoxin am Herzmuskel

Studie:

Dr. med. Hans A. Nieper berichtet, daß er und seine Mitarbeiter zwischen 1960 und 1968 eine Gruppe von 150 Patienten nach einem Infarkt oder einer instabilen Angina pectoris mit Kalium-Magnesiumaspartat behandelten, und zwar in einer Dosierung zwischen 600 und 1500 mg täglich. Die dabei beobachtete Sterberate innerhalb der ersten vier Jahre lag bei 7,5 %; im Vergleich dazu liegt die Sterberate der Cleveland-Klinik mit Nitrotherapie und Antikoagulantien um 21 % nach zwei Jahren und bei 34 % nach vier Jahren.

Therapie:

Niepers Behandlung besteht nun darin, Magnesiumorotat in einer Dosierung von über 1,5 g täglich zu substituieren und dies bei Angina pectoris und dem Koronarsyndrom einzusetzen. Dies wird in der Regel mit Kaliumorotat kombiniert und mit Bromelain. Dazu ist zu sagen, daß die Applikation von Hawaii-Bromelain in einer Dosierung zwischen 120 und 400 mg täglich zu einer drastischen Senkung pektanginöser Anfälle führt.

> »Die leitende Grundidee der hier skizzierten Therapieform möchte ich als ›eumetabolische‹ definieren und meinen, daß sie gegenüber der bisher meist geübten ›Fremdstoffpharmakatherapie‹ entscheidende Vorteile und eine große Zukunft hat ...«
>
> Dr. med. Hans A. Nieper

8.9 Homöopathische Mineralien

- Homöopathische Mineralien sind eine ideale Ergänzung zur orthomolekularen Therapie. Sie bahnen sozusagen den Weg – schaffen die Information –, damit der Mineralpool wieder aufgefüllt werden kann. Deshalb ist es in vielen Fällen notwendig, wenn Mineralien nicht die zu erwartende Wirkung zeigen, Homöopathika zu substituieren.

Oftmals sind sie auch gerade deshalb so notwendig, weil sie gezielter auf das Krankheitsgeschehen einwirken und am Ort des Geschehens angreifen. Frau Dr. Franz aus Dietzenbach gab hierzu einige wichtige Anregungen:

- magnesium phosphorikum D6: bei Magenkrämpfen und krampfartiger Migräne
- zinkum metallicum D6: das Mittel per se bei aggressiven Kindern und bei Hautkrankheiten.
- calcium fluoratum D6: bei Kalziummangel, wie Osteoporose und bei grauen Haaren.
- kalium chloratum D6: gegen Migräne, die durch vereiterte Nebenhöhlen und kranke Zähne ausgelöst ist.
- calcium carbonicum D30: das homöopathische Konstitutionsmittel bei Neurodermitis
- ferrum metallicum D6: wenn die Information zur Eisenaufnahme fehlt; vor allem bei anämischen jungen Mädchen

Tip:
- Johanniskraut: gegen Depressionen (reversibler MAO-Hemmer)
- Zink und Vitamin B_6: zur Traumerinnerung, gegen frühzeitiges Ergrauen der Haare, Hyperaktivität und Aggression

Adressen:

Haaranalyse	Antistress AG	Firma Ortica
DMA-Labor	Postfach	Eylauer Straße 3
8032 Bruckmühl	8640 Rapperswill	5600 Wuppertal 2
Postfach 1180	Tel. 055/27 14 76	Tel. 02 02/52 19 02

Glossar

Acetylcholiesterase (AChE): spezielles Enzym, das besonders rasch die Spaltung des hochwirksamen Acetylcholin in das viel weniger wirksame Cholin und in Essigsäure bewirkt.

Affekt: Empfindung oder Stimmung, allgemeiner Gemütszustand.

Affektlogik: nach Luc Ciompi die Verbindung von Denken und Fühlen, die als »Kombinationscode« zweifellos leistungsfähiger als seine einzelnen Komponenten ist. In seinem Zusammenspiel vermag er gerade dasjenige präzise zu erfassen, was das Wesentliche jeder realen Struktur ausmacht, nämlich daß eine charakteristische Kombination zwischen Ganzem und Teilen, Gemeinsamkeiten und Unterschieden vorliegt. »Auch die Gefühle besitzen ihre Rationalität; Denken ohne Fühlen ist irrational.« Hier geht es darum, das Bewußtsein für die Komplementarität zwischen Fühlen und Denken zu schärfen. Neben dem Vorteil der Ganzheitlichkeit hat das Fühlen den Nachteil der mangelnden Präzision und Schnelligkeit. Umgekehrt bezahlt das klare Denken die evidenten Vorteile mit der Gefahr des Reduktionismus. Ein ausgewogenes Zusammenwirken beider aber kann ähnlich wie das binokulare Sehen im optischen Bereich zu jener optimalen Tiefenschärfe in der Wahrnehmung der Realität führen, die offensichtlich als wunderbare neue Möglichkeit in der menschlichen Psyche angelegt ist. Piaget: »Gefühle sind der Motor der kognitiven Entwicklung.«

Alpha-Bereich: Frequenzbereich von 8 bis 13 Hz.

Amplitude: Höhe der EEG-Welle, vom Wellental zum Wellengipfel gemessen; wird gewöhnlich in µV ausgedrückt. Die Amplitude der von der Schädeloberfläche abgeleiteten EEG-Wellen wird zum größten Teil von extrazerebralen Faktoren beeinflußt, wie z. B. dem kapazitiven Widerstand (der Impedanz) der Meningen, des Liquors, der knöchernen Schädeldecke, der Kopfhaut, der Elektroden und der Elektrodendistanz. Bei der EEG-Tätigkeit kann in der Regel nur von einer mittleren Amplitude gesprochen werden.

Amygdala: nadelförmige Struktur im limbischen System, von der man annimmt, daß sie Emotionen wie Aggression, Angst oder Wut steuert.

Antipoden: entgegengesetzte geistige Standpunkte.

Assimilation und *Akkommodation:* Nach Piaget entstehen über diese zentralen Phänomene sämtliche innerpsychischen Strukturen. Unter Assimilation ist die Aufnahme und der Einbau von Elementen aus der Außenwelt in bereits bestehende innere Strukturen zu verstehen, unter Akkommodation dagegen die Anpassung dieser vorbestehenden Strukturen an die neu aufgenommenen Elemente. Es handelt sich also um zwei komplementäre Aspekte von Interaktionen zwischen Innen- und Außenwelt, welche in der Tat genau Maturanas Beschreibung von typischen strukturellen Koppelungen entsprechen. Darüber hinaus hat Piaget gezeigt, daß die genannte Dialektik auf allen Stufen psychischer Strukturierung zum Motor und Anstoß für eine selbstorganisierte Weiterentwicklung wird.

Autopoiese: siehe Selbstorganisation.

Axiom: unmittelbar einleuchtender Grundsatz, der seinerseits nicht mehr begründbar ist.

Axon: Achsenzylinderfortsatz der Ganglienzelle

Beta-Bereich: Frequenzbereich über 13 Hz

Biocomputer: metaphorisch gebrauchter Ausdruck für das menschliche Gehirn.

Biofeedback: Apparative Möglichkeit zur Selbstkontrolle

Blut-Hirn-Schranke: Schutzbarriere aus einem Membransystem, die das Gehirn vor einem Durchtritt toxischer Substanzen bewahrt.

Cyberspace: Kybernetischer Raum – begehbare dreidimensionale Welt durch den Computer erfahrbar.

Delta-Wellen: Wellen mit einer Dauer von mehr als ¼ sec.

Dendrit: eine der feinen Fasern, die vom Körper einer Nervenzelle abzweigen. Entlang dieser Faser sind viele Synapsen gelegen, durch die das Neuron Botschaften erhält.

Deprivation: völlige Ausschaltung, Entbehrung. Die sensorische Deprivation ist ein längerfristiges Fernhalten aller Sinneseindrücke; es bewirkt beim Menschen ein gesteigertes

Verlangen nach Eindrücken, Bewegung und Kommunikation.

Determinismus: Lehre von der notwendigen Bestimmtheit allen Geschehens – geht von der grundsätzlichen Unfreiheit des Menschen aus.

Dissipative Strukturen: Die Wechselwirkung eines Systems mit der Außenwelt, seine Einbettung in Nichtgleichgewichts-Bedingungen, kann so zum Ausgangspunkt für die Bildung von neuen dynamischen Zuständen der Materie, von dissipativen Strukturen werden. Dissipative Strukturen stellen tatsächlich eine Form von supramolekularer Organisation dar. (I. Prigogine in: Dialog mit der Natur, München 1981, S. 152)

Dualismus: die Trennung, wie z. B. die in Geist und Materie.

EEG: Elektroenzephalogramm; die Kurve der mittels Elektroden an der Schädeloberfläche aufgezeichneten elektrischen Aktivitäten des Gehirns.

Endorphine: vom Gehirn produzierte natürliche Opiate.

Engramm: Gedächtnisspur einer mutmaßlich physikalischen Aufzeichnung eines früheren Geschehnisses.

Enkephalin: Gehirnopiat, ein kurzes Fragment des größeren Beta-Endorphin-Moleküls.

Entropie: Zustandsgröße eines Systems; in abgeschlossenen Systemen kann die Gesamtentropie nie abnehmen.

Enzyme: Katalysatoren, die zur Beschleunigung chemischer Reaktionen dienen

Epiphyse: Zirbeldrüse.

Ethnomedizin: Wissenschaft, die unter vergleichender Betrachtung von Kulturen und deren Heilweisen forscht.

Ethnopharmakologie: Wissenschaft, die Erkenntnisse der Arzneimittellehre »primitiver« Völker erforscht.

Feedback: Rückkopplung.

Fourier-Transformation ist ein mathematischer Ausdruck, der sich auf die Umsetzung der Energie aus einer Form in eine andere bezieht und deren Gleichwertigkeit mengenmäßig ausdrückt. So sind Tausende von Lichtpunkten auf dem Fernsehbild eine Umwandlung von elektromagnetischen Wellen, welche von der Antenne aufgefangen wurden. Baron Fourier hat die Gleichungen ausgearbeitet, die die Grundlage für die Holographie darstellen und für die Informationsübertragung in unserem Gehirn.

Frequenz ist die Anzahl ganzer Schwingungen in einer bestimmten Zeiteinheit. Jede Schwingung breitet sich in einer Welle aus und besteht aus Teilchen, die um eine Mitte herumschwingen. Die Teilchen können entweder in Ausbreitungsrichtung der Welle schwingen und bilden dann Longitudinalwellen. Oder sie können quer zur Ausbreitungsrichtung der Welle schwingen und bilden in diesem Fall Transversalwellen.

Funktionale Lebensmittel: Nahrung mit spezieller Funktion auf das Nervensystem.

Gliazellen: Zellgewebe des Nervensystems, das die Räume zwischen Nervenzellen und Blutgefäßen bis auf einen 20 mm breiten Spalt ausfüllt, die Markscheiden bildet sowie Stütz- und Nährfunktion ausübt. Die Gliazellen bleiben im Gegensatz zu den Nervenzellen vermehrungsfähig.

Hemi-Sync: nach Robert Monroe die Hemisphärensynchronisation, die sich durch Einspielung von Tönen unterschiedlicher Frequenz ergibt.

Holographie: ein fotografisches Aufnahmeverfahren, bei dem ein Gegenstand mit Laserlicht beleuchtet wird; die von ihm reflektierten Wellen überlagern sich mit den aus dem Laserstrahl abgezweigten Bezugswellen und ergeben auf einer Fotoplatte ein dreidimensionales Interferenzbild, ein sogenanntes Hologramm.

Homöostase: Bestreben des Organismus, eine Stabilität der inneren chemischen und physiologischen Abläufe zu erhalten. Die Regulierungsmechanismen werden hauptsächlich vom Hypothalamus kontrolliert.

Hypoglykämie: Verminderung des Blutzuckers. Diese Störung beruht auf einer ungenügenden Toleranz gegenüber normalem oder zu hohem Blutzuckerspiegel und führt zu plötzlicher, steiler Blutzuckersenkung.

Hypophyse: kleine, über einen Stiel mit der Hirnbasis verbundene endokrine Drüse, die aus einem Vorder- und einem Hinterlappen besteht und verschiedene, das Wachstum, den

Stoffwechsel und die Aktivität anderer Drüsen beeinflussende Hormone ausschüttet.

Hypothalamus: primitive Hirnregion zwischen den beiden Hemisphären. Über die Sekretion von Releasing-Faktoren, die auf die Hypophyse wirken, beeinflußt der Hypothalamus viele grundlegende Körperfunktionen, wie Temperatur, Blutdruck, Hunger, Durst und Pulsfrequenz.

Interferenz: Töne gleicher Amplitude und Länge treffen zusammen und ergeben verschiedene Schwingungsmuster. Sie können sich gegenseitig abschwächen, verdecken, löschen oder verstärken.

Kinästhesie: der Bewegungs- und Lagesinn (Muskelsinn); die Fähigkeit zur Empfindung von Richtung und Geschwindigkeit der Bewegung der Gliedmaßen.

Kinesiologie: entdeckt vom Chiropraktiker Dr. George Goodheart, der herausfand, daß die Ursache von Verschiebungen der Wirbelsäule nicht im verkrampften Muskel zu finden ist, sondern darin, daß der Gegenspieler zu diesem Muskel zu schwach ist und der normale Muskel darauf mit Verkrampfungen reagiert. Bei der angewandten Kinesiologie werden Muskeltests durchgeführt, um spezifische Muskelschwächen festzustellen und zu behandeln.

Kleinhirn: Lappen der Hirnregion im Nervensystem mit aktiver Beteiligung an der Feinregulierung der Muskelaktivität.

Kohärenz: Zusammenhang, elektromagnetische Strahlung in gleicher Richtung mit gleicher Wellenlänge.

Konnektionismus: Wissenschaftlicher Zweig, der die Verbindungsmöglichkeiten von Nervenzellen aufzeigt.

Konfrontation: die Fähigkeit, ohne Zurückweichen und ohne Anstrengung gegenwärtig zu sein. Jederzeit Problemen in die Augen sehen zu können, um daraus Lösungen zu erschaffen.

Kortex: Hirnrinde; Mantel aus Nervenzellen auf der Oberfläche beider Gehirnhemisphären.

Kunstkopf-Stereophonie: Stereophonie, die einen rundum räumlichen, daher besonders natürlichen und angenehmen Klang bietet. Die Kunstkopf-Stereophonie-Geräte sind in einen der Form des menschlichen Kopfes genau nachgebildeten Klangkörper eingesetzt und zeichnen Schallwellen fast genauso auf, wie sie in den Gehörgängen des menschlichen Ohres aufgenommen werden. Bei der Wiedergabe im Kopfhörer entsteht so ein sehr räumlicher Klang. Die ausgefeilte Technik verfolgt dabei das Ziel, die bestmöglichen Voraussetzungen für ein angenehmes Eintauchen in ein Erlebnis während des Hörens der Kassetten zu ermöglichen.

Kybernetik: Wissenschaft von abstrakten, hochkomplexen Systemen, die durch Rückkopplung einem Gleichgewichtszustand zustreben. Allgemeine Eigenschaften wie Selbstorganisation, Informationsspeicherung und -verarbeitung werden zurückgeführt auf die Funktion der Systeme, die Maschinen und dem menschlichen Gehirn gemeinsam sind.

Limbisches System: Teile der primitiven kortikalen Strukturen des Gehirns, die Grundbedürfnisse und -funktionen wie Hunger, Sexualverlangen, autonome Funktionen, Emotionen usw. steuern.

Melatonin: ein der Zirbeldrüse entstammendes Gewebshormon; bewirkt eine Aufhellung der Hautfarbe.

Meta: Begriff für darüberstehend, höher, dahinter, umfassend.

Matrix (lat.): Schoß; stellt die Quelle der Möglichkeiten der geistigen und körperlichen Entwicklung dar. Der biologische Plan für die Entwicklung der Intelligenz beruht auf einer Reihe von harmonischen Matrixwechseln während eines Lebens.

Metapher: durch einen Vergleich zustande kommender bildlicher Ausdruck.

Metaprogrammierung: von John C. Lilly geprägter Ausdruck für die Programmierung unseres Biocomputers. Sie kennen den Ausdruck Meta-Ebene (nach G. Bateson) vielleicht aus der Kommunikation. Man geht davon aus, daß wir auf zwei Ebenen miteinander kommunizieren: auf der Inhaltsebene – eher linkshirnig – und auf der Beziehungsebene – eher von der rechten Gehirnhälfte aus. Metaprogrammierung wurde auch von Robert Anton Wilson aufgegriffen als »Intelligenz, die von sich selbst lernt«. Metaprogrammierung ist nach seiner Meinung auch »der Spaß bei dem Versuch, die subtileren, empfindlicheren und zukünftigen Ebenen des Bewußtseins und der Intelligenz zu entwickeln.«

Neuroglia: Nervenkittsubstanz, bindegewebsartige Stützsubstanz des Zentralnervensystems, in die Ganglienzellen und Nervenfasern eingebettet sind.

Neuron: Nerveneinheit, Ganglienzelle mit Neurit und Dendriten.

Neurotoxine: schädliche Stoffe, die besonders auf die Nerven eine nachteilige Wirkung entfalten.

Neurotransmitter: Botenstoff, chemische Substanz, die an den Synapsen die Erregungsübertragung bewerkstelligen. Es gibt cholinerge, adrenerge und dopaminerge Neurotransmitter, neben anderen Überträgersubstanzen wie Neuromodulatoren u. a.

NLP: Neurolinguistisches Programmieren. Eine Psychotechnologie, die mit Hilfe neurologischer und linguistischer Techniken arbeitet.

Orthomolekular: orthos = richtig, molekular = die Zusammensetzung betreffend.

Photonen: Lichtquadrat der elektromagnetischen Strahlung.

Placebo: Scheinmedikament, das äußerlich nicht vom Original zu unterscheiden ist; hierbei nutzt man die mentale Fähigkeit des Patienten zur Gesundung (siehe auch Anmerkungen).

Polarität: ambivalent-komplementär.

Positronen-Emissions-Tomographie (PET): Verfahren zur Darstellung des Energiestoffwechsels im Gehirn.

Postulat: eine Schlußfolgerung oder Entscheidung, die jemand aufgrund seiner eigenen Erwägung gefaßt hat. Es wurde aufgrund der Auswertung von Daten oder auch intuitiv erstellt. Es löst ein Problem der Vergangenheit, entscheidet in der Gegenwart und stellt Beobachtungen für die Zukunft auf.

Präsenz: von lat. prae-esse = anwesend sein, Anwesenheit, Gegenwärtigkeit.

Psychoneuroimmunologie: Medizinrichtung, die die Verbindung zwischen Geist-, Nerven- und Immunsystem erkennt.

Quanten: die kleinsten in einem Wellenvorgang (z. B. Licht, Schallwellen) der Frequenz auftretenden und sich wie Teilchen verhaltenden Energiemengen.

Radikale: freie Radikale sind äußerst reaktive Teilchen, weil sie ein unabgesättigtes Elektron besitzen. Ein derartiges unabgesättigtes Elektron will natürlich am liebsten mit einem anderen unabgesättigten Elektron zusammenkommen. Es sucht in seiner Umgebung und reagiert mit fast jedem Molekül, das sich in seiner Nähe befindet.

REM – Non-REM-Schlaf: Der REM-Schlaf (Rapid Eye Movement) ist neben schnellen Augenbewegungen auch durch andere Aktivitäten wie wechselnde Atmung und Muskelentspannung gekennzeichnet. Er unterscheidet sich von anderen Schlafphasen durch seine Dauer (ca. 20%) und schließt sich an das Schlafstadium 4 an.

Retikuläres Aktivierungssystem: Netzwerk von Fasern im Kern des Hirnstamms, das Schlaflosigkeit und Munterkeit reguliert; auch bekannt als retikuläre Formation.

Resonanz: bei der Resonanz wird ein schwingungfähiger Körper durch das Auftreten einer Welle zum Mitschwingen veranlaßt, wenn beide in der gleichen Grundschwingung abgestimmt sind.

Rezeptor: der Ort, wo ein Molekül eines Botenstoffes sich an eine Nervenzelle bindet.

Serotonin: Transmittersubstanz; wird aus Tryptophan synthetisiert und in den Mastzellen gespeichert. Ist wirksam in der Anregung der Darmbewegung, der Gefäßweitstellung, -engstellung und der Muskeltonussteigerung.

Service Facsimiles: Service = serviert, dienstbar gemacht; facsimile = ein Abbild. Im übertragenen Sinn: eine Berechnung, die eine Person aufstellt, um sich selbst ins Recht und andere ins Unrecht zu setzen.

Set: die gedankliche und geistige Voraussetzung sowie die Erwartung, die jemand mitbringt.

Setting: Umgebung, die Einfluß auf das geistige Wohlbefinden nimmt.

Synapse: Struktur zur interneuronalen Erregungsübertragung, bestehend aus präsynaptischer Faser, Synapsenkopf, präsynaptischer Membran, synaptischem Spalt und postsynaptischer Membran.

Synapsenspalt: eine winzige Lücke zwischen den Membranen zweier Neuronen.

Synchronisation: der Vorgang, der dazu führt, daß zuvor über verschiedenen Regionen des Schädels asynchron (ungleichzeitig) auftretende Wellen in eine synchrone EEG-Tätigkeit übergehen.
Synchronizität: gleichzeitiges Auftreten von scheinbar unabhängig voneinander stattfindenden Ereignissen.
Synergetik: autonom-dynamisch.
Synergie: Zusammenwirken mehrerer Kräfte zur Erzielung einer einheitlichen Leistung.
Theta-Wellen: Wellen mit einer Dauer von ¼ bis über ⅛ sec.
Toximolekular: Gegenteil von orthomolekular – die Giftstoffe betreffend.
Transformation: Umformung, Umwandlung.
Zentrales Nervensystem: Gehirn und Rückenmark.
Zirbeldrüse: eine kleine Drüse, die tief im Gehirn hinter dem Thalamus liegt. Sie ist lichtempfindlich und wird für höhere psychische Leistungen verantwortlich gemacht.

Anmerkungen zu Gehirn, Geist und Bewußtsein

Evolution des Gehirns:
Anatomisch betrachtet ist das Gehirn des Menschen zweifellos seit Tausenden von Jahren das gleiche geblieben. Veränderungen sind allerdings hinsichtlich der Funktionsweise eingetreten, oder, um es mit den Worten Lurias zu sagen, im Hinblick darauf, wie das Gehirn heute arbeitet bzw. wie es in der Vergangenheit gearbeitet hat. Die Funktionsänderung hängt in erster Linie mit dem Zusammenhang zwischen sozialen Aspekten und historischen Faktoren zusammen. Neuerdings wird immer mehr auf das kürzlich entdeckte Phänomen der *neuronalen Plastizität* hingewiesen; das ist die Tatsache, daß unser Gehirn bis weit ins Erwachsenenalter hinein durch Bildung neuer dendritischer Verbindungen zwischen beanspruchten Nervenzellen überaus plastisch auf Umweltreize aller Art zu reagieren vermag. Ungewohnte Reize destabilisieren gewohnte Weg- und Assoziationsbahnen; andererseits werden solche durch häufige Wiederholung der gleichen Art zunehmend stabilisiert.

Evolution des Geistes:
Das Motiv: die Lust an mehr Realität zum materiellen Universum, die Lust an mehr Realität (Kommunikation und Affinität) zu anderen Menschen. Feedbacksystem: geistige Leichtigkeit, hohes emotionales Niveau, Präsenz, geistige Expansion, Lustgewinn. Prinzip: die Dynamik des Überlebens – sprich die höchste Stufe der Emotion (Lust, Ekstase, heitere Gelassenheit) als das entscheidende Prinzip der Selbstorganisation. Oder, noch etwas anders formuliert: die Wirklichkeit fällt aus dem Nichts heraus und differenziert sich fortwährend weiter aus lauter Lust an der Existenz – aus Funktionslust. Einfach, weil es offenbar leichter geht, wenn das Chaos komplexer organisiert wird. Das Differenzierungsprinzip ist zugleich ein Ökonomieprinzip. Das hieße auch: Die Evolution »fällt auf den Geist hin«. Sie kann gar nicht anders, denn so geht es am leichtesten.

Geist und Gefühl:
Die Quintessenz daraus formuliert Luc Ciompi: Geist ist Zeit, Gefühl ist Raum! Wie denn das? Ganz einfach: Der Geist, d. h. das Denken, ist notwendigerweise etwas Fortschreitendes, denn das Wesen des Geistigen ist es, Abstraktion zu sein. Damit ist das Geistige gerichtet – es schreitet vom Einfachen zum Komplexen und verändert sich irreversibel, es ist selber Zeit. Das Gefühl hingegen ist, umgekehrt und spiegelbildlich zum abstrahierenden Geist, etwas in seinem Wesen Raumhaftes: Gefühl ist zeitlos, Gefühl ist Gleichzeitigkeit. Das Gefühl ist nicht gerichtet, nicht irreversibel, sondern fortwährend auf Ausgleich und Homöostase ausgerichtet. Noch auf eine ganz neue und wiederum sehr frappierende Art ergänzen sich also Denken und Fühlen – in genauer Analogie zum Weltganzen, das durch Gegensätzlichkeit und Komplementarität von Zeit und Raum gegeben ist.

Paradigma:
In seinem Buch »Die Struktur wissenschaftlicher Revolutionen« bezeichnet der Wissenschaftshistoriker Thomas Kuhn den theoretischen Hintergrund und die praktischen Gewohnheiten einer Wissenschaft als »Paradigma«. In Zeiten »normaler« Entwicklung einer Wissenschaft ist das Paradigma unbezweifelte Basis aller Forschungsaktivität. So war die Newton-Mechanik lange Zeit das bestimmende Paradigma der Physik. Grundlegende Zweifel am Paradigma können zu einer »Krise« der Wissenschaft führen, seine Ablösung durch ein anderes heißt »wissenschaftliche Revolution«. Ein Beispiel ist die teilweise Ablösung der Newton-Mechanik durch Relativitätstheorie und Quantenmechanik. Auch das Aufkommen der Chaosforschung hat viele Merkmale eines solchen Paradigmenwechsels.

Placebo:
Die meisten Menschen denken beim Placeboeffekt an Zuckerpillen. Das ist, was man einen inaktiven Placebo nennt, etwas ohne wirklichen Effekt. Der Effekt des »aktiven Placebos« ist viel interessanter, da es tatsächlich etwas bewirkt, ohne direkt

beim Heilungsprozeß beteiligt zu sein. Viele medizinische Prozeduren sind aktive Placebos, die Hand in Hand mit dem Willen des Patienten arbeiten; schon die Tat, in die Arztpraxis zu gehen, ist ein aktives Placebo.

Selbstorganisation:
Woher kennt eine Nervenzelle im wachsenden Gehirn des Embryos ihr Ziel? Woher ein Atom seinen Platz im Kristall? Die Antwort lautet jeweils: Sie wissen es nicht – und sie müssen es nicht wissen. Kristalle, aber auch komplexe Strukturen in physikalischen, biologischen oder sozialen Systemen können ohne Bauplan entstehen – durch Selbstorganisation: Weder muß ein übergeordneter Schöpfer die Einzelteile zusammenfügen, noch brauchen diese ihren eigenen Bestimmungsort zu kennen. Ein solcher selbstorganisierter Prozeß ist die Evolution des Lebens: Atome haben sich zu Molekülen zusammengefunden, einige Moleküle haben unter bestimmten Umweltbedingungen einen Vorteil gegenüber anderen Molekülen gewonnen. Am Ende steht eine globale Ordnung, auch wenn keines der Bauteile vorher von deren Vorteil »gewußt« hat.

Selbstorganisation der Psyche:
Die psychische Entwicklung kann ebenfalls als selbstorganisatorischer Prozeß im Sinne Maturanas und Varelas verstanden werden. Deutlich wird dies in den von Piaget erforschten Wechselwirkungen zwischen psychischem Apparat und Umwelt. Dabei wird deutlich, daß sämtliche psychischen und biologischen Prozesse darauf abzielen, die grundlegende Organisation und Funktionsweise des Gesamtorganismus aufrechtzuerhalten. Bezogen auf den psychischen Bereich im engeren Sinne bedeutet das, daß die Psyche ständig bestrebt ist zu bewirken, was auch immer von außen für »Deformationen« an sie herankommen mögen, daß es ihr in jedem Moment »so gut wie nur möglich« geht. Schon Freud drückte es folgendermaßen aus: »Das Nervensystem ist ein Apparat, dem die Funktion erteilt ist, die anlangenden Reize wieder zu beseitigen, auf möglichst niedriges Niveau herabzusetzen, oder das, wenn es nur möglich wäre, sich überhaupt reizlos erhalten wollte.« Er spricht

hier zwar vom Nervensystem, meint aber damit eindeutig zugleich den spezifisch psychischen Apparat. Dieser sucht also mit allem Begegnenden so ökonomisch, spannungsarm und lustvoll beziehungsweise unlustarm fertig zu werden, wie es unter den gegebenen Umständen eben geht.

Transformation:
Umformung, Umwandlung (auf höheres Niveau). Meiner Ansicht nach kann die geistige Entwicklung als sich selbst organisierendes Ganzes verstanden werden. Seit einigen Jahren tauchen immer wieder Berichte auf, die den »Sprung auf eine höhere Verstehensebene« ankündigen: Wissenschaftler wie der Chemiker Ilya Prigogine, die Hirnphysiologen Humberto Maturana und Francesco Varela, der Atomphysiker Fritjof Capra oder der Bewußtseinsforscher Ken Wilber verblüffen mit Parallelen in der Sichtweise – trotz unterschiedlicher Herkunft – der bevorstehenden Transformation. Ebenso sind Teilhard de Chardin, Rupert Riedl und Erich Jantsch – mit seinem faszinierenden Buch zur »Selbstorganisation des Universums« – zu nennen.

Literaturangaben

Augors, Robert/Stanciu, George: Die Neue Biologie, 1988, Scherz

Bandler, Richard: Veränderung des subjektiven Erlebens, 1987, Jungfermann, Paderborn

Bateson, Gregory: Keine Angst vor Aids, 1989, Waldthausen

Bechterewa, H. P./Kumbarova, Ivanov: Investigation and Treatment of Emotional Disorders, 1984, Sandoz Publ., Basel.

Benesch, Hellmuth: dtv-Atlas zur Psychologie, 1987, dtv, München

Bentov, Itzhak: Auf der Spur des wilden Pendels, 1985, Rowohlt

Berendt, Joachim-Ernst: Nada Brahma: Die Welt ist Klang, 1988, Rowohlt

Berger, Lutz: Brain Techn, 1989, Piper Medienexperimente

Berger, Lutz: Megalog, 1989, 1990, 1991

Birkenbihl, Vera F.: Stroh im Kopf, 1989, GABAL

Blakeslee, Thomas R.: Das Rechte Gehirn, 1982, Aurum, Freiburg i. Br.

Bodenstein, Helmut: Das Alphabet des Lebens – Kabbala und genetischer Code, 1987, Bruno Martin

Bohm, David: Die implizite Ordnung, 1985, Dianus-Trikont, München

Braem, Helmut: Brainfloating, 1986, mvg, München

Braem, Helmut: Die Macht der Farben, 1989, mvg, München

Breuer-Schüder, Rosemarie: Mehr wissen, mehr leisten, 1986, Volks Sport Verlag, Bruchhausen-Vilsen

Brockman, John (Hrsg.): Neue Realität – Das Bild einer neuen Wirklichkeit – von den bedeutendsten Denkern entworfen, 1988, Heyne, München

Brüggemann, Hans (Hrsg.): Bioresonanz- und Multiresonanz-Therapie (BRT), 1990, Haug, Heidelberg

Burgerstein, Lothar: Heilwirkung von Nährstoffen, 1982, Haug, Burgerstein

Budwig, Johanna: Öl-Eiweiß-Kost, 1988, Hyperion, Freiburg

Calatin, Anne (Hrsg.): Ernährung und Psyche, 1988, C. F. Müller, Karlsruhe

Capra, Fritjof: Wendezeit, 1983, Scherz, Stuttgart, München
Capra, Fritjof: Der kosmische Reigen, 1977, O. W. Barth
Castaneda, C.: Eine andere Wirklichkeit, 1988, Fischer
Castaneda, C.: Reise nach Ixtlan, 1988, Fischer
Charon, E. J.: Der Sündenfall der Evolution, 1989, Ullstein
Ciompi, Luc: Außenwelt – Innenwelt, 1988, Vandenhoeck & Ruprecht
Ciompi, Luc: Affektlogik. Über die Struktur der Psyche und ihre Entwicklung, 1982, Klett-Cotta.
Colgan, Michael: Ihr persönliches Vitamin-Profil, 1985, Hestia, Bayreuth
Cousto, H.: Die Oktave, 1988, Simon & Leuner
Davidson, John: Strahlungsfeld, 1989, Droemer Knaur
Davis, Adelle: Jeder kann gesund sein, 1974, Hörnemann, Bonn/Röttgen
Davis, Paul: Gott und die moderne Physik, 1989, Goldmann
Delank, Heinz-Walter: Neurologie, 1983, Enke
Denzler, Petra: Demenz im Alter, 1989, Beltz
Dereskey, L. S.: Gedächtnis bis ins Alter, 1982, Knaur
De Ropp, Robert: Selbstvollendung, 1990, Sphinx Verlag
Dethlefsen, Torwald: Krankheit als Weg, 1988, Bertelsmann
Diamond, H. und M.: Fit fürs Leben, 1989, Waldthausen
Dittrich, A./Scharfetter, C.: Ethnopsychotherapie: Psychotherapie mittels außergewöhnlicher Bewußtseinszustände in westlichen und indischen Kulturen, 1987, Enke
Dittrich, A.: Ätiologie-unabhängige Strukturen veränderter Wachbewußtseinszustände, 1985, Enke
Dobbs, Horace: Delphine, 1986, Sphinx
Dossey, Larry: Die Medizin von Raum und Zeit, 1987, Rowohlt
Eccles, J. C.: Das Gehirn des Menschen, 1975, Piper
Eccles, John C.: Die Evolution des Gehirns, 1989, Piper
Eccles, J. C./Zeier, H.: Gehirn und Geist, 1980, Kindler
Eigen, M.: Stufen zum Leben, 1987, Piper
Eigen, M./Winkler, R.: Das Spiel, 1985, Piper
Elbert, Thomas/Rockstroh, Brigitte: Psychopharmakologie, 1990, Springer, Berlin, Heidelberg, New York
Eschner, Michael D.: Götterdämmerung, 1989, Peyn und Schulze, Bergen/Dumme

Eschner, Michael D.: Mathe Magie, 1989, Peyn und Schulze, Bergen/Dumme

Eschner, Michael D.: Techniken der Bewußtseinserweiterung, 1989, Peyn und Schulze, Bergen/Dumme

Feldenkrais, Moshe: Bewußtheit durch Bewegung, Suhrkamp 1978

Fischer-Rizzi, Susanne: Himmlische Düfte, 1990, Hugendubel, München

Gerken, Gerd: Abschied vom Marketing, 1990, Econ, Düsseldorf, Wien, New York

Gerken, G.: Radar für Trends, 1990/91

Glenk, Wilhelm/Neu, Sven: Enzyme. Die Bausteine des Lebens. Wie sie wirken, helfen und heilen, 1990, Heyne, München

Gold, E. J.: Dem Tod ist es egal, wie du stirbst, 1986, Sphinx

Gold, E. J.: Die menschliche biologische Maschine als Apparat der Transformation, 1989, Sphinx

Graul, E. H./Pütter, S./Loew D. (Hrsg.): Medicenale XVII; Iserlohn 1987, Das Gehirn und seine Erkrankungen (I), Medice Hausdruck, Iserlohn

Green, E./Grenn, A.: Biofeedback – die neue Möglichkeit

Grof, Stanislav: Das Abenteuer der Selbstentdeckung, 1987, Kösel

Grof, Stanislav: Geburt, Tod und Transzendenz, 1985, Kösel

Günther, Winfried: Das Buch der Vitamine, 1984, Bruno Martin, Südergellersen

Haas, Robert: Die Dr. Haas Leistungsdiät, 1985, BLV, München

Haken, Hermann: Erfolgsgeheimnisse der Natur, 1990, Ullstein, Frankfurt

Halpern, Steven: Klang als heilende Kraft, 1985, Bauer

Hampden-Turner, Ch.: Modelle des Menschen, 1982, Beltz

Hanus, Otto K.: Sehen und Heilen, 1982, Verlag Holler, München

Harman, Willis: Bewußt-sein im Wandel, 1989, Bauer, Freiburg

Hass, Hans/Lange-Prollius, Horst: Die Schöpfung geht weiter, 1978, Seewald, Stuttgart-Degerloch

Henningsen, Peter: Werkzeuge der Erkenntnis, 1989, Sphinx

Herkert, Rolf: Mindmachines, 1990, Goldmann, München

Herrmann, W. M.: Higher Nervous Functions, 1987, Vieweg

Hobson, Allan J.: Schlaf – Gehirnaktivität im Ruhezustand, 1990, Spektrum der Wiss., Heidelberg

Hofmann, Albert: Einsichten – Ausblicke, 1989, Sphinx

Hofmann, Albert: LSD – mein Sorgenkind, Klett-Cotta

Hofstadter, Douglas: Gödel, Escher, Bach, 1985, Klett-Cotta

Hofstadter, Douglas: Einsichten ins Ich, Klett-Cotta

Holler, Johannes: Das Neue Gehirn, 1989, Bruno Martin, Südergellersen

Hooper, J./Teresi, D.: Das Drei-Pfund-Universum, 1989, Econ

Houston, Jean: Der mögliche Mensch, 1987, Rowohlt

Houston, Jean: Lebenskraft, 1989, Sphinx

Hubbard, L. R.: Selbstanalyse, 1976, Publications Department

Hubbard, L. R.: Dianetik 55, 1983

Hubbard, L. R.: Die Wissenschaft des Überlebens, 1983

Hubel, D. H.: Auge und Gehirn, 1988, Spektrum der Wissenschaft

Hume, Wilfrid: Biofeedback, 1979, Hans Huber

Hunziker, Ernst/Mazzola, Guerino: Ansichten eines Hirns, 1990, Birkhäuser, Basel

Hutchison, Michael: Megabrain, 1989, Sphinx

Hutchison, Michael: The Book of Floating

Hyatt, C. S.: Ent-wickle dich! 1989, Rowohlt

Ichazo, Oscar: Lebenskraft aus der Mitte, 1990, Knaur, München

Jahrmarkt, Manfred: Mental Fitness für Manager, 1990, Econ, Düsseldorf, Wien, New York

Jantsch, E.: Die Selbstorganisation des Universums, 1979, Hanser

Johnson, Richard: Ich schreibe mir die Seele frei, 1990, Bauer, Freiburg

Kaplan, Leon: Das Mona Lisa Syndrom, 1990, Econ

Keyserling, Arnold: Im Jahr des Uranus, 1986, Bruno Martin

Keyserling, Arnold: Durch Sinnlichkeit zum Sinn, 1986, Bruno Martin

Kidder, Tracy: Die Seele einer neuen Maschine, 1982, rororo

Kieffer, Gene (Hrsg.): Gopi Krishna – Kundalini im New Age, 1989, Bauer, Freiburg

Kirckhoff, Mogens: Mind Mapping, 1989, Synchron
Klaus, Heinrich: Heilung und Selbstheilung durch Imagineering, 1990, Goldmann, München
Klawatsch, Hans: Mitspieler Mensch, 1990, Avantgarde, Oberhaching
Koch, Werner: Stimmen des Lebens, 1988, Werkstatt Edition
Koller, Siegfried: Vom Wesen der Erfahrung, 1989, Thieme, Stuttgart
Krishna, Gopi: Die verborgene Kammer des Bewußtseins, 1989, Ullstein, Frankfurt/M., Berlin
Kushi, Michio/Jack, Alex: Das Buch der Makrobiotik, 1987, Bruno Martin, Südergellersen
Küppers, B.-O.: Ordnung aus dem Chaos, 1987, Piper
Leary, Timothy: Exo-Psychologie: Handbuch für den Gebrauch des menschlichen Nervensystems gemäß den Anweisungen der Hersteller, 1981, Sphinx, Basel
Leary, Timothy: Denn sie wußten, was sie tun, 1986, Sphinx
Lehrl, Siegfried: Gehirn-Jogging, 1987, MEDITEG
Lévi-Strauss, C.: Das wilde Denken, Suhrkamp, 1968, Frankfurt
Liedloff, Jean: Auf der Suche nach dem verlorenen Glück, 1987, Beck'sche Verlagsbuchhandlung
Lilly, John C.: Der Scientist, 1986, Goldmann
Lilly, John C.: Das Tiefe Selbst, 1988, Sphinx
Lilly, John C.: Simulationen von Gott, 1986, Sphinx, Basel
Lilly, John C.: Der Dyadische Zyklon, Sphinx
Lörler, Marielu: Der erleuchtete All-Tag, 1988, Falk
Loye, David: Gehirn, Geist und Vision: Das Potential unseres Bewußtseins, die Zukunft vorauszusehen und zu gestalten, 1986, Sphinx, Basel
Luria, A.: The Working Brain, 1973, New York
Luria, A.: The Functional Organization of the Brain, 1970, Scientific American
Machleidt, W./Gutjahr, L./Mügge, A.: Grundgefühle, 1989, Springer, Berlin, Heidelberg, New York, London, Paris, Tokio, Hongkong
Mann, J. A.: Geheimnisse des langen Lebens, 1984, mvg-Paperbacks, Landsberg

Mann, Rudolf: Das ganzheitliche Unternehmen, 1990, Scherz, Bern, München, Wien

Master, R./Houston, J.: Phantasie-Reisen, 1989, Goldmann

Maturana, H. R./Varela, F. J.: Der Baum der Erkenntnis, 1987, Scherz

Maurer, K.: Akustisch Evozierte Potentiale (AEP), 1982, Enke

McKenna, Terence: Wahre Halluzinationen, 1989, Sphinx

Mecacci, L.: Das einzigartige Gehirn, 1988, Reihe Campus

Megla, G.: Sprache – Ausdruck des Geistes, 1990, Verlag Mehr Wissen

Mennerich, Otto: Zeitwende, 1979, Martin Verlag

Miketta, Gaby: Netzwerk Mensch, 1991, Trias Verlag, Stuttgart

Moir, A. J./Jessel, D.: Brainsex, 1990, Econ Verlag, Düsseldorf, Wien, New York

Monroe, R. A.: Der Mann mit den zwei Leben, 1981, Knaur

Moravec, Hans: Mind Children, 1990, Hoffmann und Campe, Hamburg

Morgan, Brian and Roberta: Brain Food, Pan Books

Müller-Ebeling, Claudia/Rätsch, Christian: Isoldes Liebestrank, 1989, Knaur, München

Mulford, P.: Unfug des Lebens und des Sterbens, 1988, Fischer

Naranjo, Claudio: Die Reise zum Ich, 1987, Fischer

Oeser, Erhard: Psychozoikum, 1987, Paul Parey, Berlin, Hamburg

Ornstein, Robert: Multimind, 1989, Junfermann, Paderborn

Ornstein, R./Thompson, R. F.: Unser Gehirn: das lebendige Labyrinth, 1986, Rowohlt

Patterson, Meg: Der sanfte Entzug, 1989, Klett-Cotta

Paulus, Ernst/Yuhe, Ding: Chinesische Gesundheitskugeln halten Sie jung und fit, 1988, Kai Yeh Verlag, Köln

Pauwels, Louis: Gurdjieff, der Magier, 1974, Scherz

Pelletier, K. H.: Die neue Medizin, 1988, Fischer

Pelletier, K. H.: Unser Wissen vom Bewußtsein, 1982, rororo

Pert, C. B./Ruff, M. R./Weber, R. J./Herkenham, M.: Neuropeptides and Their Receptors: A Psychosomatic Network. Journal of Immunology, 135 (2), 1985, S. 820–826

Peschanel, Frank: Linkshänder sind besser. Selbstfindung durch geplantes Denken, 1990, Universitas Verlag, München

Pfeiffer, Carl C.: Nährstoff-Therapie bei psychischen Störungen, 1990, Haug-Verlag, Heidelberg
Pflugbeil, Karl: Vital Plus, 1990, Herbig, München
Piaget, J.: Die Äquilibration der kognitiven Strukturen, 1976, Klett-Cotta
Piaget, J./Inhelder, B.: Die Psychologie des Kindes, 1977, Frankfurt
Pierce, J. C.: Magical Child Matures, 1985, Dutton, INC New York
Pöppel, Ernst: Grenzen des Bewußtseins, 1985, DVA, Stuttgart
Popper, K. R./Eccles, J. C.: Das Ich und sein Gehirn, 1988, Piper
Prigogine, Ilya/Stengers, Isabelle: Dialog mit der Natur. Neue Wege naturwissenschaftlichen Denkens, 1981, Piper
Purucker von, Gottfried: Tod – was kommt danach?, 1989, Esoterische Philosophie GMBH, Hannover
Remann, Micky: Solar Perplexus, 1989, Sphinx
Restak, Richard M.: Geist, Gehirn, Psyche, Umschau, Frankfurt
Restak, Richard, M.: Geheimnisse des menschlichen Gehirns, 1989, MVG
Rexrodt, Friedrich: Gehirn und Psyche, 1981, Hippokrates, Stuttgart
Riedl, Rupert: Biologie der Erkenntnis, Paul Parey, 1980, Berlin, Hamburg
Ritchie, David: Gehirn und Computer – Die Evolution einer neuen Intelligenz, 1984, Klett-Cotta, Stuttgart
Rosenzweig, M. R./Leimann, A. L.: Physiological Psychology, 1982, D. C. Health and Company
Rost, Wolfgang: Emotionen – Elixiere des Lebens, 1990, Springer, Berlin, Heidelberg
Roszak, Theodore: Der Verlust des Denkens, 1988, Knaur, München
Scheffer, Mechthild: Original Bach Blütentherapie, 1990, Jungjohann, Neckarsulm, Stuttgart
Scheffer, Mechthild: Selbsthilfe durch Bach Blütentherapie, 1990, Heyne, München
Schmid, Reiner: Weizengrassaft – Medizin für ein neues Zeitalter, 1988, Verlag Ernährung & Gesundheit, München

Schönberger, Angela: Simulation und Wirklichkeit, 1988, IDZ, Berlin

Schuitemaker, G. E.: Orthomolekulare Ernährungsstoffe, 1986, VOM, Freiburg

Schwitters, Bert: Überleben mit einem Körper, 1985, Raum & Zeit, Gehrden

Sheldrake, Rupert: Das schöpferische Universum, 1983, Meyster

Siegel, Bernie: Liebe, Medizin und Wunder, 1991, Econ, Düsseldorf

Smothermon, Ron: Drehbuch für Meisterschaft im Leben, 1987, Context Verlag, Bielefeld

Snyder, S. H.: Chemie der Psyche, 1988, Spektrum der Wissenschaft, Gehirn und Nervensystem, 1983

Spinola/Peschanel: Das Gehirn-Dominanz-Modell

Springer, S. P./Deutsch, G.: Linkes und rechtes Gehirn: funktionelle Asymmetrien, 1987, Spektrum-der-Wissenschaft-Verlagsgesellschaft, Heidelberg

Stevens, C.: Alexander Technik, 1989, Sphinx

Taeger, H. H.: Spiritualität und Drogen, 1982, Raymond Martin

Talbot, Michael: Mystik und neue Physik, 1980, Heyne

Talbot, Michael: Jenseits der Quanten, 1986, Heyne

Vester, Frederic: Denken, Lernen, Vergessen, 1978, dtv, München

Villoldo, Alberto/Dychtwald, Ken (Hrsg.): Millennium, 1984, Sphinx, Basel

Vogl, A.: Neuromechanismen in Psyche und Soma Malignomkranker, Biologische Medizin, 1980

Wagner, Hardy: Das Strukturogramm, Gabal

Wagner, Jakob: Auf der Suche nach der Wunderlampe, Zeitschrift Natur, Februar 1988

Walter, William Grey: Das lebende Gehirn, 1963, Knaur

Watson, Lyall: Der unbewußte Mensch, 1989, MVG, Landsberg am Lech

Watzlawick, Paul: Wie wirklich ist die Wirklichkeit? 1976, Piper

Watzlawick, Paul: Die erfundene Wirklichkeit, 1981, Piper

Weil, Claude: Hydergin, 1989, Springer

Weinmann, Hans M. (Hrsg.): Zugang zum Verständnis höherer Hirnfunktionen durch das EEG, 1987, Zuckschwerdt, München, Bern, Wien, San Francisco

Wendt, Victor K.: Polarität. Das kosmische Gesetz der Ureinheit, 1986, Sphinx, Basel

Whitehead, Alfred: The concept of Nature, Macmillian, New York 1925

Widmer, Samuel: Ins Herz der Dinge lauschen – vom Erwachen der Liebe – Über MDMA und LSD: Die unerwünschte Psychotherapie, 1989, Nachtschatten Verlag, Solothurn

Wilber, Ken: Halbzeit der Evolution, 1984, Scherz, Bern, München

Wilber, Ken: Das Spektrum des Bewußtseins, 1987, Scherz

Wilson, Colin: Frankensteins Schloß: Die Evolution des Geistes, 1989, Synchron

Wilson R. A.: Cosmic Trigger, 1979, Sphinx

Wilson R. A.: Der neue Prometheus, 1985, Sphinx

Winter, Arthur/Winter, Ruth: Brain Food – Nahrung fürs Gehirn, 1989, Bruno Martin, Südergellersen

Wolf, F. A.: Körper, Geist und neue Physik, 1989, Scherz

Wuketis, F. M.: Jenseits von Zufall und Notwendigkeit, 1988, Youngnnon AG

Young, John Z.: Philosophie und Gehirn, 1987, Birkhäuser, Basel, Boston, Berlin

Ziegler, Harald: Vitamine, 1986, Germa-Press

Bitte beachten Sie
die folgenden Seiten

Stefan Schaffelhuber

Inner Coaching

Ullstein Buch 35320

Das Geheimnis erfolgreicher Menschen liegt zum großen Teil in deren Fähigkeit, ihr persönliches Potential zu entdecken und zu entfalten. Wichtige Säulen auf diesem Weg sind: Konzentration, Entspannung, Selbstbewußtsein und Geistesgegenwart. Sie gilt es zu fördern. *Inner Coaching* bietet dazu den Sport an: ein ideales Feld, um geistige Fähigkeiten zu entdecken und zu trainieren. Eine Vielzahl von Übungen, die ursprünglich für das Coaching von Golf- und Tennisspielern der Weltklasse entwickelt wurden, hilft auch im Berufsleben effektiver zu handeln. Sie geben dem Leser die Chance, zu innerer Ruhe und Ausgeglichenheit zu gelangen.

Ratgeber

Wolf Ruede-Wissmann

Crash Coaching

Die neue Methode
des Konfliktmanagements

Ullstein Buch 35339

»Unbequeme Mitarbeiter erfordern kreative Führung. Fortschrittliche Unternehmen haben unbequeme Mitarbeiter.« Unter dieses Motto stellt der Autor seine in mehr als 10jähriger Praxis entwickelte alternative und sehr erfolgreiche Trainingsmethode kreativen Streitens. Sie soll vor allem dazu verhelfen, daß die latenten Probleme und verdeckten Konflikte innerhalb eines Unternehmens offen zur Sprache gebracht werden. Crash-Coaching stellt die Individualität und nicht den Gruppenkonsens in den Vordergrund. Ein »System« im Unternehmen kann somit geschaffen werden, das eine kontinuierliche Konfliktbearbeitung gewährleistet.

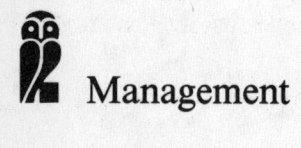

Management

Franz Zink

Wendezeit für Manager

Wege zu einer neuen Unternehmenskultur

Ullstein Buch 35353

Management

Um das Ansehen deutscher Managerkunst ist es derzeit schlecht bestellt. Die Schlaglichter der jüngsten Vergangenheit – der durch Hoechst ausgelöste Umweltskandal und die Ermittlungen der Staatsanwaltschaft gegen den VW-Hardliner José Ignacio López – lassen vermuten, daß Wirtschaft und Moral per se unvereinbar seien. Das Ende der Schonzeit hat aber begonnen, so der renommierte Wirtschaftsjournalist Franz Zink. Was kann, was muß getan werden, um die Glaubwürdigkeit der Wirtschaft zurückzugewinnen? Eine Lösung für diese Krise besteht darin, den Weg zu einem ganzheitlichen Management zu finden, das betriebswirtschaftlich effektiv und effizient vorgeht und dabei die gesellschaftlichen Belange achtet. Daß dies nur durch strukturell verankerte Kommunikationsformen auf allen Ebenen des Unternehmens gelingen kann, weist dieses Buch anhand konkreter Beispiele nach.

Der unentbehrliche Ratgeber für alle, die im Streß stehen

Angela Frank: Fit for business
Ihr Konditionsprogramm für Körper und Geist
Wirtschaftsverlag Langen Müller/Herbig

Wirtschaftsverlag Langen Müller/Herbig

Ein Profi-Ratgeber nicht nur für Manager: Stets gesund und fit, körperlich und mental, stets konzentriert und voller Selbstbewußtsein durch ein bewährtes, auch im Trubel des Alltags anwendbares, umfassendes Programm zur Steuerung der Lebensweise.